Constantin von Wurzbach

Das Mozart-Buch

D1677076

Europäischer
Musikverlag

Constantin von Wurzbach

Das Mozart-Buch

ISBN/EAN: 9783956980107

Auflage: 1

Erscheinungsjahr: 2013

Erscheinungsort: Norderstedt, Deutschland

Webseite: http://www.europaeischer-musikverlag.de

Cover: Foto ©Angela Parszyk / pixelio.de

Mozart-Buch.

„Jung groß. spät erkannt, nie erreicht".

Von

Dr. Constantin v. Wurzbach.

Wien, 1869

Verlag der Wallishausser'schen Buchhandlung (Josef Klemm).

Druck von J. B. Wallishausser.

JJ. Excellenzen

der hochwohlgebornen

Frau Olga Freiin von Korff,

und

Herrn Modest Freiherrn von Korff,

kais. russ. wirkl. geheimen Rath, Senator und Präsident des Reichsjustiz-
Collegiums u. s. w. u. s. w.

als geringes Zeichen

tiefster Hochachtung und Verehrung.

Vorwort.

Fast mag es gewagt erscheinen, nach Arbeiten, wie solche über Mozart bereits in Druck erschienen sind — ich meine vor Allem, Otto Jahn's Biographie Mozart's und Ritter v. Köchel's thematisches Verzeichniß der Compositionen Mozart's — mit einem neuen Werke über diesen Tonheros aufzutreten. Ich würde mich aber auch schwerlich einer solchen Aufgabe unterzogen haben, wenn ich nicht für mein biographisches Lexikon des Kaiserthums Oesterreich den Artikel Mozart hätte bearbeiten müssen. Zudem hatte der Separatabdruck des Artikels über Haydn von vielen Seiten eine so freundliche Aufnahme gefunden, daß ich es immerhin wagen mochte, meine mit aller Pietät ja mit wahrer Begeisterung für den unsterblichen Tonheros aus= geführte Mozartstudie in einem Sonderabdruck dem großen Publikum vorzulegen. Wer einen unbefangenen Blick in meine Arbeit thut, wird ihr vielleicht die Berechtigung ihres Erscheinens, ungeachtet der zwei obenerwähnten klassischen Werke, nicht bestreiten. Ich habe den ganzen höchst inter= essanten Gegenstand sorgfältig durchgearbeitet in jener Weise zusammengestellt, die ich in freilich ungleich ausgedehnterem Maßstabe bei meinem „Schillerbuch" angewendet habe. Ich habe nicht einen besonderen Theil von Lesern, oder etwa gar nur den ausübenden Musikus oder Musikfreund, sondern vielmehr das ganze große Publikum im Sinne gehabt, als ich an die Ausführung des Mozart=Buches ging. Es wird jeder — der Bio= und Bibliograph, der Sammler, sei es von Bildnissen, oder Münzen und Medaillen, der Künstler und der Geschäftsmann, ja selbst Jemand, der in der Lectüre nur Unterhaltung sucht, es wird Jeder seinen Antheil darin finden; derjenige aber, der dem Ganzen seine ungetheilte Aufmerksamkeit widmet, es kaum unbefriedigt aus der Hand legen. Mit dem Bewußtsein, eine selbstständige Arbeit darzubringen, für die ich jedoch den ganzen vorhandenen reichen und mannigfaltigen Quellen-Apparat sorgfältig studirt habe, übergebe ich das Mozart=Buch den Lesern mit der Bitte, ihm jene Nachsicht angedeihen zu lassen, welche die vorhandenen Gebrechen über dem Guten, das es enthält, vergißt oder doch milder beurtheilt. Zum Schluße sei noch bemerkt, daß, wo im Buche Weisungen auf Otto Jahn's Mozart vorkommen, dieselben sich auf die erste Auflage dieses classischen Werkes beziehen, da zu jener Zeit, als ich meine Arbeit über Mozart begann, (1867) die zweite Auflage wohl als bald erscheinend angekündigt, aber noch nicht erschienen war.

Wien, im October 1868.

Der Verfasser.

Inhalts - Verzeichniß.

Wolfgang Amadeus Mozart,

geb. zu Salzburg am 27. Jänner 1756,
gest. zu Wien am 5. Dezember 1791.

Ist schon das einfachste, schlichteste Menschenleben als
Verwirklichung einer Gottidee für jeden denkenden Leser ein
Gegenstand anregender Beobachtung, ja stiller Bewunderung
der Harmonie, in welche sich die vielen nach allen Seiten
verzweigten Fäden endlich zu einem schönen, gegliederten,
einheitlichen Ganzen verweben; um wie viel mehr muß es
das Leben eines Menschen sein, der alle anderen, die vor
ihm, mit ihm und nach ihm gelebt, weit überragt, der, so
überreich mit den herrlichsten geistigen Gaben ausgestattet,
um so mehr Mühe und Sorge hatte, diese Gottesgaben
zur verdienten Geltung zu bringen, und der endlich eben
im Kampfe mit einer Zeit, welcher er in seinem Gebiete
weit voraus geeilt war, mit Verhältnissen, welche ihm das
Ersteigen der hohen Stufe, auf die ihn nach seinem Tode
die Menschheit gestellt, nicht erleichterten, wohl aber hundert=
fach erschwerten, als Sieger aus demselben hervorgegangen
und nun dasteht und immer dastehen wird: Herrlich,

einzig und bisher unerreicht. Es sind freilich keine
großen, weltgeschichtlichen Kämpfe, die dieses seltene Men=
schenleben durchzumachen hatte, auch sind es keine erschüttern=
den Ereignisse, welche unsere Nerven packen und unsere
Neugier auf die Folter spannen; nichts von alledem, und
wahrhaftig, wir wünschten diesem Titanen der Kunst,
daß, wenn er schon leiden mußte, weil er auch
Mensch war, sein Leiden ein seiner geistigen Größe
entsprechenderes gewesen wäre. Nicht unter den erbärmlichen
Nadelstichen eines kleinlichen Allerweltschicksals, nicht unter
armseligen Nergeleien einer verkommenen aristokratisch=pfäf=
fischen Menschenseele, nicht im Jammer und in den Sorgen
einer unzulänglichen häuslichen Wirthschaft, mit dem Ge=
folge niederdrückenden Geldmangels, gellenden Kinderge=
schreies, von Krankheit und Bedrängniß aller Art, nicht
unter den Spinnenbissen der traurigsten Alltäglichkeit hatte
er in der Vollkraft eines Menschenlebens, im Zenith sei=
nes unerreichten Schaffens kläglich verbluten dürfen.

Meine gütigen Leser, denen die Geschichte der Co=
ryphäen der Menschheit und namentlich jener Meister der
Töne, die überall heimisch sind, wo es Herzen gibt, die
geliebt und gelitten, nicht fremd ist, werden schon errathen
haben, wer hier gemeint ist; es kann ja nur Einer sein,
und dieser Eine heißt Mozart, Wolfgang Amadeus
Mozart. Eine solche Lebensgeschichte voll der kleinen Lei=
den eines irdischen Daseins, die uns nicht erdrücken, aber
abmartern, nicht vernichten, aber erschöpfen, ist jene Mo=
zart's, und ich will sie im Folgenden erzählen, auf Grund=
lage festgestellter Daten, ohne Schmuck und oratorisches
Beiwerk, einfach, vollständig und vollkommen wahr.
Der Lebensgeschichte und dem Verzeichnisse der Werke des

großen Meisters lasse ich dann eine Reihe von Thatsachen und Einzelheiten folgen, die als Verklärung dieses Menschendaseins gelten sollen, und wohl den zahllosen Verehrern seines unsterblichen Genius nicht unwillkommen sein werden.

Wolfgang Amadeus Mozart ist zu Salzburg geboren; sein Vater Leopold, über dessen Leben später eine gedrängte Skizze folgt, war Vice-Capellmeister an der fürstlichen Capelle zu Salzburg, die Mutter, Anna Maria, eine geborne Pertl. Beide Eltern galten ihrer äußeren Erscheinung nach für das schönste Ehepaar in Salzburg. Von sieben Kindern dieser Ehe waren nur zwei am Leben geblieben, eine Tochter Maria Anna, nachmalige Baronin Berchtold, und Wolfgang Amadeus, oder wie die Reihe seiner Taufnamen vollständig lautet: Johann Chrysostomus Wolfgang Gottlieb, von denen ihm die beiden letzteren, und der letzte zu Amadeus latinisirt, für gewöhnlich gegeben werden. Der Vater beschäftigte sich in den Stunden, welche sein Capellmeisterberuf ihm übrig ließ, mit Unterrichtertheilen im Violinspiele; als er aber die entschiedenen und ungewöhnlichen musikalischen Anlagen seiner Kinder, vornehmlich seines Sohnes Wolfgang Amadeus inne wurde, gab er die Unterrichtsstunden, ja selbst das Componiren, das er nicht ohne Geschick betrieben hatte, ganz auf, um seine dienstfreie Zeit ausschließlich der musikalischen Erziehung und Ausbildung seiner Kinder zu widmen. Als theoretisch und practisch tüchtig geschulter Musiker war er wohl ganz der Mann, auf die frühe und überraschende Entwicklung seines Sohnes den entschiedensten und glücklichsten Einfluß zu üben. Die Tochter Maria Anna, oder wie sie später gewöhnlich genannt

1 *

wurde, Nanette, war sieben Jahre alt, als der dreijährige Wolfgang, welcher Name der Kürze halber im
Verlaufe dieser Skizze beibehalten wird, schon die merkwürdigsten Spuren seines ganz besonderen Talentes zeigte. Bei
den Musikstunden, welche der Vater dem gleichfalls talent-
begabten Töchterlein ertheilte, horchte der Knabe mit der
größten Aufmerksamkeit zu; wenn er allein war, unterhielt
er sich oft lange Zeit mit Zusammensuchen der Terzen,
die er dann, erfreut, diese Harmonie aufgefunden zu haben,
wiederholt anstimmte. Kaum vier Jahre alt, hatte er in
einer halben Stunde einen Menuett und dann andere kleine
Tonstücke erlernt, die er mit aller Nettigkeit und genau im
Tacte vortrug. Kurze Zeit darauf übte er größere Stücke
ein, zu deren Erlernung er nicht lange brauchte, und die
er immer in einer Weise spielte, welche von dem bei Kindern üblichen Vortrage eingelernter Stücke ganz und gar
abwich. So ging es ohne Zwang, ohne jenes beständige
Erinnern, sich zu üben, was die sicherste Bürgschaft für
mangelndes Talent ist, ohne Anstrengung, im stetigen Fortschritt weiter, und im fünften Jahre sprengte das Knäblein
die Fesseln der Nachahmung, und begann kleine Stücke am
Clavier zu erfinden. Ein solches im Jahre 1761 von
Wolfgang componirtes Menuett sammt Trio wird im
Autograph im Museum Carolino-Augusteum zu Salzburg
noch aufbewahrt. Dieser entschiedene Musiksinn gab sich
von nun an auch in anderer Weise kund. So fand der kleine
Wolfgang — abweichend von anderen Kindern seines
Alters — kein Gefallen an den gewöhnlichen Kinder-
spielen, und betheiligte sich nur dann an denselben, wenn
sie auf die eine oder andere Weise mit Musik in Verbindung
gebracht wurden. So z. B. wenn er mit einem Hausfreunde

— es war der Trompeter Schachtner, dem man über Mozart's Kindheitsgeschichte die interessantesten Aufschlüsse verdankt — sich unterhielt und er aus einem Nebenzimmer Spielzeug oder etwas Anderes holen sollte, so geschah das immer in Begleitung von Musik, unter Aufspielung eines Marsches, der dann entweder einfach gesungen oder aber auf der Geige gespielt wurde. Aber auch außerdem zeigte Mozart große Gelehrigkeit und erfaßte Alles sofort mit solchem Eifer, daß dadurch selbst die Musik — jedoch nur für einige Zeit — in den Hintergrund gedrängt wurde. Besonders trat sein Zahlensinn recht mächtig hervor, dessen Zusammenhang mit der Musik, dieser Verbindung von Rhythmus und Harmonie, nicht erst erwiesen zu werden braucht.

Wenn sich der kleine Wolfgang mit seinen Rechnungsaufgaben beschäftigte, so zeigte sich an ihm, wie an jungen Malertalenten, die alle Wände und Thüren und Unterrichtshefte mit ihren Zeichnungen tapeziren, die analoge Erscheinung: Tische, Sessel, Wände, ja der Fußboden selbst waren über und über mit Kreide voll Zahlen beschrieben, und Wolfgang lag darüber, an seinen Rechnungsexempeln arbeitend. Es war eine Lebhaftigkeit ohne Gleichen, die in Wolfgang steckte, und gewiß wirkte die treffliche, leider etwas einseitige Erziehung seines Vaters, wie überhaupt das schöne Beispiel eines im innersten Marke gesunden Familienlebens mächtig genug auf das feurige Temperament des Jünglings, um ihn von jenen Irrwegen fern zu halten, auf welchen unter den versengenden Flammen eines ungezügelten Temperamentes so viele große Geister der Zukunft, die ihnen so herrlich winkt, für immer verloren gehen. So machte Wolfgang unter der weisen Anlei=

tung seines Vaters in Allem die entsprechenden Fortschritte; jedoch die Musik blieb immer obenan und mit derselben gleichen Schritt hielt die Entwicklung einer Gefühlsinnigkeit, die einen Grundzug seines Lebens, seiner unsterblichen Werke und die Hauptursache jenes irdischen Leids bildet, dem er so früh zum Opfer gefallen war. Diese Gefühlsinnigkeit sprach sich in dem Knaben schon in aller Weise, besonders in der zärtlichsten Liebe zu seinen Eltern aus: von den Personen, die ihn umgaben, wollte er nur geliebt sein, und seine Sorge um ihre Liebe war so groß, daß er als Kind des Tages an die zehn= und auch mehrmal fragte, ob sie ihn lieb hätten, und eine im Scherz ausgesprochene Verneinung ihm die hellen Thränen ins Auge trieb. Der Vater galt ihm über Alles, nur Eins stand höher als der Vater: Gott. „Nach Gott kommt gleich der Papa"; war sein stehendes Wort; und wenn Papa alt werden sollte, wolle er ihn unter einen Glassturz stellen, um ihn vor Luft zu bewahren, bei sich und in Ehren halten. Zum Gebet brauchte er nie gemahnt zu werden. Aus einer selbsterfundenen Melodie hatte er sich seinen Abendsegen gemacht und legte sich erst dann zu Bette, nachdem er dieses musikalische Nachtgebet abgesungen hatte, wobei jedoch sein Vater mitsingen mußte.

So ging es bis zum zehnten Jahre, in welcher Zeit aber sein musikalischer Genius immer mächtiger die Schwin= gen regte. Von kleinen Compositionen, wie Menuette, Allegro's, Sonaten, machte er sich allmählig an Symphonien, Concerte und Kirchenstücke, welche, wenngleich den vollen Stempel der Kindlichkeit, doch auch jenen musikalischer Voll= endung an sich trugen, und nie des Characters ermangelten, der ihnen kunstgemäß eigen sein mußte. Es kann hier nicht der zahllosen interessanten Züge dieses herrlichen Kin=

derlebens gedacht werden, denen man in den vielen Biographien Mozart's in den verschiedensten Varianten begegnet; es muß die Andeutung genügen, daß Alles, was sich im Kinde kundgab, auf eine große Zukunft, wenn auch nicht auf ein so rasches und schmerzliches Ende hindeutete. Aber das ist eben das Kainszeichen des irdischen Genius, daß seines Bleibens nur kurz und sein Erdenwallen ein leidvolles sein müsse.

Zu Anbeginn des Jahres 1762 begab sich Vater Mozart mit seiner ganzen Familie nach München, um seine beiden kleinen Virtuosen vor dem Churfürsten spielen zu lassen. Im Herbste d. J. gingen alle nach Wien; dort fanden sie bei Hofe eine freundliche Aufnahme. Die Kaiserin Maria Theresia und ihr Gemal Franz Stephan fesselten Alles durch ihre gewinnende Huld, durch ihre liebevolle Herablassung. Kaiser Franz Stephan bemerkte einst im Scherze zu dem kleinen Wolfgang, daß es keine große Kunst sei, mit allen Fingern zu spielen, aber nur mit Einem Finger und auf einer verdeckten Claviatur etwas vorzutragen, das erst würde Bewunderung verdienen; der kleine Wolfgang ließ sich dadurch nicht irre machen, versuchte es erst mit einem Finger und nachdem der Versuch ganz gut gelungen, ließ er die Claviatur verhüllen und nun spielte er mit einer solchen Fertigkeit und ohne zu fehlen, als wenn er diese Kunst längst eingeübt hätte. Aber das Künstlerbewußtsein, jenes erhebende, ganz unrichtig öfter als unverschämter Künstlerstolz bezeichnete Gefühl, zeigte sich schon im Knaben in seiner unentweihten Form. Das Lob der Großen der Erde, wenn sie nichts von der Sache verstanden, ließ ihn gleichgiltig, und für solche Personen, vor denen er sich, aus Rücksicht hören lassen mußte, hatte er einige musikalische Tändeleien in Bereitschaft, mit denen er diese müssige Pflicht des Sichproducirens pflichtschuldigst abthat. Aber vor Kennern da war Mozart ganz in seinem Elemente. Da ging seine Seele ganz auf, es war dann, als wenn der Knabe ein ganz anderer geworden wäre. In diesem Puncte ging die Naivetät des kleinen Wolfgang so weit, daß er, wenn er bei Hofe sich zum Clavier setzte, an den Kaiser die Frage stellte: „Ist Herr Wagenseil nicht hier? der soll herkommen, der versteht es," und wenn dann auf Befehl des Kaisers Wagenseil erschien, rief der kleine Mozart: „Ich spiele ein Concert von Ihnen, Sie müssen mir umwenden."

Bis dahin hatte Wolfgang bloß Clavier gespielt und die außerordentliche Fertigkeit, mit welcher er das Instrument behandelte, mochte wohl Ursache gewesen sein, daß vor der Hand der Vater, um nicht des Knaben Fleiß und Studium unnöthigerweise zu theilen, vom Unterrichte im Violinspiele, für den es noch immer Zeit war, ganz absah. Da sollte es sich aber zeigen, wie mächtig der Geist der Kunst in dieser Kinderseele lebte. Während seines Aufenthaltes in Wien war Mozart mit einer Geige beschenkt worden. Als später die Familie nach Salzburg zurückgekehrt war, kam eines Tages der Violinspieler Wenzel, der eben mit Compositionsstudien sich beschäftigte, zu Mozart's Vater, mit der Bitte, ihm über einige von ihm componirte Trio's sein Urtheil zu sagen. Da auch Schachtner, dem die Aufzeichnung dieser Episode aus Mozart's Knabenzeit zu verdanken, zugegen war, so wollte der Vater Mozart diese Trio's sofort probiren und übernahm mit der Viola den Baß, während Wenzel selbst die erste und Schachtner die zweite Violine spielen sollte. Da bat der kleine M o z a r t, ihn die zweite Violine spielen zu lassen. Der Vater lehnte dieses Begehren mit der Bemerkung ab, daß er ja noch keine Anweisung in Behandlung dieses Instrumentes erhalten habe und also nichts Ordentliches zu Stande bringen könne. Der Kleine ließ aber nicht ab zu bitten und meinte, um die zweite Violine zu spielen, müsse man dies nicht erst lernen. Als der Vater endlich über dieses hartnäckige Verlangen unwillig ward und ihm befahl, sich zu entfernen und keine weitere Störung zu veranlassen, begann Wolfgang bitterlich zu weinen und ging mit seiner Violine aus dem Zimmer. Da legte sich S ch a ch t n e r ins Mittel und meinte, der Vater möchte ihn als Vierten immerhin mitthun lassen. Endlich gab der Vater seine Zustimmung, rief W o l f g a n g zurück und sagte zu ihm: „Nun so geige denn mit Herrn S ch a ch t n e r, aber so stille, daß man dich nicht hört, sonst mußt du gleich fort." Hier folgt nun S ch a ch t n e r's wörtlicher Bericht über diesen Vorgang. „Wir spielten," schreibt S ch a ch t n e r, „und der kleine M o z a r t geigte mit mir. Aber bald bemerkte ich mit Erstaunen, daß ich da ganz übrig sei. Ich legte still meine Geige weg und sah den Vater dann an, dem bei dieser Scene Thränen der gerührten und bewundernden Zärtlichkeit aus dem väterlichen Auge über die Wangen rollten. Wolfgang spielte alle sechs Trio's durch. Nach Endigung derselben wurde er durch unseren Beifall so kühn, daß er behauptete, auch die erste Violine spielen zu können. Wir machten zum Scherz einen Versuch und mußten herzlich lachen, als er auch diese, wiewohl mit lauter unrechten und unregelmäßigen Applicaturen, spielte, doch aber wenigstens so, daß er nie ganz stecken blieb." Es ist dies gewiß ein Fall, einzig in seiner Art und zeigt nicht nur, wie

fein Mozart's Ohr für Musik organisirt war, sondern
wie er den ganzen Körper seiner musikalischen Wunderkraft
unterordnete, da er ohne vorherigen Unterricht das sprödeste
Instrument, das schon technischer Seits, um ihm nur
einen leidlichen Ton zu entlocken, tüchtiger Uebung bedarf,
in entsprechender, wenigstens nicht störender Weise zu be-
handeln verstand. Der Organismus seines Ohres, wovon
Nissen's Biographie Mozart's im Anhange eine Abbildung bringt, muß wohl höchst interessant und des Studiums
eines Physiologen werth gewesen sein. Die erwähnte Zeichnung mag immerhin als Curiosum gelten, practischen Werth,
der höchstens aus einer photographischen Aufnahme dieses
Organs, wenn eine solche schon damals möglich gewesen
wäre, zu erzielen war, besitzt sie nicht. Von der Feinheit
dieses Organs geben ja die herrlichen Werke dieses Tonheros Beweis genug; aber nicht etwa bloß die großartigen
Compositionen, sondern gleich gut, ja noch schlagender seine
Impromptu's, hingeworfen in wenigen Augenblicken, oft
in den kurzen Pausen vor einem Abschied, oder wenn die
Heiterkeit im Freundeskreise ihren Gipfelpunkt erreicht,
oder wenn sonst seine übersprudelnde Laune von Außen
einen Anstoß erhielt! Eines der merkwürdigsten derselben
bleibt der berühmte Canon, den er schrieb, als er in
Leipzig von dem Ehepaar Doles Abschied nahm, der mit
seinem Doppeltext eine komische Wirkung ohne Gleichen
erzielt. Mit dieser Feinfühligkeit seines Ohres war aber
auch der Abscheu gegen jeden Mißton, ja auch gegen rauhe,
durch Zusammenklang nicht gemilderte Töne innigst verbunden, und dies ging so weit, daß er förmlich litt, wenn er
dergleichen zu hören gezwungen ward. Aus der Zeit seiner
Kindheit ist in dieser Hinsicht ein Vorfall besonders bemer-

kenswerth. Bis in sein zehntes Jahr hatte er einen unbe=
zwinglichen Widerwillen gegen die Trompete, wenn sie allein
geblasen wurde. Der Vater, der ihn von dieser Idiosynkrasie
heilen wollte, ließ einmal ohne auf des Sohnes flehentliche
Gegenbitte zu achten, vor ihm die Trompete blasen. Das
Experiment nahm einen unerquicklichen Ausgang. Mozart
erblaßte, stürzte wie ohnmächtig zu Boden, und es läßt
sich nicht sagen, welche weiteren Folgen daraus entstanden
wären, hätte der Vater die Fortsetzung dieses Experiments
nicht augenblicklich unterbrechen lassen. Hingegen wie groß
seine Unterscheidungsgabe war für die feinsten Nuancen des
Tones, die dem musikalisch tüchtig Geschulten, selbst wenn
er darauf Acht hatte, entgingen, dafür legt ein anderer
nicht minder beglaubigter Umstand Zeugniß ab. Wolf=
gang spielte einmal auf der Schachtner'schen Geige, die er
ihres sanften Tones wegen die „Buttergeige" zu nennen
pflegte. Als einige Tage darnach Schachtner bei Mo=
zart eben eintrat, da dieser auf seiner kleinen, von Wien
mitgebrachten Geige sich unterhielt, fragte Mozart
Schachtner'n: „Was macht Ihre Buttergeige?" und in
einer Weile, nachdem er die Uebung auf seinem Instrumente
noch fortgesetzt, sagte er zu Schachtner: „Wenn Sie
Ihre Geige doch so gestimmt ließen, wie sie war, als ich
das letzte Mal sie spielte, sie ist um einen halben Viertel=
ton tiefer, als meine da." Man lachte über diese so genaue
Angabe; der Vater aber von dem Musikgedächtnisse und
feinem Tongefühle seines Sohnes bereits durch mehrere Be=
weise überzeugt, ließ die Geige holen, und zur Ueberraschung
Aller zeigte es sich, daß Mozart's Angabe genau war.

Während sich das wunderbare Talent des Knaben immer
mehr und mehr entfaltete, und eine liebenswürdige Kindlichkeit

und Folgsamkeit die Aufgabe des Vaters, diesen Kunstsinn
sorgfältig auszubilden, wesentlich erleichterte, kam die Zeit
heran, in welcher ein von dem Vater längst gefaßter und
wohl überlegter Entschluß zur Ausführung kommen sollte.
Der Vater hatte, um sich dem Erziehungswerke seiner Kinder
ungetheilt zu widmen, das einträglichere Lectionengeben ein=
gestellt; als er das herrliche Talent der beiden Kinder,
namentlich Wolfgang's, inne wurde, erwachte in ihm
der Wunsch, durch Concertreisen den Ruf der Kinder früh=
zeitig zu begründen und dadurch der Familie für die Zukunft
materielle Vortheile zuzuwenden. So wurde denn im Sommer
1763 die erste eigentliche Kunstreise unternommen. Diese
ging zunächst über München, wo die Kinder wieder vor
dem Churfürsten sich hören ließen, dann nach Augsburg,
Mannheim, Mainz, Frankfurt a. M., wo die naive Concert=
ankündigung des Vaters erst nach vielen Jahren von einer
Frankfurterin, bei ihren antiquarischen Forschungen in den
alten Intelligenzblättern dieser ehemaligen freien Reichsstadt
aufgefunden wurde, dann nach Coblenz, Cöln, Aachen und
Brüssel, wo sie theils in öffentlichen Concerten sich hören
ließen, oder aber an den fürstlichen Höfen und in den
Cirkeln des hohen Adels spielten und überall großen Beifall
und so weit leidliche Einnahmen ernteten, daß die große
Reise und Verköstigungsauslagen der ganzen Familie voll=
ständig gedeckt waren. Im November kamen sie in Paris
an, wo ihnen die bisherigen Erfolge das Auftreten vor der
königlichen Familie ermöglichten. Der Aufenthalt in Paris
währte nahezu fünf volle Monate. Wolfgang ließ sich in
Versailles vor dem königlichen Hofe hören und spielte vor dem=
selben in der dortigen Capelle die Orgel; für das Publikum gab
der Vater zwei große Akademien. Die Aufnahme in Paris

war eine enthusiastische; dort entstand das berühmte Bildniß Carmontelle's, wohl das erste, das von Mozart bekannt ist, und dort erschienen bei Madame Vendôme seine ersten Werke im Stiche, die der Prinzessin Victoria, zweiten Tochter des Königs, gewidmete Sonate Op. 1 und die Sonate Op. 2, welche er der Ehrendame der Dauphine, der Gräfin de Tessé, zueignete. Am 10. April 1764 verließ der Vater mit Frau und Kindern Paris und schiffte von Calais, wo Alle zum ersten Mal den Anblick des unendlichen Meeres genossen und sie von dem Procureur des Königs zu Tische geladen worden, nach mehrtägigem Aufenthalte in der Hafenstadt nach England hinüber, wo sie am 23. April in London eingetroffen sein mögen. Die Empfehlungsbriefe, welche Vater Leopold mitgenommen, thaten ihre Schuldigkeit; schon am 27. April ward den Kindern die Auszeichnung, vor König und Königin in Buckingham-House zu spielen. König Georg III., damals 27 Jahre alt, und Königin Charlotte Sophie, eine Prinzessin von Mecklenburg-Strelitz, liebten und pflegten beide die Musik und gewährten der Künstlerfamilie eine huldvolle Aufnahme. Das öffentliche Auftreten Wolfgang's verspätete sich aber; zuerst für den 9. Mai in einem Concerte, das der Violoncellist Graziani gab, festgesetzt, wurde es durch den gewöhnlichen Umstand, daß die im Concerte Mitwirkenden anderswo beschäftigt waren, auf den 22. Mai verschoben, fand aber auch an diesem Tage nicht Statt, da inzwischen der Vater krank geworden, und wurde erst am 5. Juni gegeben. Der Erfolg war ein überaus glänzender, die Einnahme eine bedeutende, überhaupt war die erste Zeit des Londoner Aufenthaltes materiellerseits für die Familie die blühendste. Mozart spielte mit seiner Schwester noch

einmal bei Hofe, dann in einem Wohlthätigkeitsconcer
und nun begab sich die Familie gegen Ende Juni nc
Tunbridge = Wells, einem von dem englischen Adel v
besuchten Badeorte, und von dort nach Chelsea, wo sie f
mehrere Wochen aufhielten, weil des Vaters Gesundh
ländlichen Aufenthalt erforderte. Dann kehrte die Fami
nach London zurück, wo sich der Aufenthalt bis Ende Ir
1765 verlängerte, aber auch in dem steten Wechsel d
dortigen großartigen Lebens allmälig die Theilnahme j
den kleinen Mozart und sein herrliches Spiel versieg
die Einnahmen kleiner, die Ausgaben größer und
Stimmung des Vaters, der gemeint, daß der Sonnensch
des Glückes länger vorhalten würde, düsterer wurde.
London erschienen die als Oeuvre 3 bekannten, der König
Charlotte gewidmeten sechs Sonaten im Selbstverla;
mit dem originellen, wohl von Vater Leopold verfaßt
Widmungsschreiben, das im prophetischen Geiste die Wo
enthält: „avec ton (de la Reine) secours j'egalérai
gloire de tous les grands hommes de ma patrie, et
deviendrai immortel comme Händel et Hasse et m
nom sera aussi célèbre que celui de Bach". So
schrieb Mozart dort noch einige, aber bisher ungedruc
Symphonien und das vierstimmige Madrigal: God is c
refuge", die einzige auf englischen Text verfaßte Compositi
Mozart's, deren erst in neuerer Zeit von Pohl v
öffentlichter Autograph noch jetzt zu den Cimelien t
British = Museums gehört. Am 24. Juli 1765 verl
Mozart mit seiner Familie London, verweilte noch ein
Tage auf dem bei Canterbury gelegenen Landgute eines reich
Engländers, Herrn Manat, und verließ am 1. Aug
die englische Küste, um sich auf Einladung des holländisch

Gesandten nach dem Haag zu begeben, wo die Prinzessin
von Weilburg, Schwester des Prinzen von Oranien, die
Wunderkinder kennen zu lernen wünschte. Die Reise ging
durch Flandern, wo Wolfgang in den zahlreichen Kathe=
dralen und Klosterkirchen oft die Orgel spielte, bis sie im
Haag ankamen, wo Wolfgang und seine Schwester auf
den Tod an einem hitzigen Fieber erkrankten. Vier Monate
waren die Kinder krank gewesen, und die erste Arbeit des
genesenen Wolfgang waren die 6 der Prinzessin Karoline
von Nassau=Weilburg gewidmeten Sonaten, die als
Op. 4 (à la Haye, Hummel) gedruckt erschienen sind.
Von dem Haag begaben sich alle nach Amsterdam, reisten
aber schon nach vierwöchentlichem Aufenthalte nach dem
Haag zurück, wo das zu der Installationsfeier des Prinzen
Wilhelm V. von Oranien als Erbstatthalters componirte
erste größere, jedoch unbedeutende Werk Mozart's:
„Gallimathias musicum" aufgeführt wurde. Es ist dieß ein
Quodlibet aus 13 sehr kurzen, meist zweitheiligen Sätzen
für verschiedene Instrumente, welches mit einem langen
fugirten Satze über das berühmte Volkslied: „Willem van
Nassau" schließt. Nachdem nun die Kinder noch einige Male
vor dem Erbstatthalter gespielt hatten, reiste der Vater
mit ihnen nach Paris zurück. Dort ließen sie sich während
eines zweimonatlichen Aufenthaltes zu wiederholten Malen
vor dem königlichen Hofe zu Versailles hören; dann ging
die Reise über Lyon durch die Schweiz nach Donaueschingen,
wo sie bei dem musikliebenden Fürsten von Fürstenberg
gastliche Aufnahme fanden. Von da begaben sie sich nach
München, wo der Churfürst mit dem kleinen Wolfgang
eine ganz besondere Probe vornahm. Der Churfürst sang
Wolfgang ein Thema vor, das dieser sofort ausführen

und niederschreiben sollte. Wolfgang vollendete seine Auf=
gabe, ohne Clavier oder Geige zu benützen, in Gegen=
wart des Churfürsten in kürzester Zeit; nachdem er das
ihm vorgesungene Thema niedergeschrieben, trug er es
auf dem Clavier vor, und Bewunderung und Erstaunen
des Churfürsten und anwesenden Hofes nahmen kein Ende.

Ueber drei Jahre, seit Juni 1763 bis Ende November
1766, war die Mozart'sche Familie in der Fremde gewesen;
nun kehrte sie in die Heimat zurück und begrüßte die alte
Bischofstadt, um daselbst für längere Zeit von dem Reise=
mühsal auszuruhen und die mannigfaltigen Eindrücke eines
wechselvollen Wanderlebens geistig neu durchzuleben. In
Salzburg setzte der nun zehnjährige Wolfgang seine
musikalischen Studien, die durch die lange Reise, wenn
nicht ganz unterbrochen, so doch vielfach gestört wurden, so
daß an eine zu Studien erforderliche Sammlung des jugend=
lichen Geistes kaum zu denken war, in der alten Weise
fleißig fort und vervollkommnete sein göttliches Talent.
Zwei Jahre blieb nun die Familie in Salzburg und
Mozart's Productivität nahm in merklicher Weise zu.
Gleich nach seiner Rückkehr in die Heimat schrieb er den
ersten Theil des geistlichen Singspiels: „Die Schuldigkeit
des ersten Gebotes", über welches jedoch bezüglich der
Compositionszeit die Ansichten getheilt sind; im Jahre 1767
acht Compositionen, darunter neben mehreren Clavier=
Concerten, einer Symphonie und einer Passions=Cantate die
lateinische Komödie: „Apollo und Hyacinthus", die
er für die Universität Salzburg componirte und die daselbst
um die Mitte Mai 1767 aufgeführt wurde. Das Jahr
1768 steigt aber bereits zu 20 Compositionen, darunter
mehrere Kirchenstücke, Sonaten, zwei größere Cassationen

und zwei Operetten, beide geschrieben, um sie in Wien zur
Aufführung zu bringen, denn dahin hatte sich Vater Mozart
im Herbste 1768 mit seinen Kindern begeben. Eine dieser
Opern, die deutsche „Bastien und Bastienne", wurde
bei der Familie Meßmer in dem derselben gehörigen Land=
hause auf der Landstraße gegeben, und die italienische „La
finta semplice", mit 26 Nummern, über Anregung des
Kaisers Franz Stephan geschrieben, wurde, da die Hof=
intriguen und Schranzencabalen den Sieg über den Willen
des Kaisers davon trugen, aller Bemühungen des Vaters
Mozart ungeachtet, nicht aufgeführt. Glücklicher war
Mozart in Wien mit zwei kirchlichen Compositionen, einer
Messe und einem Veni Sancte Spiritus, deren Aufführung
unter des 13jährigen Mozart persönlicher Leitung zur
Einweihung der Waisenhauskirche in Gegenwart des kais.
Hofes am 7. December 1768 stattfand. Ein Trompeten=
Concert aus diesem Jahre, dessen der Schlichtegroll'sche
Nekrolog gedenkt, das aber in Köchel's „Thematischer
Katalog" nicht vorkommt und also verloren gegangen zu
sein scheint, kam auch zur Aufführung. Der Aufenthalt in
Wien erstreckte sich bis zu Anbeginn des Jahres 1769,
worauf die Rückkehr nach Salzburg erfolgte; denn eine von
Mozart componirte Missa brevis (v. Köchel, Nr. 65)
trägt bereits das Datum vom 14. Jänner zu Salzburg.
Das Jahr ging unter ernsten Musikstudien dahin und
Wolfgang wurde zum Concertmeister, ohne Gehalt, am
Salzburgischen Hoforchester ernannt. Er componirte einige
Messen und Symphonien, und dann das liebliche „Johannes=
Offertorium" für den Benedictiner=Pater Johannes des
Klosters Seeon, in welches einige melodiösen Tacte, die
Mozart zu singen pflegte, wenn er als Knabe in das

2

Kloster kam und den Pater, den er besonders liebte, an ihm emporkletternd, liebkoste und umarmte, in neckischer Weise eingeflochten waren.

Zu Ende des Jahres, Anfangs December, traten der Vater und Sohn wieder eine Kunstreise, die erste nach Italien, an, wo sie vierzehn Monate verweilten. Die Reise ging über Innsbruck, wo sie bei dem Grafen Künigl eine Academie gaben, in welcher Mozart ein Concert prima vista spielte; in den ersten Tagen des Jänner 1770 waren sie in Verona und kamen über Mantua, Cremona in den letzten Tagen des Jänner in Mailand an, wo sie mehrere Wochen verweilten. In Mailand wurden sie im Hause des Statthalters, des geistvollen und kunstsinnigen Grafen Firmian, auf das Liebevollste aufgenommen und erhielt Wolfgang den Auftrag, für die Carnevalstagione des folgenden Jahres eine Oper zu schreiben. Im März verließen sie Mailand, gingen über Lodi, wo Mozart sein erstes Quartett componirte, Bologna und Parma nach Rom, wo sie in der Charwoche (im April) eintrafen. Auf dem Wege nach Rom in Bologna verweilend, fand Mozart dort an dem berühmten italienischen Contrapunctisten Maestro Martini einen enthusiastischen Bewunderer, insbesondere, nachdem der junge Mozart über jedes Fugenthema, das Martini ihm hinschrieb, die dazu gehörige Risposta streng nach den Regeln der Tonkunst angab und die Fuge augenblicklich auf dem Clavier ausführte. Ein Gleiches war in Florenz der Fall, wo der dortige Musikdirector Marchese Ligniville seine Bewunderung über den 15jährigen Mozart unverholen aussprach. In Florenz lernte Wolfgang auch einen jungen Engländer, Namens Thomas Linley, einen Knaben von 14 Jahren, also fast in dem-

selben Alter wie Wolfgang, kennen. Linley war ein
Schüler des berühmten Violinvirtuosen Nardini und spielte
selbst die Violine mit bezaubernder Fertigkeit und Lieblich=
keit. Die beiden Jünglinge befreundeten sich bald auf das
Innigste, und Linley brachte noch am Tage der Abreise
Mozart's ein Gedicht auf ihn, das von einer Italienerin
verfaßt war, und gab ihm, als er abreiste, im Wagen das
Geleite bis an das Stadtthor.

In der Charwoche 1770 kamen Vater und Sohn
in der ewigen Stadt an. Es ist ein bezeichnender Zug
im Leben Mozart's, daß ihn in Rom, wo das Auge
so sehr durch die Kunstwerke aller Zeiten gefesselt wird,
die Werke der Kunst eben nicht viel kümmern und wieder
nur die Musik der Mittelpunkt seines Denkens, Fühlens
und Handelns ist. Mozart war von allem Anbeginn
bis an seinen letzten Athemzug durch und durch Musik
und nur Musik. Einer der ersten Besuche in Rom galt
der Sixtinischen Capelle, wo gerade die Vorbereitungen
zu den musikalischen Kirchenfesten der Charwoche statt=
fanden und Mozart zum ersten Male das berühmte
Miserere von Allegri hörte, das, um den Hörern den
Genuß unverstümmelter Harmonie zu bereiten, — o
Ironie der Kunst — von verstümmelten Menschen ge=
sungen wird. Allegri's Tonstück wurde bis dahin gegen
jede Abschrift auf das Sorgfältigste gehütet, man er=
zählt sich, daß auf diesen Frevel (?) Kirchenstrafen, ja
nicht geringeres als Excommunication, gesetzt war. Mo=
zart hörte die erste Probe und prägte das Werk so gut seinem
Gedächtnisse ein, daß er es, als er nach Hause kam, aus dem
Gedächtnisse niederschrieb. Als am Charfreitag das Miserere
wieder aufgeführt wurde, ging Mozart nochmals in die

Kirche und corrigirte unter dem Hute, in dem das Ma=
nuscript lag, jene Stellen, die er beim ersten Niederschreiben
nicht ganz richtig wiedergegeben hatte. Dieser Vorgang
wurde in Rom bald bekannt und erregte nicht geringes
Aufsehen, wobei man, da man die Genialität des Knaben
bewunderte, über den damit in Verbindung stehenden Fre=
vel ganz hinwegging. Ja Mozart mußte dieses Ton=
stück, dessen Vortrag, außer in der Charwoche von den
Castraten der Sixtinischen Capelle, auf das strengste ver=
pönt war, sogar in einer Academie singen, und da in der=
selben der Castrat Christofori, der es in der Capelle
gesungen hatte, anwesend war, so feierte Mozart, da
Christofori selbst über Mozart voll Bewunderung
war, einen vollständigen Triumph. Wie sehr übrigens
Mozart's Talent in Rom auch sonst Würdigung fand,
erhellt aus seinem in italienischer Sprache geschriebenen
Brief, ddo. Rom, 25. April 1770, in welchem er bemerkt,
daß eine von ihm componirte Arie und Symphonie von
seinem eigenen Vater copirt werde, weil sie ihnen sonst ge=
stohlen werden könnten: „per non la vogliamo dar via
per copiarla, altrimente ella sarebbe rubata". Von Rom
machten Vater und Sohn in den ersten Tagen des Mai
einen Ausflug nach Neapel, wo sie am königlichen Hofe
die freundlichste Aufnahme fanden und wo Wolfgang's
Frohsinn in bemerkbarer Zunahme begriffen ist, denn der
eine Brief vom 19. Mai 1770, mit der muthwilligen An=
wendung des Zeitwortes thun, und der zweite vom 5. Juni,
mit den ergötzlichen Stellen des Salzburger Dialektes,
sprechen für ein geistiges und körperliches Behagen, das sich
gern in solchen Allotriis Luft macht. In Neapel spielte
Mozart auch im Conservatorio alla pietà, und da meinten

einige seiner Zuhörer, der Zauber seines Spieles steckte in dem Ringe, den er trage, worauf Wolfgang, um sie zu überzeugen, daß aller Zauber nur in seinem Gehirn stecke, den Ring vom Finger zog und nunmehr mit seiner unbe=ringten Hand auf der Claviatur dieselben Wunder wirkte, wie vordem, als er noch den Ring daran trug. Auch gab er in Neapel eine große Academie bei dem kaiserlichen Ge=sandten, dem Grafen Kaunitz. Der Aufenthalt in Neapel erstreckte sich über Mitte Juni, worauf sie nach Rom zurück=kehrten, wo der geniale Entwender des Allegri'schen Miserere von dem Papste selbst mit Kreuz und Breve eines Ritters des Ordens vom goldenen Sporn ausgezeichnet wurde. Um die Mitte Juli verließen die beiden Mozart Rom und kehrten wieder über Bologna, wo sich ihr Aufenthalt über dritthalb Monate verlängerte, nach Mailand zurück. Dieser verhältnißmäßig lange Aufenthalt in Bologna wurde offen=bar zur Vollendung des „Mithridates," der in Mailand zur Aufführung kommen sollte, benützt. In Bologna erhielt Wolfgang, nachdem er eine ihm gestellte musikalische Aufgabe nach den Regeln der Kunst vollkommen gelöst, das Diplom eines Mitgliedes der Academia filarmonica. Längere Zeit verweilten Vater und Sohn auch auf dem nahe bei Bologna gelegenen Landgute der Gräfin Palla=vicini, die eine große Musikfreundin war und wo durch Mozart's Spiel die Haydn'schen Menuetten zu verdien=ten Ehren kamen. Im Uebrigen schrieb Mozart während dieser italienischen Reise wenig; nur einige kleinere Stücke sind bekannt geworden, Mehreres scheint verloren zu sein und sonst ist nur noch ein wahrscheinlich in Bologna, noch ganz unter dem Eindrucke des Allegri'schen Meisterwerkes empfangenes und ausgeführtes „Miserere" bemerkenswerth.

Mitte October 1770 befanden sich Vater und Sohn wieder
in Mailand, und die Arbeiten zur Oper „Mithridates"
nahmen letzteren so sehr in Anspruch), daß ihm von dem
„vielen Recitativschreiben die Finger wehe thaten". Die
fertige Oper des 15jährigen Mozart kam am 26. December 1770 zur Aufführung, Mozart dirigirte die ersten
drei Aufführungen persönlich am Clavier. Der Erfolg war
ein vollständiger, 20 Wiederholungen fanden statt. Nun
ging die Reise über Venedig, wo sie den größeren Theil
des Monats Februar 1771 verlebten, nach der Heimat,
in welcher sie Ende März 1771 eintrafen.

Doch nicht lange war es ihnen gegönnt, am heimat-
lichen Herde von den Mühen der italienischen Triumphreise
auszuruhen. Auf den October 1771 war die Vermälung
des Erzherzogs Ferdinand mit der Prinzessin von Modena,
Beatrix von Este, festgesetzt, und für die großen Fest-
lichkeiten, welche aus diesem Anlasse stattfanden, hatte
Wolfgang von Kaiserin Maria Theresia den Auf-
trag erhalten, eine Serenade zu componiren. Den Brief des
Grafen Firmian mit diesem ehrenvollen Auftrage hatte
er bei seiner Ankunft in Salzburg bereits vorgefunden.
Also schon im August traten Vater und Sohn wieder die
Reise nach Italien an. Im October wurde die dramatische
Serenade: „Ascanio in Alba" aufgeführt, fand großen
Beifall und wurde oft wiederholt. Hasse that, als er der
Aufführung beiwohnte, den Ausspruch: „dieser Knabe wird
uns alle vergessen machen (questo ragazzo ci fara dimenticare
tutti)," und in der That wurde auch Hasse's für diese Fest-
lichkeit componirte Oper von Mozart's Ascanio in den
Schatten gestellt. Mozart erhielt für dieses Werk unter
Anderem von der Kaiserin eine kostbare Uhr, die noch jetzt

als Reliquie von Hand zu Hand geht und sich gegenwärtig im Besitze eines Kunsthändlers in Pest befindet [siehe weiter unten in der Abtheilung: VIII. b) Reliquien].

Im December waren Vater und Sohn schon wieder in Salzburg, wo nach dem bald darauf erfolgten Tode des Erzbischofes Sigismund (eines Grafen Schratten-bach) nicht unwesentliche Veränderungen eintraten. Eine neue Wahl fand statt und ein Hieronymus Graf Collo-redo ging am 14. März 1772 aus derselben hervor; es ist derselbe Hieronymus, an dessen Namen sich im Hin-blick auf unseren Mozart die traurigsten Erinnerungen knüpfen, der durch seine Rohheit und Gemeinheit so vieles Leid in dieses sonst so schöne Familienleben brachte. Zu den Festlichkeiten, welche anläßlich des Einzuges und der Hul-digung des neuen Erzbischofes stattfanden, schrieb Mozart wieder eine dramatische Serenade: „Il sogno di Scipione", nach einem Textbuche Metastasio's, das von diesem schon im Jahre 1735 zu ganz anderem Zwecke gedichtet worden war. Auch entstanden in diesem Jahre noch mehrere Kirchenstücke und gleichsam als ernste Kunststudien in der Harmonie eine ganze Folge von Symphonien (deren 7), die sonderbarer Weise bisher sämmtlich ungedruckt sind.

Da Mozart auch während seines zweiten Aufent-haltes in Italien in Mailand den Auftrag erhalten hatte, für die Stagione 1772/73 eine neue Oper zu schreiben, so begab er sich im Spätherbste 1772 neuerdings nach Mailand, um daselbst die Vorbereitungen für sein Dramma per Musica Lucio Silla zu treffen, das in den letzten Tagen des December in Scene ging und denselben sieg-reichen Erfolg hatte, wie die früheren Arbeiten Mozart's. Lucio Silla, der über zwanzig Wiederholungen erlebte, war übrigens das letzte Werk, das Mozart für Italien schrieb. Dieser Aufenthalt Mozart's und seines Vaters in Mailand, in welchem Mozart's Gemüthsstimmung, nach den vorhandenen Briefen zu urtheilen, durch eine heitere Stimmung, ja durch einen fast an Muthwillen gren= zenden Frohsinn charakterisirt ist, dehnte sich bis in den Carneval 1773 aus, dessen Freuden sie zum Theile noch mitmachten, worauf sie wieder nach Salzburg zurückkehrten, wo aber das Walten des neuen Herrn einem von seinem Künstlerbewußtsein gehobenen Charakter, wie es jener Mozart's und auch der seines Vaters war, wenig zusagte. Unter mancherlei Bemühungen um eine neue Stelle an einem anderen Orte und unter künstlerischem Schaffen, — meistens Quartette, Symphonien und Verwandtes, — gingen einige Monate dahin; ein im Sommer 1773 aus= geführter Ausflug nach Wien, wahrscheinlich unternommen, um vielleicht eine passendere Stellung zu erlangen, brachte eini= gen Wechsel in das Einerlei des Salzburger Lebens. Ende September kehrten nun Vater und Sohn in ihre unerquick= liche Stellung nach Salzburg zurück. Daselbst blieben sie die übrige Zeit des Jahres und das ganze Jahr 1774, in welchem Mozart sich fleißig mit Componiren und be= sonders mit der Oper „La finta giardiniera" beschäftigte, welche er im Auftrage des Churfürsten Maximilian III. für München schrieb. Mit dem vollendeten Werke begab er sich noch im December 1774 nach München, leitete die Proben und die am 13. Jänner 1775 stattgehabte erste Aufführung. Der Erfolg war ein über alle Maßen glän= zender. Mozart, der in diesem Werke sich von den Ober= flächlichkeiten, die bei einer Opera buffa bisher gang und gebe waren, fern gehalten und überhaupt die ganze Aus-

führung ernst genommen hatte, wurde von Hof und Publikum mit Ehrenbezeugungen überschüttet. Man wollte noch
nie eine schönere Oper gehört haben. Nachdem die Oper
noch oft wiederholt wurde, kehrten Vater und Sohn in der
Charwoche 1775 nach Salzburg zurück und blieben nun
daselbst ununterbrochen, bis die rohe Behandlung des Kirchenfürsten ein längeres Verbleiben des letzteren unmöglich
machte. Die Einförmigkeit des Salzburger Sclavendienstes,
denn zu einem solchen gestaltete sich das Dienen unter einem
Manne, wie Erzbischof Hieronymus, wurde nur durch
das Schaffen, Einstudiren und Ausführen einiger größerer
Kirchenstücke und der dramatischen Cantate: „Il rè pastore"
unterbrochen. Diese letztere wurde zu den Hoffesten gegeben,
welche anläßlich der Anwesenheit des Erzherzoges Maximilian, jüngsten Sohnes der Kaiserin Maria Theresia, nachmaligen Erzbischofes von Cöln, stattfanden.
Die Aufführung war am 23. April 1775 erfolgt. Wie
schwer das, ebenso des Sprößlings einer berühmten Adels-
familie, wie des regierenden geistlichen Fürsten unwürdige
Benehmen des Erzbischofes auf der Familie Mozart
lastete, darüber gibt das Schreiben des Vaters Mozart
Aufschluß, welches er an den Pater Martini im December
1777 richtete, nachdem er seinem Sohne bereits gestattet
hatte, die Dienste des Erzbischofes zu verlassen. „Es sind
bereits fünf Jahre", schreibt Leopold Mozart, „daß mein
Sohn unserem Fürsten für ein Spottgeld in der Hoffnung
dient, daß nach und nach seine Bemühungen und wenige
Geschicklichkeit, vereint mit dem größten Fleiße und ununter-
brochenen Studien, würden beherzigt werden; allein wir
fanden uns betrogen. Ich unterlasse, eine Beschreibung der
Denk- und Handlungsweise unseres Fürsten zu machen . . ."

u. f. w. Wie muß es, fragt man sich hier, mit diesem
Dienste traurig bestellt gewesen sein, wenn ein so bedächti=
ger, ernster, im Uebrigen höfischer und an Unterwürfigkeit
ohnehin gewöhnter Mann, wie es Mozart's Vater war,
zu dergleichen brieflichen Klagen die Zuflucht nimmt. Dra=
stischer conterfeit Mozart in seinem ersten Briefe, nach=
dem er den Dienst verlassen (Wasserburg, 23. September
1777), seinen verhaßten Peiniger, indem eine Stelle lau=
tet: „. . . Papa möge brav lachen und lustig sein, wie
wir gedenken, daß der Mufti H. C. (Hieronymus Colloredo)
ein . . . ., Gott aber mitleidig, barmherzig und liebreich sei".

Der Vater hatte es nicht gewagt, seinen damals
21jährigen Sohn allein in die Welt ziehen zu lassen und
ihm, da er seine Stellung am erzbischöflichen Hofe als ver=
mögensloser Mann aufzugeben nicht im Stande war, die
Mutter auf die Reise mitgegeben, auf welcher sich Wolf=
gang einen würdigeren Posten suchen sollte. Bayern war
es zunächst, wohin sich Mutter und Sohn wandten. Sie
gingen über München, wo sie wenige Wochen verweilten,
über Augsburg, wo sie eine Base besuchten, den Clavier=
bauer Stein, dessen Tochter Nannette (nachmalige
Streicher) kennen lernten, und Mozart mit seinem
Spiele bei den Patriziern der Stadt großen Beifall ern=
tete, nach Mannheim, wo sie in den letzten Tagen des
Octobers 1777 ankamen. Des Churfürsten Carl Theodor
Bestrebungen für die Kunst erweckten anfänglich Hoffnun=
gen auf einen entsprechenden Posten. Der Aufenthalt in
Mannheim dehnte sich über vier Monate hinaus. Der
Empfang bei dem Churfürsten und überhaupt die Aufnahme
bei Hofe ließen nichts zu wünschen übrig, aber dieß war
auch Alles. An eine Anstellung Wolfgang's war nicht

zu denken. Man interessirte sich lebhaft für ihn, fand sein
Spiel unvergleichlich, aber weder eine Stelle im Orchester,
wie Mozart sie wünschte, noch den Unterricht der natürlichen Kinder des Churfürsten oder den Auftrag, eine Oper
zu schreiben, erhielt er.

Aus der Zeit dieses Mannheimer Aufenthaltes liegt
eine stattliche Reihe von Briefen Wolfgang's vor —
es sind deren nicht weniger als dreißig — und nicht
kurze Billete, sondern ausführliche Schreiben, die sich
über Menschen, die dortigen Verhältnisse, Kunstzustände
ganz aussprechen. Aus diesen Briefen erhellet auch, wie er
in Mannheim nichts fand, was er brauchte, wohl aber
Etwas, was ihm bei seinem nächsten Zwecke, eine feste
Stellung zu erlangen, völlig überflüssig war — nämlich
Liebe. Die Briefe hatten auch den Vater immer bedenk-
licher und ernster gestimmt. Die materiellen Verhältnisse,
die sich durch die vielen Kunstreisen sehr verschlechtert hatten,
sollten, so hoffte der Vater, durch den Sohn verbessert
werden; von ihm erwartete er, daß er ein praktischer Mann
werden, sich eine feste einträgliche Lebensstellung begründen
und so den Eltern zurückerstatten werde, was diese für ihn
und seine kostspielige Erziehung verausgabt. Alle Hoffnungen des Vaters, die er mit seinem Sohne trug, sollten sich
aber mit einem Mal in einem Plane auflösen, der nichts
weniger als praktisch aussah und zu dessen Ausführung
Wolfgang die Mitwirkung seines Vaters sich erbat.
Außer dem Verkehre im Hause des Musikdirectors Canna-
bich, dessen dreijährige Tochter Rosa Mozart mit
vielem Eifer unterrichtete, war er auch ein oft und gern-
gesehener Gast in der Familie Weber, wo sich unter
mehreren schönen und musikliebenden Töchtern auch eine

Namens Aloisia befand. Zwei Briefe aus Mannheim, jene vom 2. und 7. Februar 1778, enthüllen uns den Plan, mit dem sich Mozart trug und den schon seine mit ihm in Mannheim sich befindende Mutter nichts weniger als billigte, wie uns darüber die Nachschrift derselben zum ersten Briefe belehrt. Wolfgang's Plan aber war, mit der Weber'schen Familie zusammen zu reisen; er und Weber wollten Concerte geben und die Tochter Aloisia, die übrigens ungewöhnliche musikalische Begabung besaß, sollte sich als Sängerin hören lassen. Mozart's Vater, ein scharfblickender Mann, hatte aus diesem Vorschlage, wie aus den Briefen zwischen den Zeilen bald das Eigentliche herausgelesen, und war über diese Idee seines Sohnes nichts weniger als erbaut. Und in dem Antwortschreiben in welchem der Vater von den berechtigten Hoffnungen spricht, die er auf seinen Sohn gesetzt, stellt er ihm vor, „ob er von einem Weibsbild etwa eingeschläfert, mit einer Stube voll nothleidender Kinder auf einem Strohsacke — oder nach einem christlich hingebrachten Leben mit Vergnügen, Ehre und Reichthum, mit Allem für seine Familie wohl versehen, bei aller Welt in Ansehen sterben wolle?" Welche Wirkung dieser Brief des Vaters auf den Sohn gemacht, dieß ergibt sich aus dem weiteren Verlaufe von Mozart's Leben. Gewiß ist es, daß in Mannheim im Hause des Souffleurs Weber mit der Erweckung des Herzens auch jener herrliche Schatz sich zu erschließen beginnt, den die Nachwelt in seinen unsterblichen Tonwerken bewundert. Gewiß aber ist es auch, daß in Mannheim sein Fuß zuerst in die Hütte der Armuth trat, deren centerschwerer Staub während seines 25jähri= gen Ringens mit der Nothdurft des täglichen Erwerbes sich nicht mehr von seinen Sohlen lösen wollte. Die Sopran=

Arie mit Recitativ: „Alcandro lo confesso", mit dem
Datum 24. Februar 1778, für Aloisia Weber geschrie=
ben, ist das in Töne gesetzte Liebesgeständniß Mozart's
und ihm so heilig, daß er den Vater bittet, „er möge diese
Arie, die er ihm geschickt, Niemanden zu singen geben, denn
sie sei ganz für die Weber geschrieben und passe ihr
wie ein Kleid auf den Leib".

Am 13. März 1778 verließen Mutter und Sohn
Mannheim, wo sie seit dem 28. October 1777 sich aufge=
halten hatten, und reisten nach Paris, das sie nach zehnthalb=
tägiger Reise am 23. März 1778 erreichten. Die Trennung
von Aloisia war Mozart schwer und nur durch das Ge=
löbniß, treu aneinander zu halten, einigermaßen erleichtert
worden. Aloisia, damals 15 Jahre alt, hatte es mit diesem
Gelöbnisse nicht sehr genau genommen, der ferne Wolfgang
war bald vergessen und ein muthiger Schauspieler an seine
Stelle getreten, der sie dann geheirathet und zur Madame Lange,
während sie selbst sich zu einer gefeierten Sängerin gemacht.
Die Romantik hat diese erste Liebe Mozart's in ihrer
Weise ausgebeutet, und dieselbe wie die Nadeln eines Dor=
nenstrauches durch die verschiedenen Phasen seines Lebens
geschlungen, aber die blutenden Wunden fanden Balsam,
den eine befreundete Hand daraufgoß, es war Aloisia's
Schwester, Constanze, die später, wie weiter unten folgt,
in die innigsten Beziehungen zu Mozart treten sollte.

Der Pariser Aufenthalt war ganz darnach angethan,
das liebekranke Herz bald ruhiger schlagen zu machen. Die
Kunst trat wieder in den Vordergrund, die Compositionen
für das Concert spirituel, für das Theater, für Dilettanten,
Besuche bei hohen Herrschaften, das Ertheilen von Unter=
richtsstunden nahmen seine ganze Thätigkeit in Anspruch.

Herr von Grimm, an den Mozart empfohlen war, und der ihn noch aus der Zeit seines ersten Aufenthaltes kannte, und Grimm's Freundin Madame d'Epinay erwiesen sich gegen ihn liebevoll, empfahlen ihn und öffneten ihm die maßgebenden Kreise. Von Unterricht= geben und Concerten erhielt er sich und seine Mutter. Von seinen Compositionen aus der Zeit dieses letzten Pariser Aufenthalts ist besonders eine Symphonie, in Künstlerkreisen unter dem Namen „Pariser oder fran= zösische Symphonie" (v. Köchel, Nr. 297) besonders bekannt. Einiges Andere, was Mozart in Paris geschrieben, scheint unwiederbringlich verloren zu sein, so z. B. eine zweite Symphonie, die er für das Concert spirituel ge= schrieben und dem Director Le Gros verkauft, dann die Musik zu dem Ballete: „Les petits riens," von J. G. Noverre. Auch sollte ihn in Paris ein schwerer Schmerz treffen, die Mutter, die schon in Mannheim über ihre Gesundheit manchmal geklagt hatte, wurde in Paris, wo ihre knappen Geldverhältnisse nicht gestatteten, eine gesunde Wohnung zu nehmen, in der kalten dunklen Wohnung, die sie inne hatten, immer leidender, und erlag, da die Krank= heit einen unerwartet raschen Verlauf genommen, in kurzer Zeit ihrem Uebel. Sie starb am 3. Juli 1778. In diesen Nöthen erwies sich Herr von Grimm nicht als der Freund, als der er gern gelten wollte, und nur das rücksichtsvolle Be= nehmen der Madame d'Epinay konnte Mozart bewegen, in Grimm's Wohnung zu bleiben, bis er Paris verlasse, das so bald als möglich auszuführen Mozart's Entschluß war. Alle Bemühungen, in Paris festen Fuß zu fassen, waren vergebens gewesen. Er gab wohl Lectionen; aber selbst in vornehmen Häusern, wie bei dem Duc de Luynes, wurden

sie nicht regelmäßig gezahlt, wie es doch in der Ordnung
gewesen wäre und auch sonst schlechter als in anderen
Häusern. Für die Bühne ein größeres Werk zu schreiben,
was ihm den größten Vortheil gebracht hätte, bot sich ihm
keine rechte Gelegenheit. Das Ganze in dieser Richtung
beschränkte sich auf die Musik zu dem oben erwähnten
Ballete von Noverre, welches mit großem Beifall mehrere
Mal über die Bretter ging. In den letzten Tagen des
September 1778 verließ endlich Mozart Paris, das er
nicht wieder sehen sollte. Herr von Grimm hatte ihm
die erwiesenen kleinen Gefälligkeiten öfter so nahe unter die
Nase gerückt, daß Mozart froh war, überhaupt aus seiner
Nähe zu kommen, und die nächste Gelegenheit, die sich ihm
darbot, ergreifend, reiste er über Nancy nach Straßburg,
wo er innerhalb drei Wochen zwei Concerte gab, die
zusammen ihm sechs ganze Louisd'ors eintrugen!

Von Straßburg reiste er anfangs November ab
und kam am 6. in Mannheim an, wo er stark veränderte Verhältnisse und Aloisia ihm gegenüber so
fremdthuend fand, als hätte sie ihn früher nicht gekannt.
Die heftige Gemüthsbewegung über diese Erfahrung seines
Herzens bemeisterte Mozart so gut es ging. An äußeren
Anlässen sich zu zerstreuen, fehlte es glücklicher Weise nicht;
der kunstsinnige Herr von Dalberg wünschte von Mozart
die Composition eines Duodrama, welche Arbeit ihn wohl
für längere Zeit von quälenden Gedanken abzog und in
dessen Tönen er sein Herzeleid, es so am wirksamsten lin-
dernd, ausklingen lassen konnte. Es ist „Semiramis“, der
Text von Gemmingen, das Mozart wohl begonnen,
aber nicht vollendet hatte; jedoch auch von dem Fragmente,
das nach Mozart's Briefen vorhanden war, hat sich jede

Spur verloren. Indessen vermittelte der Vater wieder seinen Eintritt in erzbischöfliche Dienste, zu welchem Schritte Mozart sich nur seinem Vater zu Liebe herbeiließ. Von Mannheim, wo sich Mozart dieses Mal etwa einen Monat aufgehalten hatte, reiste er mit dem Reichsprälaten von Kaisersheim, einem „recht liebenswürdigen" geistlichen Herrn, dem es ein Vergnügen war, ihn als Reisecompagnon mitzuhaben, nach dem Stifte, wo er am 13. December ankam, mehrere Tage daselbst verweilte und dann mit ihm nach München sich begab, wo er am 25. ankam, um bald darauf nach Salzburg, von seinem Vater in besorgnißvoller Sehnsucht erwartet, zurückzukehren. Der Vater fürchtete näm= lich, der Erzbischof könnte, über Mozart's längeres Aus= bleiben ungeduldig, die Anstellung widerrufen.

Nun blieb Mozart bis zum Herbste 1780 ununter= brochen in Salzburg, und vergaß unter Arbeiten und Stu= dien, wenngleich immer höchst mißvergnügt, „seine jungen Jahre" so in einem Bettelorte in Unthätigkeit verschlafen zu müssen — auf Augenblicke seine drückende Lage. Das Ergebniß seiner musikalischen Thätigkeit war im Ganzen ziemlich bedeutend. Er schrieb in dieser Zeit außer mehreren großen Kirchenstücken, Concerten, Sonaten die zweiactige Oper „Zaide" für Schikaneder in Salzburg. Das ver= loren gegangene Textbuch wurde erst in neuerer Zeit von Carl Gollmick in Frankfurt a. M. ergänzt und die ganze Oper mit Hinzufügung einer von Anton André componirten Ouverture und des Schlußsatzes, welche fehlten, von André in Offenbach herausgegeben. Auch fallen in diesen Salzburger Aufenthalt die Chöre und Zwischenacte zu Gebler's heroischem Drama: „Thamos, König in Egypten," und endlich wurde ihm zu seiner größten Freude von München aus der Auftrag, für den Carneval 1781 eine große Oper zu schreiben. Es war die dreiactige Opera seria: „Idomeneo rè di Creta;" Text von dem Hofcaplan Baresco in Salzburg. Anfangs November reiste nun Mozart nach München, um dort sein Werk zu vollenden und die Vorbereitungen zur Aufführung, die er selbst leiten wollte, zu treffen. Das Einstudiren mit den Sängern und dem Chorpersonale, von denen die ersteren, namentlich der Castrat Dal Prato, Alles zu wünschen übrig ließen, nahm ihn stark in Anspruch. Besser stand es mit den weiblichen Partien, die von Dorothea Wendling und von ihrer Schwester Elisabeth gesungen wurden. Am 29. Jänner 1781 fand die Aufführung statt, zu der Vater und Schwester Mozart's eigens nach München gereist waren. Merkwürdiger Weise liegen über die Erfolge der Aufführung keine Berichte vor. Aber es war das erste wirklich große Werk, es war, um sich der Worte seines Biographen zu bedienen, „das Werk des zu völliger Selbstständigkeit gereiften und in frischer Jugendkraft stehenden Meisters."

Während sich Mozart noch in München aufhielt war der Erzbischof nach Wien gereist, wohin er, um mit dem vollen Glanz eines geistlichen Fürsten aufzutreten, stattliche Einrichtung, Dienerschaft und seine besten Musiker mitgenommen hatte. Auch Mozart erhielt Mitte März den Befehl, nach Wien zu kommen, wo sich das Geschick seiner Zukunft in der nächsten Zeit entscheiden sollte. Am 16. März war er in Wien angekommen. Seine Briefe vom folgenden Tage bis zum 19. Mai 1781 — zwölf an der Zahl, die uns sämmtlich erhalten sind — geben ein deutliches und wahrhaft trauriges Bild der unwürdigen Behandlung, des von Nergeleien des Fürsten wie seines

3

Oberstküchenmeisters Grafen d'Arco verkümmerten Lebens Mozart's. Auf ein unbedeutendes Gehalt weniger hundert Gulden angewiesen, wurde ihm jede Gelegenheit — und es boten sich ihm in der musikliebenden Residenz unzählige — durch Concerte, Akademien und Auftreten in den Gesellschaften des hohen Adels sich und seines Vaters Lage einigermaßen zu verbessern, durch launenhafte Verweigerung und boshaftes Abschlagen der in dieser Richtung gestellten Bitten benommen. Mit der Dienerschaft gleichgestellt, wurde er ungleich schlechter behandelt als diese. Längere Zeit ließ sich Mozart die schweren Demüthigungen gefallen, immer aus Rücksicht für seinen Vater. „Wenn Sie nicht wären," schreibt er an ihn im Briefe vom 8. April, „so schwöre ich Ihnen bei meiner Ehre, daß ich keinen Augenblick versäumen würde, sondern gleich meine Dienste quittirte." Aber endlich wurde das Maß zu voll und es ging über. Am 9. Mai — es war wegen der Rückreise — kam es zum unvermeidlichen Bruche. Der Fürst hatte Mozart rufen lassen, um ihm einige Befehle zu geben. „Als ich zu ihm hineinkam," so schreibt Mozart im Briefe an seinen Vater vom 9. Mai, „so war das Erste: „Wann geht er, Bursch?" (Mozart zählte damals 25 Jahre.) Mozart erwiderte: „ich habe wollen heute Nacht gehen, allein der Platz war schon verstellt." Da ging's in einem Odem fort, ich sei der liederlichste Bursche, den er kenne, kein Mensch bediene ihn so schlecht, wie ich, er rathe mir, heute noch wegzugehen, sonst schreibt er nach Haus, daß die Besoldung eingezogen wird. Man konnte nicht zur Rede kommen, das ging fort wie ein Feuer. Ich hörte Alles gelassen an, er lügte mir in's Gesicht, ich hätte fünfhundert Gulden Besoldung, hieß mich einen Lump, Lausbuben, einen Fex —

o ich möchte Ihnen nicht Alles schreiben! — Endlich, da mein Geblüt zu stark in Wallung gebracht wurde, so sagte ich: Sind also Eu. H. Gnaden nicht zufrieden mit mir? — Was, er will mir drohen, er Fex, o er Fex! — Dort ist die Thür, schau er, ich will mit einem solch' elenden Buben nichts mehr zu thun haben. — Endlich sagte ich: „Und ich mit Ihnen auch nichts mehr." — „Also geh' er," und ich im Weggehen: „Es soll auch dabei bleiben, morgen werden Sie es schriftlich bekommen." Und am folgenden Tage gab es Wolfgang Amadäus Mozart schriftlich dem Erzbischof von Salzburg, Hieronymus Grafen Colloredo, daß er nichts mehr mit ihm zu thun habe; und die Kette, die Mozart seit Jahren getragen, war zerbrochen. Wohl folgten noch Unterredungen mit dem Grafen Arco und eine Scene mit demselben, die Mozart im Briefe vom 9. Juni meldet, und die der edle Graf zum bleibenden An= denken an die feine Sitte seines Hauses durch Aufnahme in ein neues Feld seines Wappens heraldisch hätte verewigen sollen; aber das änderte im Wesentlichen nichts.

Mozart's Zukunft hatte sich sorgenvoller gestaltet, aber er war frei, frei von den unwürdigen Fesseln, die ihn, je älter er geworden wäre, in seiner künstlerischen Entwicke= lung gehindert, um so gewisser seine Schaffenslust gelähmt hätten. So aber unter täglicher Nothdurft Sorgen blieb frei sein Geist, dessen Zauberruf der Tonkunst ewig goldnen Morgen in unerreichten Werken schuf. Nachdem also Mozart in der vorbeschriebenen Weise auf die Straße gesetzt war — doch, wenn er nicht alle Achtung vor sich selbst verlieren wollte, konnte er nicht anders, als er gethan — quartierte er sich bei der Familie Weber ein, die, nachdem Vater Weber gestorben, nach Wien gezogen war.

Sie bestand damals aus der Mutter und den vier Töchtern, Aloisia, verheiratet an den Hofschauspieler Josef Lange, Josepha, Constanze und Sophie. Daß die Wunde, die Aloisia Mozart geschlagen, noch nicht ganz vernarbt war, wissen wir von Mozart selbst, der in seinem Briefe vom 12. Mai an den Vater schreibt: „ich liebe sie aber in der That und fühle, daß sie mir noch nicht gleichgiltig ist — und ein Glück für mich, daß ihr Mann ein eifersüchtiger Narr ist und sie nirgends hinläßt und ich sie also selten zu sehen bekomme." Mozart war nun auf sich selbst gestellt, und in der ersten Zeit, um einigermaßen festen Fuß zu gewinnen, mit Dingen in Anspruch genommen, die zu allem anderen, nur nicht zum Schaffen anregen. Dazu gesellte sich eine nicht zu verkennende Verbitterung von Seite seines Vaters, die sich in einzelnen, ein fühlendes Gemüth leicht verwundenden Stellen der Briefe nur zu oft kundgab und den Sohn unangenehm berührte. Die Oper „Idomeneo" wurde bei der Gräfin Thun noch in demselben Jahre gespielt und mag in mancher Weise für Mozart's Bekanntwerden fördernd gewirkt haben. Mozart gab Clavierstunden und schrieb einige Sonaten, die auch im Stiche erschienen; und Graf Rosenberg, der die Leitung des kaiserlichen Theaters über sich hatte, beanftragte ihn eine Oper zu schreiben. Ein passendes Libretto dazu fand sich endlich in Bretzner's „Entführung aus dem Serail." Mozart ging sogleich an die Composition, die aber wegen Umänderung des Textbuches für längere Zeit unterbrochen wurde. —

Indessen entwickelten sich die Angelegenheiten des Herzens immer rascher; während „Belmont und Constanze," wie die Oper „Entführung aus dem Serail" auch heißt, ruhen mußte, ging die Herzensgeschichte Mozart und Constanze — Constanze Weber, Aloisia's Schwester — ihrem von beiden Theilen erwünschten Abschluß entgegen. „Nun aber, wer ist der Gegenstand meiner Liebe?" schreibt Mozart selbst an seinen Vater (Wien, 15. December 1781). — „Erschrecken Sie auch da nicht, ich bitte Sie — doch nicht eine Weberische? — Ja, eine Weberische — aber nicht Josepha, nicht Sophie — sondern Constanze, die Mittelste. — Ich habe in keiner Familie solche Un= gleichheit der Gemüther angetroffen, wie in dieser — die älteste ist eine faule, grobe, falsche Person, die es dick hinter den Ohren hat. Die Langin ist eine schlechtdenkende Person und eine Coquette — die Jüngste ist noch zu jung, um etwas sein zu können — ist nichts als ein gutes, aber zu leichtsinniges Geschöpf, Gott möge sie vor Verführung be= wahren. — Die Mittelste aber, nämlich meine gute liebe Constanze ist — die Märtyrin darunter und eben deß= wegen vielleicht die gutherzigste, geschickteste, mit einem Worte die beste darunter; — die nimmt sich um Alles im Hause an — und kann doch nichts recht thun . . . . versteht die Hauswirthschaft, hat das beste Herz von der Welt — ich liebe sie und sie liebt mich vom Herzen. — Sagen Sie mir, ob ich mir eine bessere Frau wünschen könnte?" So lautet die briefliche Verlobungsanzeige, die Mozart seinem Vater nach Salzburg erstattet, der übrigens von dieser Mittheilung unangenehm berührt war, aber, wie die Dinge einmal standen, auch nichts dagegen sagen oder unternehmen konnte.

Während des stillen Fortganges von Mozart's Herzensgeschichte nahmen auch die anderen Angelegenheiten Mozart's ihren Gang. Nachdem die Aenderungen im

Textbuche vorgenommen waren, setzte Mozart seine Arbeiten
mit der Oper „Die Entführung aus dem Serail" fort, und
hatte sie im Juli 1782 glücklich vollendet. Die Vorberei=
tungen zur Aufführung nahmen ihn nun auch sehr in An=
spruch und um so mehr, als, je mehr die Zeit der Auf=
führung herannahte, die Cabalen von allen Seiten sich
mehrten, so daß es wieder des ausdrücklichen Befehls des
Kaisers bedurfte, um die Aufführung zu ermöglichen, die
nun endlich auch am 12. Juli 1782 unter großem Bei=
falle stattfand und noch im Laufe des Jahres 16 Mal
wiederholt wurde.

Als wiederholte Bitten um Einwilligung zur Heirat
von Seite des Vaters unbeantwortet blieben, Constanze
aber, die, um sie vor der Rohheit der Mutter zu schützen,
von Mozart in die Obhut einer ihm befreundeten
Baronin Waldstätten gegeben worden war, von der
Mutter unter Drohung eines Scandals zurückverlangt wurde,
so machte Mozart — ohne viele Vorbereitungen zur Ein=
richtung des Hausstandes — am 4. August 1782 Hochzeit,
welche bei Frau von Waldstätten gefeiert wurde. Der
Rest des Jahres 1782 und das folgende verfloß unter
ziemlich einförmiger, wenngleich angestrengter Thätigkeit,
als Lectionen geben, Akademien veranstalten oder in die=
sen, sowie in Gesellschaften des hohen Adels spielen,
componiren und auf die Compositionen subscribiren lassen u. s. w.
Mozart selbst schildert dieses Treiben in einem Briefe an
den Vater vom 28. December 1782, indem er schreibt:
„Ueberhaupt habe ich so viel zu thun, daß ich oft nicht
weiß, wo mir der Kopf steht. Der ganze Vormittag bis
zwei Uhr geht mit Lectionen herum, dann essen wir, nach
Tisch muß ich doch eine kleine Stunde meinem armen Magen

zur Digestion vergönnen. Dann ist der einzige Abend, wo ich etwas schreiben kann, und der ist nicht sicher, weil ich öfters zu Akademien gebeten werde." Was seine Compositionen aus dieser Zeit betrifft, so tragen sie — die größeren wenigstens — das Gepräge, daß ihm die zu solchen nöthige äußere und vielleicht auch innere Ruhe fehlte. Die Sorge um das tägliche Brot tritt, da er nun nicht mehr für sich allein zu sorgen hat, gebieterisch auf; Sorge aber hat der Phantasie noch nie Nahrung gegeben, wohl aber sie immer niedergedrückt, oder zu falschem Fluge veranlaßt. Damit soll jedoch nicht gesagt sein, daß Mozart etwa Noth litt, oder daß seine Werke aus dieser Zeit nicht den Stempel des Genius an sich trügen Er konnte sich nur zu etwas Größerem nicht sofort erheben. Zwei größere Arbeiten, die er in dieser Zeit in Angriff nahm, sind unvollendet geblieben. Die eine, die Opera buffa: L'oca di Cairo," die Gans von Kairo, kam in der Zeit zu Stande, als Mozart das längst beabsichtigte, aber durch allerlei Nebenumstände immer verschobene Project, seine Frau dem Vater in Salzburg vorzuführen, Ende Juli 1783 verwirklichte. Während seines dreimonatlichen Aufenthaltes in Salzburg schrieb er die erwähnte Oper nach dem Textbuche von Varesco, der ihm auch den Text zu „Idomeneo" geschrieben hatte. Jedoch blieb das Werk unvollendet und Jahrzehnde ungedruckt und unaufgeführt. Erst André in Offenbach, der das Werk im Jahre 1799, wahrscheinlich von Mozart's Witwe, um 100 Ducaten an sich gebracht, druckte es im Clavierauszuge nach dem unvollendeten Partitur-Entwurf. Nun gerieth ein Herr Victor Wilder auf den Gedanken, das Werk für das Theater nutzbar zu machen; er vervollständigte es aus anderen Arbeiten Mozart's, der

Mufifer Charles Constantin in Paris übernahm es,
die Nummern zu inſtrumentiren, und ſo kam 80 Jahre nach
ihrer Entſtehung die Oper zuerſt in Paris zur Aufführung,
dann in Berlin und zulezt in Wien, wo ſie im Jahre 1868
am 15. April zum erſten Male über die Breter des Carl-
Theaters ging. Die zweite, gleichfalls unvollendete größere
Arbeit iſt die zweiactige Opera buffa: „Lo sposo deluso.“
Die übrigen Compoſitionen aus dieſer Periode ſind meiſt
Sonaten, Concerte, mehrere, darunter vortreffliche, Arien,
die er für damals beliebte Sänger und Sängerinen, wie
Madame Lange, Herr Adamberger u. A., als Ein-
lagen in andere Opern componirte.

In den lezten Tagen des October 1783 kehrte Mozart mit ſeiner Conſtanze über Linz, wo er am 4. November ein Concert gab, nach Wien zurück. Auch die folgenden Jahre, 1784 und 1785, gehen unter dem lärmen-
den Tohubohu eines ruheloſen Muſiktreibens dahin. An
dem ungeſchickten Texte Varesco's die „Gans von Kairo“
hatte ſich Mozart ſo lange abgemartert, bis er das Ganze
unwillig bei Seite legte und nicht wieder aufnahm. Hingegen hatte er für Verleger fleißig an Concerten, Sonaten
und Tänzen zu thun. Auch eine Cantate kam zu Stande,
jedoch war dieſe nicht ganz neu, ſondern aus einer von
Mozart im Jahre 1783 componirten C-moll-Meſſe zu-
ſammengeſtellt. Es iſt die Cantate: „Davidde penitente,“
welche am 13. und 17. März 1785 im Concerte für den
Penſionsfond der Muſikwitwen zu Wien im Burgtheater
aufgeführt wurde. Wahrhaft aufreibend aber waren die
Akademien, in denen Mozart ſpielen mußte. Wir erhalten einen Begriff davon, wenn man in ſeinem Briefe
vom 20. März 1784 die Liſte der Akademien ſieht, in

denen Mozart im Zeitraum von fünf Wochen zu spielen hat, es sind derer nicht weniger als 23. Und wie anstren= gend diese Productionen gewesen, erhellet aus Mozart's eigenen Mittheilungen: „übrigens bin ich," schreibt er selbst, „die Wahrheit zu gestehen, gegen das Ende hin müde ge= worden von lauter Spielen, und es macht mir keine geringe Ehre, daß meine Zuhörer es nie wurden." Die Be= mühungen, ein taugliches Libretto zu erlangen, um sich wieder in ein größeres Werk zu vertiefen, blieben erfolglos; der ihm von dem Dramaturgen Anton Klein in Mann= heim zugeschickte Operntext: „Rudolph von Habsburg" wurde nicht componirt, wohl zunächst aus dem Grunde, weil für die Aufführung keine bestimmte Bühne in Aus= sicht genommen war. Denn eine kleine Operette, die er im Auf= trage des Kaisers Joseph für das kaiserliche Haustheater in Schönbrunn schrieb, nahm ihn ja so stark nicht in Anspruch. Diese einactige Operette: „Der Schauspiel= director," wurde am 7. Februar 1786 in Schönbrunn auf= geführt. In der neuesten Zeit wurde das harmlose Werk= chen durch pietätlosen Unverstand verballhornt, und Mo= zart darin, während seine Musik das Herz erfreut, dadurch lächerlich gemacht, daß er selbst in dieser Operette spielend und zwar als ein Lüstling und als ein Knecht Schi= kaneder's, dieses Inbegriffs der Gemeinheit, dar= gestellt wird. Diese Verherrlichung eigener Art hat Mo= zart einem ehemaligen königlichen Vorleser, genannt Louis Schneider, zu verdanken. Endlich fand sich der rechte Mann, der in Mozart's Nähe lebte und mit dem also, wenn er ein Textbuch schrieb, die erforderlichen Aende= rungen sofort besprochen und in Ordnung gebracht werden konnten. Es war Lorenzo da Ponte, ein italienischer

Abbate, mit dem Mozart durch Baron Wezlar, der in Mozart's Briefen als der „reiche Jude" charakterisirt ist, bekannt geworden war. Da Ponte hatte das Libretto: „Le nozze di Figaro" nach Beaumarchais' gleichnamigem Lustspiel bearbeitet und Mozart sich mit allem Eifer auf die Composition geworfen. Diese Oper war es nun, die in den letzten Monaten des Jahres 1785 und Anfangs 1786 Mozart's Thätigkeit vollends in Anspruch nahm. Daß er auch während dieser Arbeit nicht auf Rosen gebettet war, erkennt man aus der Stelle eines Briefes von Mozart's Vater an seine Tochter, die damals bereits an Baron Berchtold verheirathet war, und worin es anläßlich dieser Oper heißt: „es wird viel sein, wenn er reussirt, denn ich weiß, daß er erstaunlich starke Kabalen wider sich hat. Salieri mit seinem ganzen Anhange wird wieder suchen, Himmel und Erde in Bewegung zu setzen. Duschek sagte mir neulich, daß der Bruder so viele Kabale wider sich habe, weil er wegen seines besonderen Talentes und Geschicklichkeit in so großem Ansehen stehe." Auch bei dieser Oper mußte der Kaiser einen Machtspruch thun und die Aufführung anbefehlen, die dann endlich am 1. Mai 1786 auch stattfand. Nie hat man einen glänzenderen Triumph gefeiert, schreibt ein gleichzeitiger Berichterstatter. als Mozart mit seinem „Nozze di Figaro." Das Haus war gedrängt voll, fast jedes Stück mußte wiederholt werden, so daß die Oper die doppelte Zeit spielte. Doch gelang es, nachdem die Oper den Sommer 1786 hindurch oft gegeben worden, sie durch das Werk eines Nebenbuhlers wenigstens einstweilen vom Repertoire zu verdrängen.

Neben diesen Triumphen, die aber nichts weniger als von entsprechenden materiellen Erfolgen begleitet waren,

stellten sich auch häusliche Sorgen — und nicht der kleinsten
Art ein. Im Herbste 1786 überstand Constanze das
dritte Wochenbett. Auch dieses wie schon die beiden früheren dauerte lange, verursachte nicht geringe Auslagen,
und die daraus entspringenden Kümmernisse trübten Mozart's Schaffenslust. Er dachte schon ernstlich auf einträglichere Subsistenzquellen und beschäftigte sich im Gedanken mit einer Reise nach England, die er im Frühjahre
1787 anzutreten gedachte. Die günstigen Erfolge seiner
beiden letzten Opern: „Die Entführung aus dem Serail"
und „Le nozze di Figaro" in Prag hatten eine Aende-
rung seines Entschlusses zur Folge, da im Jahre 1787 die
Prager Musikfreunde an ihn die Einladung ergehen ließen,
nach Prag zu kommen, und daselbst Concerte zu geben,
und er dieser Einladung auch Folge leistete. Mozart
trat in den ersten Tagen des Jänner die Reise nach Prag
an, wo er am 11. Jänner 1787 eintraf. Diese Prager
Reise trug ihm und der Welt eine herrliche Frucht. Der
Impresario Bondini gab ihm den Auftrag, für den kom-
menden Herbst eine Oper zu schreiben. Da Ponte wurde
als Textdichter gewählt und von diesem die alle drastischen
Elemente in sich vereinigende Geschichte Don Juan's,
dieses „sogetto esteso multiforme sublime," vorgeschlagen
und angenommen. Mit den Ideen über diese neue Arbeit,
die sich so großartig gestalten sollte, wie keine seiner früheren, kehrte er nach Wien zurück, wo ihn bald Nachrichten
betrübender Natur ereilten: sein Vater lag sehr schwer
krank. Aus einem aus diesem Anlasse an den Vater ge-
richteten Schreiben Mozart's läßt sich nun entnehmen,
daß Mozart schon einige Jahre vor seinem Tode sein
eigenes vorschnelles Ende ahnte. Wie anders sollte sonst

die folgende Stelle seines Briefes an den Vater, ddo.
4. April 1787 — damals zählte Mozart das lebens-
lustige Alter von 31 Jahren, in dem man doch nichts
weniger als an's Sterben denkt — zu deuten sein? Diese
Stelle aber, vor welcher Mozart die Hoffnung ausspricht, bald tröstende Nachricht von dem Vater selbst zu
erhalten lautet „... da der Tod (genau zu nehmen) der wahr
Endzweck unseres Lebens ist, so habe ich mich seit ein paar
Jahren mit diesem wahren besten Freunde des Menschen
so bekannt gemacht, daß sein Bild nicht allein nichts
Schreckendes mehr für mich hat, sondern sehr viel Beruhi-
gendes und Tröstendes! Und ich danke Gott, daß er mir
das Glück gegönnt hat, mir die Gelegenheit (Sie verstehen
mich) zu verschaffen, ihn als den Schlüssel zu unserer
wahren Glückseligkeit kennen zu lernen. Ich lege mich nie
zu Bette, ohne zu bedenken, daß ich vielleicht (so jung als
ich bin) den andern Tag nicht mehr sein werde, und es
wird doch kein Mensch von allen, die mich kennen, sagen
können, daß ich im Umgange mürrisch oder traurig wäre."
Diesem Briefe an seinen Vater folgte schon nach einigen
Wochen später die Nachricht von dem am 28. Mai 1787
rasch erfolgten Tode desselben. Noch tiefer ergreift uns
aber eine in einem Stammbuche am 3. September 1787
unter die Verse seines vertrauten Freundes geschriebene
Stelle. Dieser Freund war Barisani, ein Sohn des
erzbischöflichen Leibarztes zu Salzburg, der Mozart, wenn
er leidend war, behandelte. Auch Barisani starb im
Sommer 1787, und an seinem Todestage, am 3. September, schrieb Mozart unter die Verse des oberwähnten
Stammblattes: „Heute, am 3. September dieses nämlichen
Jahres war ich so unglücklich, diesen edlen Mann, liebsten

besten Freund und Erretter meines Lebens ganz unver=
muthet durch den Tod zu verlieren. Ihm ist wohl! — —
aber mir — uns und Allen, die ihn genau kannten —
uns wird es nimmer wohl werden — bis wir so glück=
lich sind, ihn in einer besseren Welt — wieder — und
auf nimmer scheiden zu sehen." Wie tief mußte das Weh
des Lebens in Mozart's noch so jungem Herzen schon
Wurzel gefaßt haben, wenn er den verblichenen theueren
Freund um sein rasches Ende beneidet und sein eigenes
irdisches Elend so tief empfindet! Unter angestrengter
schöpferischer Arbeit mag er wohl seinen Jammer vergessen
oder aber in jene herrlichen Klänge aufgelöst haben, die
wir noch heute bewundern.

Mozart arbeitete eben am „Don Juan" und begab
sich noch im September d. J. nach Prag, um ihn dort
zu vollenden. Am 29. October ging die Oper in
Prag in die Scene und feierte einen großartigen Erfolg.
Von der Ouverture bis zum Finale des letzten Actes endete
der Beifallsjubel nicht. Nachdem mehrere Aufführungen im=
mer mit gesteigertem Erfolge stattgehabt, kehrte Mozart
nach Wien zurück. Dort trat nun gegen das Ende des
Jahres 1787 eine Wendung zum Bessern in seinen Ver=
hältnissen ein. Wie es so gekommen, läßt sich nicht mit
Bestimmtheit sagen. Gluck war im November 1787 gestor=
ben; die Nachricht, daß Mozart die Absicht habe, nach
England zu übersiedeln, war ziemlich stark verbreitet; kurz
am 7. December 1787 wurde Mozart zum k. k. Kam=
mermusicus ernannt. Der Gehalt betrug 800 Gulden jähr=
lich, über welche Summe Mozart selbst einmal in bitte=
rem Unmuthe, daß er nicht mehr beschäftigt werde, den
Ausspruch that: „Zuviel für das, was ich leiste, und zu

wenig für das, was ich leisten könnte." Indessen wuchsen die Bedürfnisse der Familie und waren bei Mozart, der seinen durch vieles und nächtliches Arbeiten abgespannten Geist künstlich erregen mußte, mitunter kostspielig, so daß sie mit der gewöhnlichen Einnahme nicht zu beschaffen waren, die außergewöhnlichen aber sich nur spärlich und dann auch nur in mäßigen Summen einstellten. Einige Fluth in der Ebbe seines Beutels brachte die noch im Frühlinge 1788 stattgehabte Aufführung des „Don Juan" in Wien. Jedoch lassen die Briefe aus diesem Jahre schwere Geldnöthen ver= muthen, aus welchen sich zu reißen Mozart alle erdenk= lichen Anstrengungen machte, und nun auch eine Reise über Dresden nach Berlin unternahm, um durch Concerte oder vielleicht auch sonst seine Lage zu verbessern. Er befand sich im April in Dresden, wo er wenige Tage verweilte, ging dann nach Leipzig, wo er drei Wochen blieb, und zu= letzt nach Berlin, wo er am 19. Mai ankam; und am 31. desselben Monats war er schon wieder in Prag eingetroffen. Aber auch diese Reise hatte nicht jene materiellen Erfolge gehabt, die er gehofft. In einem Briefe aus Berlin vom 23. Mai 1789 legt er seiner Frau, für die seine Briefe immer eine liebevolle Zärtlichkeit athmen, Rechnung, und es erfüllt den Leser mit Wehmuth, wenn er ihr schreibt: „Mein liebstes Weibchen, du mußt dich bei meiner Rück= kunft schon mehr auf mich freuen, als auf das Geld." Und nun folgt eine detaillirte Rechnung, die sehr zu Gunsten des Briefschreibers plaidirt, womit jedoch seinen häuslichen Be= dürfnissen nicht abgeholfen war. Dazu gesellte sich bald nach seiner Rückkehr aus Berlin eine schwere Erkrankung seiner Frau, wodurch seine bisherigen, oft mißlichen, aber noch immer erträglichen Verlegenheiten sich zu wirklichen Be=

drängnissen steigerten. Ein um diese Zeit an ihn gestelltes
Berliner Anerbieten schlug Mozart nach einer Unterredung
mit dem Kaiser aus, da er denn meinte, ein gutes Gehalt
findet man wohl anderswo, aber einen Kaiser Joseph
nimmer wieder; — es ist dies ein Zug jener Innigkeit
in Mozarts Gemüthsleben, die er mit keinem Andern,
es wäre denn Vater Haydn, gemein hat.

Die Krankheit der Frau dauerte lange und der Auf=
trag des Kaisers, der sich eben in diesen Tagen wieder an
Figaro's Hochzeit erfreut hatte, eine komische Oper zu
schreiben, brachte einen Sonnenstrahl in sein häusliches
Mißgeschick. das so groß gewesen sein mußte, daß es seine
ganze schöpferische Kraft lähmte, da die Zahl seiner Werke
in den letzten zwei Jahren vor seinem Tode 1789 auf 18,
meist Arien und Quartette. und im Jahre 1790 gar auf
7, darunter wohl eine größere Oper, herabsanken, während
sie in den Vorjahren zwischen 31, 16, 21, 24, 36 steigt
und fällt und im letzten Jahre, das er nicht ausgelebt,
sich auf 32 erhebt und unter diesen die großartigsten Com=
positionen aufweist. Das größere Werk, das Mozart auf
Befehl des Kaisers Joseph im Jahre 1789 schrieb, war
die komische Oper: „Cosi fan tutte,“ deutsch auch unter
dem verlockenden Titel: „Die Weibertreue“ bekannt. wozu
wieder Lorenzo da Ponte den Text geliefert. Die erste Auf=
führung derselben erfolgte in Wien am 26. Jänner 1790;
sie wurde noch im nämlichen Jahre zehnmal gegeben, dann
aber erst nach seinem Tode, 1794, in deutscher Bearbeitung
wieder auf die Bühne gebracht. In seiner Noth, die nach
Briefen an ihm befreundete Personen nicht abnahm, setzte
er seine Hoffnungen auf eine Verbesserung seiner Stellung
bei Hofe, die er anstrebte, indem er sich um eine zweite

Hofcapellmeisterstelle, später, wenige Monate vor seinem Tode, um Adjungirung zu dem schon älter gewordenen Domcapellmeister bei St. Stephan bewarb. Das flüchtig geschriebene, vielfach corrigirte Concept des Gesuches um ersteren Posten wird noch im Mozarteum zu Salzburg, das um letztere Stelle von Herrn Paul Mendelssohn-Bartholdy in Berlin aufbewahrt. Daß es ohne Erfolg geblieben, ist bekannt. Kaiser Leopold hatte mit dem Thron nicht auch die Huld, welche Joseph für seinen Mozart hatte, ererbt, und manche Hoffnungen, auf welche Mozart in seiner Stellung als kaiserlicher Kammermusicus baute, wurden zu Wasser. Während Salieri, Weigl, die Cavalieri und die Gebrüder Stadler öfters aufgefordert wurden, bei Hofe zu spielen, blieb Mozart unberücksichtigt. Als die Krönung des Kaisers in Frankfurt a. M. stattfand, hoffte Mozart mit den Musikern des Hofes, die auf kaiserliche Kosten dahin gesandt wurden, in gleicher Weise hinzugehen. Das war nicht der Fall, und um dahin zu reisen, weil sich ihm dort während der Festlichkeiten Aussichten zu schönen Einnahmen darboten, versetzte er einen Theil seines Silbergeräthes und trat am 24. September 1790 die Reise an, am 29. in Frankfurt eintreffend. Auch hier hatten sich Mozart's Erwartungen, mit vollem Säckel heimzukehren, nicht erfüllt. Er kehrte über München nach Wien zurück, wo er einige Wochen später mit schwerem Herzen von seinem Freunde Haydn, der nach England ging, Abschied nahm. Es war ein Scheiden auf Nimmerwiedersehen, und Neukomm, ein Schüler Haydn's, hat es aus dessen Munde selbst, daß Mozart ihm beim Abschiede mit thränenden Augen gesagt: „Ich fürchte, mein Vater, dieß ist das letzte Mal, daß wir uns fehen," und es war auch in der That so. Mozart sollte Haydn in London ablösen, so waren die Verabredungen mit Salomon, der Haydn für die Londoner Concerte engagirt hatte, getroffen. Jetzt hob sich wieder, wie in einer Vorahnung der ihm noch gegönnten kurzen Lebensfrist, Mozart's Schaffensdrang, und sein Todesjahr war das reichste nicht nur an Schöpfungen überhaupt, sondern an großarti= gen Schöpfungen. Die ersten Monate bis tief in den Früh= ling verlebte er — aber schon manchmal merklich leidend — in Wien. Im Mai nahm dann seine Constanze zur Herstellung ihrer angegriffenen Gesundheit einen länge= ren Badeaufenthalt in Baden, wo er sie nur zeitweise be= suchte, da ihn sein Beruf zunächst an Wien fesselte. Nach einer bereits im März stattgehabten Unterredung mit Schi= kaneder arbeitete Mozart an der von ihm übernomme= nen Composition einer Oper, der „Zauberflöte", deren Text Schikaneder schrieb. Mozart vollendete sie auch und sie wurde am 30. September 1791 zum ersten Male in Wien gegeben, während drei Wochen früher, am 6. Sep= tember, zu Prag die zur Krönung des Kaisers Leopold als König von Böhmen in Prag im Auftrage der Stände Böhmens geschriebene Oper „Titus" in die Scene ging. Zu dieser Oper hatte Mozart Mitte August den Auftrag erhalten und ungeachtet seines körperlichen Unwohlseins war sie in 18 Tagen vollendet und aufgeführt.

Während dieses letzten Aufenthaltes in Prag war Mo= zart bereits sehr leidend und die anstrengende Composition der Festoper mochte wohl nicht dazu beigetragen haben, seinen phy= sischen Zustand zu bessern. Nach Wien zurückgekehrt, setzte er die Arbeit an der „Zauberflöte" fort, und dann gesellte sich noch unter ganz eigenthümlichen — ja fast geheimnißvollen —

4

Umständen die Bestellung eines Requiems hinzu, das als Tonstück selbst, wie unter den Verhältnissen, unter denen es verlangt worden, nichts weniger als geeignet war, die Lebenslust des schon schwer Leidenden neu anzufachen. Erst die Zukunft lüftete den Schleier, der lange Zeit über dem unvollendet gebliebenen Requiem gelegen war. Ein Graf Wallsegg entpuppte sich als jener räthselhafte Fremde, der das Requiem bestellt, das Mozart's Schwanengesang geworden. Sein Zustand nahm eine immer bedenklichere Wendung; aber aus den Krankenberichten der Aerzte ist es nicht möglich, das eigentliche Leiden zu erkennen, das ihn dahingerafft. Die Muthmaßung einer absichtlichen Vergiftung beruht zunächst auf einer Aeußerung Mozart's, die er, bereits schwer leidend, auf einem Gange in den Prater im Schmerze seiner zu Tode betrübten Seele gegen seine Constanze that. „Ich fühle mich zu sehr", sagte er zu Constanzen, „mit mir dauert es nicht mehr lange. Gewiß, man hat mir Gift gegeben. Ich kann mich von diesem Gedanken nicht loswinden." In der That besaß Mozart viele Neider und deshalb auch viele und erbitterte Feinde, von denen ihm mehr als Einer die Stelle im Orkus gewünscht haben mochte. Aber alle Nachforschungen, die in dieser Richtung in erschöpfendster Weise gepflogen worden, haben den Tod Mozart's, mit Beseitigung jedes Vergiftungs-verdachtes, in eben so sicherer, als faßlicher Weise erklärt. Von Haus aus schwächlich, hatte er sich durch ein von seinen Verhältnissen zunächst bedingtes regelloses Leben, in welchem er die Nacht zum Tage machte und am Tage dem schweren leidigen Erwerbe nachging, durch überanstrengende geistige Arbeit, zu der noch die

Sorge um ein geliebtes Weib und die Kinder hinzu=
trat, den Tod in der natürlichsten Weise von der
Welt geholt. Einige Zeit vor seinem Tode schien es, als
wolle sich sein Leiden zum Bessern wenden, er schöpfte sogar
einigen Lebensmuth, componirte eine Cantate, die von einer
Gesellschaft zu einem Feste bestellt worden war; ja nahm
wieder das Requiem vor, das ihm seine Gattin nach jenem
Spaziergange im Prater, von dem er gebrochen heimgekehrt
war, sofort hinweg genommen hatte. Aber diese Besserung
war von kurzer Dauer. Es war das kurze Aufflackern der
verlöschenden Flamme. Das Uebel kehrte nur heftiger wie=
der. Das Requiem lag auf seinem Sterbebette; es war die
letzte Arbeit, mit der er sich beschäftigt und über die er seinem
Freunde Süßmayr, der sein Schüler war, noch vor
dem Tode einige Andeutungen gab. Nachdem es immer
schlechter mit ihm wurde, bat Constanze die eben zum
Besuche anwesende Schwester Sophie (nachmalige Frau
Haibel), welche bei Mozart's Sterben anwesend war
und einen ausführlichen Bericht im Jahre 1826 niederge=
schrieben: „um Gotteswillen zu den Geistlichen bei St.
Peter zu gehen und einen Geistlichen zu bitten, er möchte
kommen, wie von Ungefähr." Das that Sophie auch,
allein selbe weigerten sich lange und „ich hatte," schreibt die
Schwägerin, „viele Mühe einen solchen geistlichen Unmenschen
dazu zu bewegen." Auch wurde Dr. Closset gesucht und
im Theater gefunden. Als er endlich kam, verordnete er
dem Kranken kalte Umschläge über seinen glühenden Kopf,
welche ihn auch so erschütterten, daß er nicht mehr zu sich
kam, bis er verschied.

Das geschah am 5. December 1791, Nachts gegen
1 Uhr. „Sein Letztes war noch wie er mit dem Munde

4 *

die Pauken in seinem Requiem ausdrücken wollte. „Das höre ich noch jetzt.“ So endete ein Leben, daß in verhält= nißmäßig kurzer Zeit Größeres geschaffen, als ein anderes, dem die menschlich längste Lebensdauer vergönnt ist. Nach= dem er gestorben, wetteiferten Wien und Prag in der Trauer um seinen Verlust und in dem edelmüthigen Bestreben, durch Concerte und Theatervorstellungen seine trostlose Witwe zu unterstützen, der es noch vorbehalten war, vor dem Monarchen — Kaiser Leopold — das Andenken ihres Mannes, das durch empörende, absichtliche Lügen und Verläumdungen befleckt war, zu reinigen. Constanze, die, da ihr Gemal erst drei Jahre angestellt gewesen, noch nicht pensionsfähig war, erhielt in Rücksicht der Verdienste Mozart's eine jährliche Gnadengabe von 260 fl. Acht Monate fehlten von zehn Jahren, die Mozart mit Con= stanze vermählt gewesen. Von vier Kindern, die sie ihm in dieser Ehe geschenkt, lebten, als Mozart starb, noch zwei Kinder, der ältere, Karl, und der jüngere, wie sein Vater, Wolfgang Amadeus, genannt, als Mozart starb, erst einen Monat alt. Aus dieser Lage der Witwe einzig und allein ist es, wenn auch nicht zu entschuldigen, so doch zu erklären, wie es möglich gewesen, daß die Grabstätte des größten Meisters der Töne, der bisher ge= lebt, unbeachtet geblieben und dann mit Bestimmtheit nicht wieder aufgefunden werden konnte. Noch eines intressanten Umstandes erwähnt der obige Bericht der Schwägerin Mo= zart's. Sie erzählt nämlich, nachdem Mozart todt war, kam gleich Müller, unter welchem Namen sich ein Graf Deym versteckte — der Inhaber des seiner Zeit berühm= ten Kunstcabinetes in dem nach ihm benannten Müller'= schen Gebäude nächst dem Rothenthurmthore, für dessen

Uhrwerke Mozart mehrere Orgelstücke componirt hatte — und drückte sein bleiches erstorbenes Gesicht in Gyps ab. Wohin diese Todtenmaske, die denn doch nach vorstehender Angabe abgenommen worden, hingerathen, ist seltsamer Weise nicht bekannt.

Im Vorstehenden wurde der Lebens-, richtiger Leidensweg Mozart's nach den sicher gestellten Angaben seiner Zeitgenossen und seiner eigenen Briefe in gedrängter Kürze — ohne jedoch etwas Wesentliches auszulassen — gezeichnet; es bleibt nur mehr Einiges über Mozart den Menschen, als Character, den Künstler nach zwei Richtungen, den schaffenden und reproducirenden, zu sagen übrig, worauf eine kurze Uebersicht der künstlerischen Gesammtthätigkeit dieses großartigen Genius die gedrängte Skizze schließen möge. Wenn es sich um die Characteristik eines Mannes, wie Mozart handelt, der ein Phänomen der menschlichen Natur ist, so kann dieselbe nicht, wie bei anderen minder bedeutenden mit wenigen Worten gegeben werden, um so weniger, als es eine Partei gab, und leider noch gibt, die eine eigene Genugthuung darin findet, Mozart's moralischen Character zu verunglimpfen und dadurch den Eindruck im Allgemeinen abzuschwächen, den dieser Tonheros auf jeden Unbefangenen hervorbringen muß. Mozart — wenngleich ein Genius — war Mensch und hatte als solcher menschliche Fehler, aber was sind diese gegen seine zahlreichen Vorzüge, aus denen zum Theile eben seine Fehler entsprangen. Man tadelt den Mangel an Festigkeit seines moralischen Characters und vergißt, daß er, als er starb, noch das eigentliche Mannesalter (40—60) gar nicht erreicht hatte, eben jenes Alter, in welchem der Character überhaupt erst seine Festigkeit gewinnt. Seinen leichten Sinn liebt man geradezu Leichtsinn zu nennen und sucht die Beweise dafür in seinen beständigen Geldverlegenheiten, die wahrhaftig aus allem Anderen, als aus Leichtsinn entsprangen; in seinem ungeregelten Leben, dessen Ursache doch in der Sorge, eine Familie zu erhalten und ihr das Nöthige zu schaffen, zunächst zu suchen ist. Seinem Wesen nach war er bieder und liebenswürdig. Unbefangene Herzensgüte und seltene Empfindung für alle Eindrücke des Wohlwollens und der Freundschaft waren die Grundzüge seines Characters. Man warf viel mit seinem ausschweifenden Leben herum, blieb aber im Ganzen die Beweise dafür schuldig. Hat doch ein gewissenhafter Biograph Schubert's sogar die Stelldicheins, die dieser König der Lieder mit Köchinnen gehabt, der ewigen Erinnerung erhalten! O Irrthümer der Biographik! — und doch ist es Keinem eingefallen, Schubert einen Wüstling zu nennen; wie ist es dann, wenn man Mozart's Briefe von seinen letzten Reisen aus Prag, Dresden, München, Berlin an seine Constanze liest — und in seinen Briefen gibt sich Mozart ganz wie er ist — wie ist es dann, auf ein Paar abgeschmackte Anecdoten hin möglich, ihn des Lasters der Ausschweifung zu zeihen? Merkwürdig vereinigt in Mozart sich mit bewunderungswürdiger Ausdauer und großem Fleiße, ein starker Hang für Geselligkeit und ihre Freuden. Unter guten Freunden war er in seinem Elemente, da ließ er sich gehen und zeigte seine ganze Liebenswürdigkeit, war guter Laune, voller Schnurren und drolliger Einfälle, dabei niemals verletzend, sondern gut und arglos. Wenn er auch arglistige Charactere durch das Geheimniß der Sympathie und Antipathie bald erkannte, so ließ er sich doch nichtsdestoweniger täuschen und von der eigenen Gutmüthigkeit, die ihm manchen Streich spielte, leicht über=

holen und war zuletzt — wenn er auch auf der Hut war
— doch der Getäuschte. Man möchte meinen, auf seinen
vielen Reisen, auf denen er mit vielen Menschen verkehrte,
hätte er sich doch Menschenkenntniß aneignen sollen; das ist
ganz richtig, wenn diese Reisen ganz anders beschaffen gewesen wären. Daß er als Kind nicht allein reisen konnte,
versteht sich wohl von selbst, aber auch später, als er den
erzbischöflichen Dienst verließ und schon 21 Jahre alt war,
wurde ihm zur Obhut die Mutter mitgegeben, und in dem
unwürdigen erzbischöflichen Dienstverhältnisse, wahrhaftig, da
gab es wenig Stützpunkte für eine gewiß wünschenswerthe
Selbstständigkeit, und es zeigt immer noch von einer großen
Energie des Widerstandes, wie er sich dem entwürdigen-
den Ansinnen dieses zelotischen Prälaten und seiner nicht
minder armseligen Umgebung gegenüberstellte, und trotz seiner traurigen Abhängigkeit, doch in seiner Position als
Künstler sich möglichst selbstständig zu halten verstand. Wie
gründlich sein musikalisches Wissen auch war — denn sein
Vater, der ausschließlich diesen Unterricht geleitet, war ein
auch theoretisch tüchtig gebildeter Musikus — so artete diese
Gründlichkeit nie in Kunst=Pedantismus aus und steigerte sich
niemalen zu jener Selbstüberhebung, zu der sich Musiker,
die eben sonst gar nichts als ihre leidigen Noten und Tacte
verstehen, so gern zu vergessen lieben. Im höchsten Grade
bescheiden, drängte er sich in Gesellschaft nie als Musiker
vor und sprach nie von Musik, wenn er nicht dazu durch
Fragen aufgefordert wurde. Dabei zollte er fremden Meistern von ganzem Herzen Anerkennung; viele Stellen seiner
Briefe bieten Belege dafür, wie auch, daß er Dünkel,
den Eigensinn der Unwissenheit und Selbstüberhebung entweder unbeachtet ließ oder aber, und zwar stets in manier-

lich komischer Weise in seine Schranken wies, wenn diese
in seiner Gegenwart übersprungen wurden. Wie er aber
große, ihm ebenbürtige Meister — die doch genug Stoff
zu gegenseitiger Eifersucht darboten — mit der größten
Verehrung würdigte und derselben immer wahre Bescheiden=
heit als Folie unterlegte, dafür bietet uns sein Verhältniß
zu, und seine Ansicht über Vater Haydn den besten Be=
leg. Nicht als ruhmgekrönter junger Nebenbuhler, sondern
immer nur als begeisterter Schüler urtheilte er über diesen
Altmeister der Töne: „Erst von Haydn habe ich gelernt,
wie man Musik schreiben muß", antwortete er einst, als
man ihn fragte, warum er gerade diesem einige seiner
schönsten Quartette zugeeignet habe; und als ihn ein schul=
gerechter, aber geniearmer Componist auf einige kleine Un=
richtigkeiten und Nachlässigkeiten, die sich zuweilen in Haydn's
Werke einschlichen, eifernd aufmerksam machte, äußerte er
mit Heftigkeit: „Herr, schmälern Sie seinen Ruhm nicht:
wenn man Sie und mich zusammenschmelzte, so entstände
doch kein Haydn daraus." Menschenfreundlichkeit und Un=
eigennützigkeit waren zwei Tugenden Mozart's, aus
denen so viele seiner Leiden und Sorgen entsprangen und
woraus Neider, Mißgünstige auf seinen Ruhm, sein Genie
und seinen Edelsinn Eifersüchtige Capital zu Lügen, Ver=
leumdungen und Herabsetzung seines sittlichen Characters
schlugen. Nur im Reiche der Töne lebend, läßt sich der
bekannte Meyerbeer'sche Text: „Ha, das Gold ist nur
Chimäre" auf ihn leider nur zu richtig anwenden. Er
kannte und schätzte den Werth des Geldes wenig — er
hatte diese unpractische Eigenschaft mit vielen großen Geistern
gemein; — eine öconomische Gebarung des mühsam Erwor=
benen und ihm überdies schmal Zugemessenen, verstand er

nicht. Sparen hatte er nie gelernt, obwohl auch da die
Bemerkung nicht überflüssig sein mag, daß, um zu sparen
die Einkünfte nicht langten. Bekam er manchesmal etwas
über seine gewöhnlichen Einkünfte, so reichten doch diese
für einen Hausstand mit Frau und Kindern, der durch To=
desfälle und schwere anhaltende Krankheiten seiner Frau
große Opfer forderte, nicht hin, und gingen dann die mä=
ßigen Mehreinnahmen auch bald darauf und neue Verlegen=
heiten stellten sich ein. Dabei arbeitete er viel aus Ge=
fälligkeit oder Wohlthätigkeit ganz umsonst. Für reisende
Virtuosen brachte er manche Opfer, schrieb für sie Concerte,
für die er nicht nur kein Honorar erhielt, sondern sogar die
Originale verlor, da er nicht Zeit oder Gelegenheit gefun=
den hatte, eine Abschrift zu nehmen. Nicht selten theilte
er, wenn sie ohne Mittel und Bekanntschaft nach Wien
kamen, seine Wohnung, seinen Tisch, seine Börse mit ihnen.
Die Honorare, die er für seine Arbeiten erhielt, waren ge=
rade herausgesagt, erbärmlich; für seinen „Don Juan“
erhielt er hundert Ducaten, für die „Zauberflöte“, mit der
sich Schikaneder aus seinen Nöthen riß, nie einen Hel=
ler! Nachdem er die Composition der Oper zugesagt, hatte
er sich nur vorbehalten, daß die Partitur nicht abgeschrie=
ben und ihm der spätere Verkauf der Oper ausschließlich
gewährleistet werde. Schikaneder betheuerte, diese gewiß
billigen Anforderungen einzuhalten. Kaum war aber das Werk
in Wien aufgeführt, als es bald die Runde in ganz
Deutschland machte und in wenigen Wochen die Oper auf
den meisten großen Theatern gegeben wurde, ohne daß ein
einziges die Partitur von Mozart erhalten hätte. So
hatte der erbärmliche Schikaneder den Freundschafts=
dienst Mozart's vergolten, und als dieser von solcher Nie=

derträchtigkeit Schikaneder's Kenntniß erhielt, war alles was er sagte: „Der Lump" und damit war die Geschichte abgethan. *) Er vergaß einen ihm gespielten, schlechten Streich; in seiner Seelengüte hatte er nicht Zeit, die ihm zugefügten Unbilden im Gedächtnisse zu behalten. In seinem ganzen Wesen natürlich, harmlos, offenherzig, kannte er nicht Verstellung und Schmeichelei; jeder Zwang, den er sich anthun mußte, war ihm unbehaglich, ja unausstehlich. In seinen Aeußerungen freimüthig, ohne anmaßend zu sein, mochte er manche Eigenliebe unabsichtlich verletzt und dadurch manchen Feind sich zugezogen haben, deren er ja schon als Genie, das seinen eigenen Weg geht, mehr als genug hatte. Und von diesen eben rühren die vielen schändlichen Lügen und Uebertreibungen über seinen ausschweifenden Lebenswandel, seine Schulden, seinen Leichtsinn u. s. w. her.

Als Clavierspieler war Mozart ganz Virtuos, ließ sich aber, um zu spielen, nicht erst lange bitten, sondern spielte gern und ungezwungen. Auch liebte er es nicht, technische Gaukeleien und Virtuosen-Flitterwerk vorzutragen, und man erzählt sich nach dieser Seite hin manche drollige Anekdote. Durch seine Werke aber, deren Studium erst spät nach seinem Tode begonnen und noch immer nicht geendet hat, stellt er sich in der Geschichte der Musik als phänomenale Erscheinung hin. Durch das frühe Erwachen seines Talentes, durch die schöpferische Kraft, die nicht ihres Gleichen hat, ist er eine außerordentliche Persönlichkeit, die gern bis in die Einzelheiten studirt sein will, und die wie ein geschliffener Diamant auf jeder Fläche ein zauberisches Licht spiegelt. So ist es denn auch geschehen, daß er unter

---

*) Für Mozart; aber nicht für Schikaneder; nach diesem hat die Wiener-Comune eine Gasse benannt!!! — — —

allen Tonheroen, an denen Oesterreich ein so glänzendes
Contingent stellt — es seien hier nur Gluck, Haydn,
Beethoven, Schubert als Sterne erster Größe genannt — der Einzige ist, der die tiefsteingehenden Forschungen veranlaßt hat; braucht man doch zur Bekräftigung
dieser Thatsache nur auf die Biographie Mozart's von
Otto Jahn und auf den thematischen Catalog Ludwig
Ritters v. Köchel hinzuweisen, zwei Arbeiten so einzig in
ihrer Art, daß sie Jeden, der sich mit Werken über bedeutende Menschen und ihr Thun zu beschäftigen Gelegenheit
hat, zur höchsten Bewunderung hinreißen. Ja wahrhaftig,
es ist doch etwas um so viel Liebe, welche auf das unbekannte Grab Monumente hinstellt, die des Verblichenen in
jeder Hinsicht würdig sind und sein Andenken, das den
Glorienschein der Unsterblichkeit nie verlieren kann, durch
den Fleiß der Forschung, durch die Hingebung einer unbe-
grenzten Pietät feiern. Unter solchen Umständen ist es keine
geringe Sache, im kleinsten Raume ein Bild dieses Titanen
der Tonwelt hinzuzeichnen und in diesem Miniaturbilde
einen Begriff der geistigen Größe, die er war, nur einigermaßen zu geben.

Eine Uebersicht dieser Schöpfungskraft nach der Thätigkeit,
wie sie sich von Jahr zu Jahr bis zu seinem im herrlichsten
Menschenalter eingetretenen Tode darstellt, gegeben, wird zu
nächst die obengenannte Absicht verwirklichen helfen. Mozart
ist 35 Jahre alt geworden. In seinem sechsten Jahre bringt er
ein, wenn auch noch so unbedeutendes weil ja kindliches Werk,
doch ein solches, das uns, um sich hier der passendsten Redens-
art zu bedienen, aus der Klaue den Löwen erkennen läßt. Bis
zu seinem Tode erreicht die Zahl der von Forschern sicher
gestellten Werke die außerordentliche Höhe von 626 Num-

mern, darunter Werke der großartigſten Bedeutung und eines achtunggebietenden Umfanges, viele Werke nicht mit eingerechnet, von denen es beſtimmt iſt, daß ſie ver= loren gegangen, wieder viele andere, die Fragment geblieben, andere wieder, die zweifelhaft ſind, und andere, die nach dem Urtheile von Kennern für unterſchobene gehalten wer= den. Das Jahr 1761 — als er, wie geſagt, ſein ſechstes Lebensjahr begann — zeigt uns einen Menuet mit Trio als erſte Compoſition, die als heilige Reliquie von dem Muſeum Carolino-Augusteum zu Salzburg bewahrt wird. Das Jahr 1762 weist uns deren vier, wie auch das Jahr 1763; das Jahr 1764 ſteigt ſchon zu 9, u. z. 6 Sonaten, 3 Symphonien, beides Gattungen, in welchen ſich eben nur künſtleriſches Schaffen bewegt; das Jahr 1765 erhebt ſich zu 13 Werken, während das Jahr 1766, in welchem Mozart durch Reiſen und öffentliche Productionen ſtark im Schaffen gehindert war, auf 5 herabfällt, unter denen freilich das erſte größere Werk, ein geiſtliches Singſpiel: „Die Schuldigkeit des erſten Gebotes", ſich befindet. Nun iſt ein beſtändiges Steigen und Fallen, aber letzteres nur ein ſcheinbares, da er, was er in der Menge weniger bietet, durch inneren Gehalt und Bedeutſamkeit der Arbeit reichlich erſetzt. Unter den acht Tonwerken des Jahres 1767, welche meiſtens Concerte ſind, dieſe Vorläufer einer Muſik= gattung, in welcher Mozart, wenn auch neben ſich, aber keinen über ſich aufzuweiſen hat, befindet ſich die Muſik zu der lateiniſchen Komödie: „Apollo und Hyacinthus". In auffälliger Weiſe ſteigt ſeine Schöpferkraft im folgenden Jahre, 1768, welches 20 Tonwerke aufweist, darunter die einactige Operette: „Baſtien und Baſtienne" und die drei= actige Opera buffa: „La finta ſemplice", damals war

Mozart 13 Jahre alt. Nun folgen im Jahre 1769 12
Werke, darunter 2 Messen, sonst meist Sonaten und Sym=
phonien; im Jahre 1770 30 Tonwerke, darunter ein unter
dem Eindrucke des „Miserere" von Allegri während seines
Aufenthaltes in Italien geschriebenes „Miserere"; die auf
Bestellung für die Mailänder Stagione geschriebene drei=
actige Oper: „Mitridate"; eine große Caſſation und zwei
große Serenaden; im Jahre 1771 16 Werke, unter denen
die theatralische Serenade: „Ascanio in Alba" und das
große Oratorium: „La Betulia liberata" hervorragen; im
Jahre 1772 41 Werke, darunter neben mehreren Messen,
Symphonien, Quartetten und Liedern die dramatische Sere=
nade: „Il sogno di Scipione" und das Musikdrama:
„Lucio Silla", es ist dieses Jahr, was die Nummerzahl
der Opere anbelangt, das fruchtbarste in Mozart's Leben,
und etwa der Mittelpunkt seiner ganzen Lebensdauer; im
Jahre 1773 27 Werke, meist Quartette, Symphonien und
kleinere Tonstücke; im Jahre 1774 16 Werke, und zwar
mehrere Messen, Symphonien, Serenaden und die dreiactige
Opera buffa: „La finta giardiniera"; im Jahre 1775
31 Werke, und zwar die ersten Canons, viele Concerte
und die dramatische Cantate: „Il rè pastore"; im Jahre
1776, in dem er, wie im nächstfolgenden, meist mit Kir=
chenstücken in Anspruch genommen ist, 32 Werke, und im
Jahre 1777 24 Werke; im Jahre 1778 22 Werke, im
Jahre 1779 20 Werke, darunter eine große Messe, sonst
meistens Symphonien, Sonaten für Clavier allein, und für
Clavier und Violine; im Jahre 1780 30 Werke, meist
wieder Kirchenstücke, Sonaten, Symphonien, aber auch die
Oper „Zaide" und die Musik zu Gebler's Drama; „Tha=
mos, König in Egypten"; im Jahre 1781 16 Werke, die

erste große, im Gluck'schen Geiste empfangene und ausgeführte Oper „Idomeneo" für München; im Jahre 1782
neben vielen unvergleichlich schönen Liedern, im classischen
Style gehaltenen Fugen, Phantasien und Concerten die
liebliche Oper: „Belmont und Constanze", noch bekannter
unter dem Titel: „Die Entführung aus dem Serail"; im
Jahre 1783 31 Werke, meistens Lieder, zu denen ihn seine
vorherrschende Neigung zu dramatischer Musik hindrängt,
aber auch zwei komische Opern: „Die Gans von Kairo"
und „Lo sposo deluso"; im Jahre 1784 greift bereits
die Sorge um das tägliche Brot störend in seine Thätigkeit; es weist 16 Werke auf und darunter außer Concerten und Sonaten bereits einige Tänze — ein Mozart und muß Tänze schreiben — wofür man zu der
Entschuldigung greift, daß er ein großer Freund des Tanzes
gewesen! — auch das Jahr 1785 bringt unter 21 Compositionen, meist Quartetten und Lieder und eine Cantate
„Davide penitente", die aber auch nur aus einer ein paar
Jahre früher geschriebenen Messe zusammengestellt ist. Im
Jahre 1786 erhebt er sich wieder zu höherem Schaffen
und bringt unter 24 Tonstücken eine komische, in neuester
Zeit durch geschmacklosen Mangel der dem Genius unter
allen Umständen schuldigen Pietät im Texte entstellte Operette:
„Der Schauspiel-Director", aber auch das herrliche Werk:
„Die Hochzeit des Figaro"; im Jahre 1787 eine gleich-
große Menge von Werken (24), aber darunter den für
Prag zu Mozart's unvergänglichem Ruhme geschriebenen
„Don Juan"; — im Jahre 1788 36 Werke, eine Zahl,
welche nur von dem Jahre 1772 übertroffen wird, das
41 Werke aufweist; — im Jahre 1789, in welchem er
bereits zu kränkeln beginnt, 18 Werke, meist Arien und

Quartette; im Jahre 1790 nur 7 Werke, darunter jedoch die größere Oper: „Cosi fan tutte", und im Jahre 1791, im letzten seines Lebens, sich gleichsam nicht zu einem, sonder zu einer ganzen Folge von Schwanengesängen aufraffend, 32 Werke, darunter die „Zauberflöte", „Clemenza di Tito", und sein Todeslied: „Das Requiem". Das ist die Uebersicht der künstlerischen Thätigkeit eines Menschenlebens von so kurzer Dauer! Einige Biographen theilen diese Schaffenszeit von 30 Jahren in fünf Perioden und bestimmen sie folgendermaßen: I. Periode, 1761—1767, Knabenversuche, im Ganzen deren 44; II. Periode, 1768 bis 1773, Mozart als Jüngling, im Ganzen 146 Werke; III. Periode, 1774—1780, Mozart, der junge Mann, im Ganzen 176 Werke; IV. Periode, 1781—1784, der gereifte Mann, im Ganzen 93 Werke, und V. Periode, 1785—1791, höchste Blüthe, im Ganzen 162 Werke! Werke! Werke! darunter viele als solche bezeichnet werden, daß Eines allein von ihnen genügt hätte, seinen Namen unsterblich zu machen.

Bei diesem großartigen Schaffen eines Einzigen im Gebiete einer Kunst kommt nur noch die Frage zu beantworten, in welchem Verhältnisse steht der Künstler eben zu dieser Kunst, in der er schuf und wirkte? Sie wäre auch mit folgender Antwort eben so kurz als richtig beantwortet: Kein Tonkünstler vor ihm scheint das weite Gebiet der Tonkunst so ganz umfaßt und in jedem Zweige derselben so vollendete Producte geschaffen zu haben als Mozart. Da diese Skizze jedoch weniger für den Musiker als für den Laien bestimmt ist, so soll die obige Frage im Folgenden eingehender beantwortet werden, wobei noch hinzugefügt wird, daß eine Blumenlese von Urtheilen bedeutender Menschen, denen ein Urtheil über diesen Tonheros zusteht,

weiter unten in der Abtheilung XIV. folgen soll. Was
also Mozart's Stellung zur Tonkunst anbelangt, so tragen
alle seine Werke, von der Schöpfung einer Oper bis zum
einfachen Liede, von der kritischen Erhabenheit einer Sym=
phonie bis zur leichten Tanzweise, im Ernsten, wie im
Komischen, den Stempel der reichsten Phantasie, der eindring=
lichsten Empfindung, des feinsten Geschmackes an sich. Eine
ausgezeichnete Eigenthümlichkeit seiner Werke ist die Ver=
bindung der höchsten Compositionskunst mit Anmuth und
Lieblichkeit. Er kannte die Forderungen der Kunst und Natur.
Nichtsdestoweniger schrieb er, was sein Genius ihm eingab,
was sein richtiger Geschmack gründlich, wahr und schön
fand, unbekümmert, ob es dem großen Haufen munde oder
nicht. „Ich werde mir mein Publikum selbst bilden", pflegte
er zu sagen, überzeugt, daß die Schönheit wie die Wahr=
heit endlich erkannt wird und gefällt. Mozart war es
auch, der die Bahn brach, die Blasinstrumente auf eine
bisher unbekannte Art zu gebrauchen und mächtig wirken
zu lassen. Er maß mit dem feinsten Sinne die Natur und
den Umfang der Instrumente ab, zeichnete ihnen neue
Bahnen vor und gab jedem derselben die vortheilhafteste
Rolle, um die kraftvolle Masse und Harmonie hervorzu=
bringen, welche in allen seinen Werken die Bewunderung
der Kenner erzwingt und das stete Studium jedes nach
Vervollkommnung strebenden Componisten bleiben wird. Wie
wohlthätig wirkte diese Veränderung in der Tonwelt, wie
ganz anders sehen hierin die Compositionen, selbst großer
Meister, nach Mozart's Periode, als vor derselben aus!
Wie unendlich haben sie durch die Anwendung der Blas=
instrumente gewonnen! Selbst die Werke Haydn's beur=
kunden dieß. Man vergleiche dessen ältere Symphonien

mit den späteren. Die „Schöpfung" schrieb Haydn erst nach Mozart's Glanzepoche. So groß, so neu immer Mozart in der Instrumentalpartie sein mochte, so entfaltet sich doch sein mächtiges Genie noch reizender in dem Satze des Gesanges für menschliche Stimmen. Hierin erwarb er sich das größte Verdienst. Mit richtigem Geschmacke führte er ihn zu seiner Mutter, der Natur und Empfindung, zurück. Er wagte es, den italienischen Sängern zu trotzen, alle unnützen Gurgeleien, Schnörkel- und Passagenwerk zu verbannen. Daher ist sein Gesang meistens einfach, natürlich, kraftvoll, ein reiner Ausdruck der Empfindung und der Individualität der Person und ihrer Lage. Der Sinn des Textes ist überall richtig und genau getroffen, seine Musik spricht. Hauptsächlich aber sind seine Dichtungen für den Gesang mehrerer Stimmen unübertroffen; wie herrlich seine Terzetten, Quartetten, Quintetten und vorzugsweise seine unübertrefflichen, wahrlich einzigen Opernfinale! Welcher Reichthum! Wie angenehm umschlingen sich die Stimmen, wie schön vereinigen sie sich alle, um ein reizendes Ganzes zu bilden, eine neue Harmonie hervorzubringen! — und doch drückt jede Stimme ihre eigene oft der anderen gerade entgegengesetzte Empfindung aus. Hier ist die größte Mannigfaltigkeit und die strengste Einheit vereinigt. Eine Vergleichung Mozart's mit Haydn würde folgerecht diese gedrängte Lebensskizze schließen müssen.

In dem nun weiter unten folgenden Quellenapparate wird für Jeden, der sich über diesen Tonheros näher unterrichten will, neben der Uebersicht seiner durch den Stich oder Steindruck veröffentlichten Kompositionen auch über Alles, was nach verschiedenen Richtungen

über Mozart veröffentlicht worden, ein annähernd
vollständiger Nachweis gegeben. Was über Mozart
überhaupt bekannt ist, läßt sich in drei Hauptgruppen
theilen: Beiträge zu seiner Lebensgeschichte,
zur Geschichte seiner Werke und zur Apotheose.
Die Beiträge zu seiner Lebensgeschichte zerfallen a) in
selbstständige Biographien, die sein ganzes Leben oder
eine bestimmte Periode desselben umfassen; b) in kleinere,
in Sammel= und encyklopädischen Werken zerstreut ge=
druckte Lebensabrisse; c) in Schilderungen verschiedener
Scenen aus seinem Leben, Anecdoten, einzelne Character=
züge; in den folgenden Gruppen aber wird eine gedrängte
Uebersicht der durch sein längeres Verweilen gleichsam ge=
weihten Wohnstätten und eine Darstellung der zahlreichen
nicht immer übereinstimmenden Nachrichten über sein Ster=
ben, seinen Tod und sein Grab gegeben. In der zweiten
Abtheilung: Zur Geschichte seiner Werke, werden vorzugs=
weise jene Werke ins Auge gefaßt, welche mehr oder weni=
ger Gegenstand einer speciellen Literatur geworden sind.
Die dritte Abtheilung aber, Mozart's Apotheose berück=
sichtigt Alles, was zur Verherrlichung dieses Genius in
Schrift und Bild zu Tage gefördert worden, und zwar
seine Bildnisse, einzelne, wie Gruppenbilder; die Abbildun=
gen seiner verschiedenen Wohnstätten, Denkmünzen, Denk=
mäler, Denktafeln, Büsten, Statuetten; gedenkt der besten
aus der Fluth der Gedichte an Mozart; berichtet über
die Verwendung seiner Persönlichkeit in der Dichtung, und
zwar im Drama, Schauspiel, im Roman, in der Erzäh=
lung und in der Novelle, über Mozartfeste, Mozartstiftun=
gen, Reliquien, zu denen a) nachträglich aufgefundene
Briefe, b) Autographen seiner Compositionen, c) und andere

Gegenstände gehören, welche Mozart im Leben trug, oder die zu ihm in einer nahen Beziehung standen; und endlich Urtheile über seine Tondichtungen im Allgemeinen und Aussprüche großer Menschen und Zeitgenossen über Mozart, den Menschen und Künstler. In drei besonderen Abtheilungen endlich folgen Aufschlüsse über seine Verwandtschaft und Schwägerschaft, über die Besitzer seiner Autographen und über den Ursprung der Bezeichnung jener Tonstücke, die mit besonderen Namen bezeichnet worden sind.

Vergleicht man nach Vorstehendem Mozart's im Ganzen nichts weniger als glücklichen Verhältnisse im Leben mit der Bewunderung für ihn und mit den Studien und Arbeiten über ihn nach seinem Tode, so drängt sich einem unwillkürlich die wehmüthige Wahrheit des Satzes auf, daß große Verdienste heller im Schatten des Todes glänzen, während — in einem eigenthümlichen Widerspruch — das Licht des Lebens sie verdunkelt.

I.

Uebersicht

der sämmtlichen bisher im Drucke erschienenen Compositionen Mozart's.

(Die Nummern beziehen sich auf das von Dr. Ludwig Ritter von Köchel verfaßte, in Leipzig 1862 bei Breitkopf & Härtel erschienene Thematische Verzeichniß der Werke Mozart's.)

1. Messen und Requiem.

Deren sind von Mozart 20 Nummern bekannt. Davon sind 12 im Drucke erschienen: Nr. 139: Missa, nur die Stimmen (wo? nicht bekannt); — Nr. 192: Missa brevis, davon die Partitur (Leipzig, Hofmeister; Prag, Hoffmann; Paris, Porro); Singstimmen und Orgel (London, Novello); — Nr. 194: Missa brevis. Partitur (Prag, Hofmann); Singstimmen und Orgel (London, Novello); — Nr. 220: Missa brevis. Partitur (Leipzig, Breitkopf); Singstimmen und Orgel (London, Novello); — Nr. 257: Missa, die sogenannte „Credo-Messe". Partitur (Leipzig, Breitkopf) Singstimmen und Orgel (London, Novello); — Nr. 258: Missa brevis, sogenannte „Spatzenmesse" von einer darin vorkommenden, diesen Vogel imitirenden Violinfigur. Partitur (Leipzig, Breitkopf); Singstimmen und Orgel (London, Novello); — Nr. 259: Missa brevis. Partitur (Leipzig, Breitkopf); Singstimmen und Orgel (London, Novello); — Nr. 275: Missa brevis. Partitur (Leipzig, Peters) und Stimmen (ebenda und London, Novello); — Nr. 317: Missa, die sogenannte „Krönungsmesse" Partitur (Leipzig, Breitkopf); Singstimmen und

Orgel (London, Novello); — Nr. 337: Missa solemnis. Singstimmen und Orgel (London, Novello); — Nr. 427: Missa in C-moll, von Mozart später zur Cantate „Davide penitente" benützt. Partitur allein (Offenbach, André) — Nr. 626: Requiem, Mozart's letztes Werk; Partitur (Offenbach, André; Leipzig; Breitkopf); — Clavieraus= zug (Offenbach, André; Leipzig, Breitkopf); Clavierauszug (Offenbach, André; Paris, Schlesinger; arrangirt von Czerny, Wien, Spina) und Orgel (London, Novello). — Die erste Messe (Nr. 49), oder doch eine der ersten, in G-dur, wurde zur Ein= weihung der Waisenhauskirche in Wien, in Gegenwart des Hofes aufgeführt und von Mozart persönlich — der damals 12 Jahre alt war — dirigirt. — Die dritte (Nr. 66), in C-dur, ist die sogenannte „Dominicus=Messe" und wurde zur Primiz des Pater Dominicus Hagenauer im October 1769 componirt. Die übrigen 14 Messen fallen in die Zeit zwischen 1771—1780. Jahn stellt die F-dur-Messe aus dem J. 1774 (bei Köchel Nr. 192) am höchsten. Ueber das „Requiem", über welches bis in die jüngste Zeit die Literatur sich fortgesetzt hat, vergleiche den beson= deren Abschnitt unter der Abtheilung: VI. Zur Geschichte und Kritik der größeren Tonwerke Mozart's. — Ein größeres Kirchenstück, ein „Miserere", mit 8 Nummern, welches Mozart im April 1778 zu Paris geschrieben, dasselbe nämlich, dessen Mozart in seinen beiden Briefen, dd. Paris 5. April und 1. Mai 1778 [nicht, wie bei Köchel S. 497 es heißt: 1. März 1778], gedenkt, ist spurlos verschwunden. — Ueber Mozart's Messen siehe O. Jahn's „Mozart", Bd. I, S. 130, 466, 480, 664—674; Bd. II, S. 362 u. f., und Bd. III, S. 391 u. f.

2. Litaneien und Vespern.

Von den von Mozart componirten 8 Nummern sind mit Ausnahme einer alle im Drucke erschienen: Nr. 209: Litaniae de B. M. V. (Lauretanae). Partitur (Leipzig, Breitkopf); — Nr. 125: Litaniae de Venerabili. Partitur (Leipzig, Breitkopf); Stimmen (Wien, Diabelli); — Nr. 343: Litania de Venerabili. Partitur (Offenbach, André); Einzelnes daraus Nr. 5 das Adagio „Tremendum", und Nr. 8 die Fuge: „Pignus" (Wien, Diabelli); — Nr. 340 Kyrie. Partitur (Offenbach, André) — Nr. 193: Vesper. „Dixit" et „Magnificat", Partitur (Leipzig, Breitkopf) — Nr. 321: Vesperae de Dominica. Partitur (Leipzig, Breitkopf), als Cantate 7; Stimmen (Wien, Diabelli); Einzelnes Nr. 3 Allegro „Beatus vir" (Leipzig, Breitkopf) und Nr. 2 Allegro „Confitebor" (Wien, Artaria); — Nr. 339: Vesperae solennes de Confessore. Partitur des 4. Stückes „Laudate pueri" (Wien, Diabelli). Die Composition dieser acht Nummern fällt innerhalb der Jahre 1771—1780. Das Autograph der ungedruckten Litania Lauretana Nr. 195 befindet sich im Besitze Jul. André's in Frankfurt, und ist es auffallend, da minder gute bereits gedruckt, daß diese bis zur Stunde noch ungedruckt ist. Ueber die Litaneien und Vespern vergleiche man Jahn, Bd. I, S. 494 u. f., S. 674 u. f.

3. Kyrie. Te Deum. Veni. Regina Coeli. Motette. Offertorien.

Im Ganzen 40 Nummern, davon jedoch nur 12 Nummern im Drucke erschienen sind, und zwar Nr. 323: Kyrie. Partitur (Wien, Diabelli); Stimmen (ebenda); — Nr. 341: Kyrie. Partitur (Offenbach, André); — Nr. 86: Antiphone: „Quaerite primum regnum Dei". Partitur in Nissen's Biographie Mozart's, Beilage zu S. 226; — Nr. 141: Te Deum. Partitur (Leipzig, Breitkopf); — Stimmen (Wien, Haslinger); Clavierauszug (Offenbach, André); — Nr. 72: Offertorium pro Festo sancti Joannis Baptistae: „Inter natos mulierum". Partitur (München, Aibl; Leipzig, Breitkopf), es ist das berühmte Offertorium Joannis dessen Compositionsgeschichte auch novellistisch behandelt wurde [siehe unten: XII. Mozart in der Dichtung]; — Nr. 93: Psalm 129: „De profundis clamavi". Clavierauszug (Berlin, Trautwein); — Nr. 222: Offertorium de tempore: „Misericordias Domini". Partitur (Leipzig, Peters, und ebendaselbst, Kühnel); Stimmen (Leipzig, Peters) Cla-

vierauszug (Wien, P. Mechetti); — Nr. 273: G r a d u a l e
ad F e s t u m B. M. V.: „Sancta Maria, mater Dei". P a r -
t i t u r (Offenbach, André; auch Leipzig, Peters); — Nr. 277:
O f f e r t o r i u m de B. M. V.: „Alma Dei Creatoris". P a r t i -
t u r (Leipzig, Breitkopf); S t i m m e n (Wien, Diabelli); —
Nr. 20: M a d r i g a l für 4 S i n g s t i m m e n: „God is our
refuge", deren erste Ausgabe fast ein Jahrhundert später stattfand,
denn ein Abdruck dieses Madrigal mit Beigabe des Facsimiles
wurde von C. F. P o h l, der Mozart's und Haydn's Aufenthalt in London in so anregender und gewissenhafter Weise
geschildert, in der allgemeinen musikalischen Zeitung (Leipzig,
Breitkopf und Härtel) 1863, Nr. 51, veranstaltet; — Nr. 342:
O f f e r t o r i u m: „Benedicite Angeli". S t i m m e n (München,
Falter und Sohn); — Nr. 618: M o t e t t e: „Ave verum corpus". P a r t i t u r und C l a v i e r a u s z u g (Offenbach, J. André);
S t i m m e n (Wien, Diabelli; München, Falter und Söhne). Die
Zeit der Composition dieser Stücke fällt ziemlich mit jener der
Messen zusammen. Nach einer mehrjährigen Pause schrieb M o z a r t
im Jahre 1791 für den Lehrer S t o l l in Baden die Motette:
Ave, verum corpus, welche von Musikkennern für ein so wunder-
volles Werk angesehen wird, daß man es „nur knieend singen und
hören sollte". Die kritisch-ästhetischen Nachweise über diese Tonstücke gibt O. J a h n in seiner Biographie M o z a r t's.

4. Orgel - Sonaten.

Im Ganzen 17 Nummern, von denen nur eine im Drucke
erschienen ist. Unter Orgel-Sonaten versteht man jene Instrumental-
Compositionen, welche in früherer Zeit bei gesungenen Messen
nach dem K y r i e, nach Art eines ersten Stückes einer Sonate,
eingelegt und in der einfachen Form, für 2 Violinen, Baß und
Orgel, später erst für mehrere Instrumente, gesetzt wurden. Unter
Erzbischof H i e r o n y m u s Colloredo kamen diese Orgel-
Sonaten ab, und Michael H a y d n schrieb an deren Stelle Vocal-
stücke mit Texte daher die große Menge von Gradualien, welche
H a y d n componirt hat. Im Drucke von M o z a r t's Orgel-Sonaten
ist, wie gesagt, nur eine, im Jahre 1780 componirte, erschienen,

Nr. 336, und zwar die Partitur sammt Stimmen bei J. André in Offenbach. Die Composition der Orgel-Sonaten fällt innerhalb der Jahre 1769—1780, die größere Zahl derselben in die Zeit von 1775—1777.

5. Cantaten.

Im Ganzen 10 Nummern, von denen eben nur die Hälfte im Drucke erschienen ist, und zwar Nr. 469: die Cantata: „Davide penitente“ (Leipzig, Breitkopf; ebenda, Kühnel, bei Beiden nur einzelne Stücke); Clavierauszug, deutsch und italienisch, vollständig (Leipzig, Breitkopf; Bonn, Simrock); — Nr. 471: die kleine Cantate: Maurerfreude. Partitur (Wien, mit von Mansfeld gestochenem Titel); Clavierauszug (ebenda); — Nr. 572: Händel's Oratorium: „Messias“, neu instrumentirt, Partitur und Clavierauszug (Leipzig, Breitkopf); — Nr. 591: Händel's Oratorium: „Alexanders Fest“, neu instrumentirt. Partitur (Leipzig, Peters) und Nr. 623: die kleine Freimaurer-Cantate: „Laut verkünde unsere Freude“. Partitur (Wien, Hraschanzky; Leipzig, Breitkopf): Stimmen (ebenda). Unter den Cantaten befinden sich die über Baron van Swieten's Anregung von Mozart in den Jahren 1788—1790 neu instrumentirten vier Oratorien Händel's: „Acis und Galathea“, der „Messias, „Alexanders Fest“ und der Cäcilientag. Die erste Cantate fällt in des Jahr 1765 und die letzte, die Freimaurer-Cantate: „Laut verkünde unsere Freude“ in das Jahr 1791. Sie gilt als sein Schwanengesang, wurde zwei Tage vor seiner letzten Krankheit im Kreise seiner Freunde von ihm selbst dirigirt, und die Herausgabe von einigen Freunden Mozart's zum Vortheile der hilfsbedürftigen Witwe und ihrer Waisen veranstaltet.

6. Opern,

23 Nummern, welche hier als größere Werke, alle, auch die nicht im Drucke erschienenen, in chronologischer Ordnung aufgezählt werden. Das Wichtigste, was über diese Tonwerke veröffentlicht worden, wird in Abtheilung VI. Zur Geschichte und Kritik der größeren Tonwerke Mozart's, aufgeführt.

1. „Die Schuldigkeit des ersten Gebotes", geist-liches Singspiel in 3 Theilen [Köchel, Nr. 35], componirt März 1766, nicht gedruckt; nur der erste Theil ist von Mozart com-ponirt.

2. „Apollo und Hyacinthus", lateinische Komödie [Köchel, Nr. 38], comp. im Mai 1767 und am 13. Mai g. J in Salzburg aufgeführt.

3. „Bastien und Bastienne", deutsche Operette in Einem Acte. Text aus dem Französischen von Anton Schachtner [Nr. 50], nicht gedruckt und im Jahre 1768 zu Wien in der Mo-zart befreundeten Familie Meßmer, aber nicht, wie man oft fälschlich geschrieben findet, des berühmten Magnetiseurs, sondern eines auf der Landstraße wohnenden musikliebenden Schuldirek-tors gleichen Namens, in einem Gartenhause aufgeführt.

4. „La finta semplice", Opera buffa in 3 Acten. Text von Luigi Coltelini [Nr. 51], nicht gedruckt; im Jahre 1768 über Anregung des Kaisers Franz I. Stephan, Gemals der Kaiserin Maria Theresia, von dem zwölfjährigen Mozart in Wien componirt, wurde aber nicht aufgeführt.

5. „Mitridate rè di Ponto", Oper in 3 Acten. Text von Vittorio Amadei Cigna Santi [Nr. 87], nicht gedruckt; im December 1770 zu Mailand componirt und daselbst aufgeführt, wurde 20 Mal wiederholt; die ersten drei Aufführungen dirigirte Mozart persönlich.

6. „Ascanio in Alba", theatralische Serenade in 2 Acten. Text von Abbate Giuseppe Parini [Nr. 111], nicht gedruckt. Im Auftrage der Kaiserin Maria Theresia zur Vermählung des Erzherzogs Ferdinand mit der Prinzessin Maria Beatrix von Modena componirt; am 17. October 1771 zum ersten Male aufgeführt und dann oft noch wiederholt.

7. „Il sogno di Scipione", dramatische Serenade in Einem Act. Text von Metastasio [Nr. 126], nicht gedruckt; componirt anläßlich der Festlichkeiten bei dem Einzuge und der Huldigung des (1772) neu erwählten Salzburger Erzbischofs Hie-ronymus Grafen Colloredo, und wahrscheinlich im Mai d. J. aufgeführt.

8 „Lucio Silla", Dramma per Musica in 3 Acten. Text von Giovanni da Gemera [Nr. 135], nicht gedruckt; componirt zu Mailand im December 1772 und aufgeführt ebenda zum ersten Male am 26. December d. J., und oft wiederholt.

9. La finta giardiniera", Opera buffa in 3 Acten [Nr. 196]. Zum ersten Male in München 13. Jänner 1773 aufgeführt. Ausgaben: Clavierauszug (Offenbach, André, unvollständig; Mannheim, C. F. Heckel, 2 fl. 42 kr.).

10. „Il rè pastore", dramatische Cantate in 2 Acten. Text von Metastasio [Nr. 208]. Anläßlich der Hoffeste, welche zu Ehren der Anwesenheit des Erzherzogs Maximilian, jüngsten Sohnes der Kaiserin Maria Theresia und nachmaligen Erzbischofs von Cöln, in Salzburg stattfanden, am 23. April 1775 daselbst zum ersten Male aufgeführt. Ausgaben: Partitur (Leipzig, Breitkopf, italienisch und deutsch, 4 Thlr.); Clavierauszug (ebenda).

11. „Zaide", Oper in 2 Acten. Text von Schachner [Nr. 344]. Die fehlende Ouverture und der Schlußsatz, welcher zu fehlen schien, wurden von Anton André dazu componirt, das verloren gegangene Textbuch durch Karl Gollmick in Frankfurt ergänzt, und in dieser Art Partitur und Clavierauszug von J. André in Offenbach 1838 herausgegeben.

12. „Thamos, König in Egypten", Chöre und Zwischenacte zu dem heroischen Drama von Freiherrn von Gebler [Nr. 345]. Im Jahre 1779 oder 1780 in Salzburg componirt. Ausgaben: Partitur (Leipzig, Breitkopf, 3 Chöre); Clavierauszug (Bonn, Simrock, 3 Hymnen). Die bei Simrock in Bonn erschienenen „Zwei Chöre zu dem Schauspiele Thamos" werden als Mozart untergeschoben bezeichnet.

13. „Idomeneo, Rè di Creta ossia Ilia Adamante", Opera seria in 3 Acten. Text von Hofcaplan Varesco in Salzburg, nach dem Französischen [Nr. 366]. Ende Jänner 1781 in München zuerst gegeben. Ausgaben: Partituren (Bonn, Simrock, 18 Francs; Paris, J. Frey); Clavierauszüge (Leipzig, Breitkopf; ebenda, Reclam, 20 Sgr.; Mannheim, Heckel, 2 fl. 42 kr.; Mainz, Schott, 4 fl. 30 kr.; Berlin,

Leo, 25 Sgr.; Braunschweig, Meyer, 1 Thlr. 15 Sgr.; Paris, Schlesinger).

14. **Balletmusik** zu „**Idomeneo**" [Nr. 367], 1781 zu München geschrieben, 5 Nummern, ungedruckt.

15. „**Die Entführung aus dem Serail**", komisches Singspiel in 3 Acten. Text von C. F. Bretzner [Nr. 384]. Im 1782 auf Befehl des Kaisers Joseph, dessen Machtwort allen Cabalen, die sich der Aufführung entgegenstellten, ein Ende machte, in Wien zuerst gegeben. Die Oper kommt auch unter dem Titel „**Belmont und Constanze**" vor. Ausgaben Partitur (Bonn, Simrock; Paris J. Frey); Clavierauszug (Leipzig, Breitkopf, 4 Thlr.; Bonn, Simrock, 14 Francs; Offenbach, André. 2 fl. 24 kr.; Mainz, Schott, 3 fl. 36 kr.; Hamburg, Böhme, 4 Thlr.; Wien, Diabelli und Comp., 5 fl.; Berlin, Bote u. Bock, 1 Thlr. 20 Sgr.; Wien, Haslinger, 7 fl.; Mannheim, Heckel 2 fl. 24 kr.; Braunschweig, Mayer, 1 Thlr. 22¹/₂ Sgr.; Leipzig, Reclam, 20 Sgr.; Wolfenbüttel, Holle, 16 Sgr.; Berlin, Leo, 25 Sgr.).

16. „**L'Oca di Cairo**" (die Gans von Kairo), Opera buffa in 2 Acten. Text von Varesco [Nr. 422], während Mozart's Aufenthalt in Salzburg im Jahre 1783 geschrieben, aber nicht ganz vollendet. Ausgabe: Clavierauszug (Offenbach, J. André) nach dem unvollendeten Partitur-Entwurfe von Jul. André 1855, 7 fl. 12 kr.

17. „**Lo sposo deluso ossia La rivalità di tre Donne per uno solo Amante**", Opera buffa in 2 Acten. Text von Cavaliere Pado? [Nr. 430]. In Salzburg 1783 componirt. Ausgabe: Clavierauszug auch unvollendet (Offenbach, J. André, 2 fl. 42 kr.).

18. „**Der Schauspieldirector**", Komödie mit Musik in 1 Act. Text von Stephanie dem Jüngeren [Nr. 486]. Zu einem Feste, welches Kaiser Joseph II. den k. k. General-Gouverneuren der Niederlande gab, zuerst in Schönbrunn aufgeführt am 7. Februar 1786. Ausgaben: Partitur (Wien 1786. Lausch); Clavierauszug (Leipzig Breitkopf, 1 Thlr.; Bonn, Simrock, 4 fl.; Mannheim, Heckel, 45 kr., Wolfenbüttel, Holle, 5 Sgr.; Wien, Tranquillo Mollo; Paris, Schlesinger).

19. „Die Hochzeit des Figaro" (Le Nozze di Figaro).
Opera buffa in 4 Acten. Text nach Beaumarchais' Lustspiel:
„Le mariage de Figaro" von Lorenzo da Ponte [Nr. 492]. Zum
ersten Male gegeben in Wien am 1. Mai 1786. Ausgaben: Par-
tituren (Bonn und Cöln, Simrock; Paris, Frey; Mannheim,
C. F. Heckel); Clavierauszüge (Hamburg, Böhme, 5 Thlr.;
Leipzig, Breitkopf, 5 Thlr.; Mainz, Schott, 5 fl. 24 kr. Offenbach,
André, 2 fl. 24 kr.; Berlin, Bote und Bock, 2 Thlr. 15 Sgr.;
Berlin, Leo, 1 Thlr.; Braunschweig, Mayer, 1 Thlr. 25 Sgr.;
Leipzig, Reclam, 20 Sgr.); Clavier zu 4 Händen (Leipzig,
F. Hofmeister).

20. Don Giovanni (Don Juan) ossia Il disoluto
punito". Text von Lorenzo da Ponte [Nr. 527], für Prag
componirt und daselbst am 29. October 1787 zum ersten Male
gegeben; die Aufführung in Wien folgte am 7. Mai 1788. Ausgaben: Partituren (Leipzig, Breitkopf, in 2 Bänden mit
deutschem und italienischem Texte, der deutsche Text ist von Rochlitz; Paris, Frey); Clavierauszüge (Hamburg, Böhme
4 Thlr.; Hannover, Nagel, 4 Thlr.; Leipzig, Breitkopf, 4 Thlr.;
Wien, Haslinger, 9 Thlr.; Leipzig, Peters, 4 Thlr.; Bonn,
Simrock, 10 Francs; Mainz, Schott, 5 fl. 24 kr.; Hannover,
Bachmann, 2 Thlr.; Leipzig, Hartung, 1 Thlr.; Halle, Knapp,
3 Thlr.; Leipzig, Werner, 1 Thlr. 10 Sgr.; Offenbach, André,
2 fl. 24 kr.; Leipzig, Klemm, 2 Thlr. 15 Sgr., Berlin, Leo,
25 Sgr.; Hamburg, Schuberth und Comp., 1 Thlr. 10 Sgr.;
Braunschweig, Meyer, 1 Thlr. 22 Sgr.; Wolfenbüttel, Holle,
25 Sgr., Braunschweig, Litolff, 22½ Sgr.; Leipzig, Reclam,
20 Sgr.; Paris, Schlesinger).

21. „Cosi fan tutte. Weibertreue", Opera buffa
in 2 Acten. Text von Lorenzo da Ponte [Nr. 588]. Zum ersten
Male in Wien am 26. Jänner 1790 gegeben. Ausgaben: Parti-
tur (Leipzig, Breitkopf; Paris, Frey); Clavierauszug (Bonn,
Simrock, 20 Francs; Hamburg, Böhme, 5 Thlr.; Leipzig, Breit-
kopf, 5 Thlr.; Berlin, Bote und Bock, 2 Thlr. 15 Sgr.; Mainz,
Schott, 5 fl. 24 kr.; Mannheim, Heckel, 3 fl. 9 kr.; Braunschweig,
Meyer, 1 Thlr. 22½ Sgr.; Berlin, Leo, 1 Thlr.; Wolfenbüttel,
Holle, 25 Sgr.; Leipzig, Reclam, 20 Sgr.). Eine für diese Oper

bestimmte Arie: „Rivolgete a lui lo sguardo" [v. Köchel] Nr. 584], ist als nachgelassenes Werk (Offenbach, bei André) in Partitur separat erschien.

22. „La Clemenza di Tito" (Titus), Opera seria in 2 Acten. Text nach Metastasio von Caterino Mazzola [Nr. 621]. Im Auftrage der Stände Böhmens componirt und zuerst zur Feier der Krönung des Kaisers Leopold II. in Prag am 6. September 1791 aufgeführt. Ausgaben: Partituren; (Leipzig, Breitkopf; Paris, J. Frey); Clavierauszug (Bonn, Simrock, 8 Frcs.; Hannover, Nagel, 2 Thlr. 10 Sgr.; Wien, Haslinger, 7 fl.; Berlin, Leo, 15 Sgr.; Hamburg, Schuberth u. Comp. 1 Thlr.; Braunschweig, Meyer, 1 Thlr.; Mannheim, Heckel, 1 fl. 48 kr.; Wolfenbüttel, Holle, 12½ Sgr.; Berlin, Bote und Bock, 1 Thlr.; Mainz, Schott, 2 fl. 42 kr.; Offenbach, André, 2 fl. 24 kr.; Leipzig, Reclam, 20 Sgr.).

23. „Die Zauberflöte" (il flauto magico), deutsche Oper in 2 Acten. Text von Emanuel Schikaneder [Nr. 620]. Zum ersten Male aufgeführt zu Wien am 30. September 1791. Ausgaben: Partituren: (Bonn, Simrock; Offenbach, André; Paris, J. Frey; Clavierauszug: (Hamburg, Cranz, 3 Thlr.; Leipzig, Breitkopf, 3 Thlr.; Wien, Haslinger, 7 fl.; Berlin, Bote u. Bock, 1 Thlr. 10 Sgr.; Mainz, Schott, 3 fl. 36 kr.; Halle, Knapp, 2 Thlr.; Mannheim, Heckel, 2 fl. 24 kr.; Leipzig, Peters, 3 Thlr.; Wien, Artaria und Comp., 6 fl.; Berlin, Leo, 20 Sgr.; Wolfenbüttel, Holle, 17½ Sgr.; Offenbach, André, 2 fl. 24 kr.; Hamburg, Schuberth u. Comp., 1 Thlr. 10 Sgr.; Braunschweig, Meyer, 1 Thlr. 10 Sgr.; Leipzig, Reclam, 20 Sgr.).

Zwei dramatische Compositionen, die Musik zu einem Ballet und jene zu einem Melodrama sind verloren gegangen; die erstere ist die Musik zum Ballete „Les petits riens" von J. G. Noverre, welche aus der Symphonie, den Contredanses, im Ganzen aus 12 Stücken besteht, welche Mozart als bloßes „Freundstück [Brief aus Paris, 9. Juli 1778, Nohl S. 167] für Noverre" geschrieben; das Ballet wurde in Paris 1778 mit großem Beifalle öfter gegeben, Mozart's Name niemals genannt, seine Composition ist spurlos verschwunden. Das andere ist die Musik zu Gemmingen's Melodrama „Semiramis", geschrieben in

Mannheim im nämlichen Jahre 1778, wie das vorige. Mozart gibt Nachricht in seinem Briefe ddo. Mannheim 3. December 1778 [Nohl, S. 217]. Auch diese Arbeit hat sich spurlos verloren. — Ueber Literatur und Geschichte der Opern siehe weiter unten: VI. Zur Geschichte der größeren Tonwerke Mozart's.

7. Arien. Trio. Quartette. Chöre mit Orchesterbegleitung.

Im Ganzen 66 Nummern. Davon sind 27 Nummern im Drucke erschienen, u. z. Nr. 119: Arie für Sopran: „Der Liebe himmlisches Gefühl". Stimmen (Leipzig, Breitkopf). — Nr. 272: Recitativ und Arie für Sopran: „Ah lo previdi Ah t' invola agli occhi miei". Partitur (Leipzig, Breitkopf); Stimmen und Clavierauszug (ebd.). — Nr. 294: Recitativ und Arie für Sopran: „Alcandro lo confesso". Clavierauszug (Leipzig, Breitkopf, auch mit deutschem Text: „Sie schwanden mir"), Rivalitätsversuch Mozart's mit einer Arie von Bach. Siehe auch unten Nr. 512 — Nr. 368: Recitativ und Arie für Sopran: „Ma che vi fece, o stelle". Partitur und Stimmen (Leipzig, Härtel). — Nr. 369: Scene und Arie für Sopran: „Misera dove son." Partitur und Stimmen (Leipzig, Breitkopf). — Nr. 374: Recitativ und Arie für Sopran: „A questo seno deh vieni". Partitur und Clavierauszug (Leipzig Breitkopf). — Nr. 389: Duett für zwei Tenore: „Welch' ängstliches Beben". Partiturentwurf und Clavierbegleitung (Offenbach, J. André). — Nr. 416: Scene und Arie für Sopran: „Mia speranza adorata". Partitur, Stimmen und Clavierauszug (Leipzig, Breitkopf). — Nr. 419: Arie für Sopran: „Nò, nò, che non sei capace". Stimmen und Clavierauszug (Leipzig, Breitkopf). — Nr. 420: Arie für Tenor: „Per pietà, non ricercate". Partitur, Stimmen und Clavierauszug (Leipzig, Breitkopf). — Nr. 431: Recitativ und Arie für Tenor: „Misero, o sogno". Partitur nebst Stimmen und Clavierauszug (Leipzig, Breitkopf). — Nr. 433: Arie für eine Baßstimme: „Männer suchen stets zu naschen". Clavierauszug (Leipzig, Breitkopf; Wien, Has-

linger;. — Nr. 434: Trio für Tenor und zwei Bässe:
„Del gran regno delle Amazoni". Der Partiturentwurf
als Notenbeilage in O. Jahn's „Mozart's III. Band. —
Nr. 437: Terzett für zwei Soprane und Baß: „Mi
lagniró tacendo". Stimmen und Clavierbegleitung
(Leipzig, Breitkopf; Wien, Haslinger). — Nr. 479: Quartett:
„Dite almeno, in che mancai" zur Oper: „La villanella rapita"
von Bianchi. Partitur und Stimmen (Leipzig, Breitkopf).
— Nr. 480: Terzett: „Mandina amabile", für die vorige Oper.
Partitur und Stimmen (Leipzig, Breitkopf). — Nr. 489:
Duett für zwei Soprane: „Spiegarti oh Dio non posso".
Partitur (Bonn, Simrock). — Nr. 490: Scena mit Rondo
für Sopran: „Non più, tutto ascoltai". Partitur nebst
Stimmen und Clavierauszug (Leipzig, Breitkopf). —
Nr. 505: Scene mit Rondo: „Ch' io mi scordi di te". Par-
titur nebst Stimmen und Clavierbegl. (Leipzig, Breit-
kopf); Stimmen (Offenbach, André; Leipzig, Breitkopf; Wien,
Mollo). — Nr. 512: Recitativ und Arie für Baß: „Alcan-
dro lo confesso" [siehe oben Nr. 294]. Partitur nebst Stim-
men und Clavierauszug (Leipzig, Breitkopf). — Nr. 513:
Arie für Baß: „Mentre ti lascio o figlia", Partitur nebst
Stimmen und Clavierauszug (Leipzig, Breitkopf);
Stimmen (ebd.). — Nr. 528: Scene für Sopran:
„Bella mia fiamma". Partitur nebst Stimmen und Cla-
vierauszug (Leipzig, Breitkopf); Stimmen (ebd.). — Nr. 539:
Ein deutsches Kriegslied: „Ich möchte wohl der Kaiser
sein." Clavierauszug (Leipzig, Breitkopf). — Nr. 577:
Rondo für Sopran: „Al desio, di chi t' adora". Partitur
(Bonn, Simrock); Stimmen (Leipzig, Breitkopf). — Nr. 579:
Arie für Sopran: „Un moto di gioja mi sento". Mit Cla-
vierbegleitung (Leipzig, Breitkopf; Wien, Haslinger). —
Nr. 584: Arie für Baß: „Rivolgete a lui lo sguardo". Par-
titur (Offenbach, André). — Nr. 612: Arie für Baß:
„Per questa bella mano". Partitur (Offenbach, André). Die
meisten dieser 66 Nummern sind auf italienische Texte, theils für
Concerte, theils für Einlagstücke in fremde Opern, und meist durch
vortragende Künstler, als Fischer, Coltellini, Aloisia

Weber, Gerl, Josephine Duschek, Ceccarelli, Josepha Hofer, Storace u. A., veranlaßt geschrieben worden. Von den 66 Nummern sind etwa zwei Drittheile immer noch ungedruckt. Außerdem sind eine Arie: „Misero tu non sei", von der M. in einem Briefe an seine Schwester, ddo. Mailand, 26. Jänner 1770, schreibt, und eine Scena mit Begleitung von Clavier, Oboe, Horn und Fagot, im Sommer 1778 in Paris für den Sänger Tenducci componirt, verloren gegangen.

8. Lieder mit Clavierbegleitung.

41 Nummern. Davon sind 33 Nummern im Drucke erschienen, u. z.: Nr. 52: „Daphne, deine Rosenwangen", Lied für eine Singstimme mit Clavierbegleitung. Ausgabe als artistische Beilage zu R. Gräffer's „Neue Sammlung zum Vergnügen und Unterricht", 1768. IV. Stück, S. 140. — Nr. 53: An die Freude: „Freude, Königin der Weisen", Lied für eine Singstimme mit Clavierbegleitung. Ausgabe als artistische Beilage zu R. Gräffer's „Neue Samml. v. o." S. 80. — Nr. 147: Lied: „Wie unglücklich bin ich nicht", für eine Singstimme mit Clavierbegl. Ausgabe unter der Ueberschrift: „An Constanze" durch das Handelscasino von Salzburg zur Erinnerung an die Mozartfeier am 27. Jänner 1856. — Nr. 148: Lied. „O heiliges Band", für eine Singst. mit Clavierbegl. Ausgabe als artist. Beil. zu M. Glonner's „Erinnerungsblätter an Wolfg. Am. Mozart's Säcularfest im September 1856 zu Salzburg". — Nr. 152: Lied: „Ridente la calma. Der Sylphe des Friedens", für eine Singstimme mit Clavierbegl. Deutscher Text von J. Jäger. Ausgabe (Leipzig, Breitkopf; Wien, Haslinger). — Nr. 307: Lied: „Oiseaux si tous les ans. Wohl lauscht ein Böglein", für eine Singst. mit Clavierbegl. Ausgabe (Leipzig, Breitkopf; Wien, Haslinger. — Nr. 308: Lied: „Dans un bois solitaire. Einsam ging ich jüngst". Ausgabe (Leipzig, Breitkopf; Wien, Haslinger; Offenbach, J. André). — Nr. 349: Die Zufriedenheit: „Was frag' ich viel nach Geld und Gut", Lied für eine Singst. mit Clavierbegleitung (Leipzig, Breitkopf; Wien, Haslinger). — Nr. 350: Wiegenlied: „Schlafe, mein Prinzchen, nur ein",

Text von Claudius, für eine Singst. mit Clavierbegl. Ausgabe
als Beilage im Anhange zu Nissen's „Biographie Mozart's",
S. 20; auch im „Neujahrsgeschenk an die Züricherische Jugend
von der allgemeinen Musikgesellschaft in Zürch auf das Jahr 1833"
als Beilage, aber in Text und Satz von dem Nissen'schen etwas
abweichend. — Nr. 390: „An die Hoffnung: „Ich würd' auf
meinem Pfad", für eine Singst. mit Clavierbegl. — Nr. 391:
An die Einsamkeit: „Sei du mein Trost", von Joh. Tim.
Hermes, für eine Singst. mit Clavierbegl. — Nr. 392: Lied:
„Verdankt sei es dem Glanz". — Nr. 441: „Das Bandl
„Liebes Mandel, wo is's Bandel", scherzhaftes Terzett für Sopran,
Tenor und Baß. Die Geschichte der Composition erzählt Jahn:
III. 332. — Nr. 468: Maurergesellenlied: „Die ihr einem
neuen Grade", Text von Jäger. — Nr. 472: Der Zauberer:
„Ihr Mädchen flieht Damöten ja", Text von C. F. Weiße. —
Nr. 473: Die betrogene Welt; „Der reiche Thor, mit Gold
geschmückt", Text von C. F. Weiße. — Nr. 476: Das Veil-
chen: „Ein Veilchen auf der Wiese stand", Text von Goethe.
Die Ausgaben der vorgenannten Nummern 390, 391, 392, 393,
441, 468, 472, 473, 474, 476 (Leipzig, Breitkopf, und auch Wien,
Haslinger; Nr. 476, auch in dem von G. Poor bei Roszavölgyi
in Pest herausgegebenen „Album des Mélodies", Nr. 42). —
Nr. 506: Lied der Freiheit. „Wer unter eines Mädchens
Hand", für eine Singstimme mit Clavierbegl. Text von Al.
Blumauer. Ausgaben (Offenbach, J. André; Wiener Musik-
Almanach für 1786, S. 47, für Sopran oder Tenor; für Alt oder
Bariton: Wien, Glöggl, 1860). — Nr. 517: Die Alte: „Zu
meiner Zeit", für eine Singst. mit Clavierbegl. Text von Friedr.
Hagedorn. Ausgabe Leipzig, Breitkopf; Wien, Haslinger). —
Nr. 518: Die Verschweigung: „Sobald Damoetas Chloen
sieht", für eine Singst. mit Clavierbegl. Text von Weiße. —
Nr. 519: Trennung und Wiedervereinigung: „Die
Engel Gottes weinen", für eine Singst. mit Clavierbegl. Text
von Jacobi. — Nr. 520: Als Louise die Briefe ihres
ungetreuen Liebhabers verbrannte: „Erzeugt von
heißer Phantasie", für eine Singst. mit Clavierbegl. Ausgaben
der Nr. 518, 519 und 520 (Leipzig, Härtel; Wien, Haslinger;

518 auch Offenbach, André). — Nr. 523: Abendempfindung: „Abend ist's". Ausgaben (Leipzig, Breitkopf; Wien, Haslinger; Wien, Artaria). — Nr. 524: An Chloe: „Wenn die Lieb' aus deinen", für eine Singst. mit Clavierbegl. Ausgaben (Leipzig, Breitkopf; Wien, Haslinger; Wien, Artaria). — Nr. 529: Am Geburtstage des Friß: „Es war einmal, ihr Leute". — Nr. 530: Das Traumbild: „Wo bist du, Bild", für eine Singst. mit Clavierbegl. — Nr. 531: Die kleine Spinnerin: „Was spinnest du? fragte", für eine Singst. mit Clavierbegl. — Nr. 532: Terzett für Sopran, Tenor und Baß: „Gratie agl' inganni tuoi". — Nr. 596: Sehnsucht nach dem Frühling: „Komm', lieber Mai", für eine Singst. mit Clavierbegl. — Nr. 597: Im Frühlingsanfang: „Erwacht zu neuem Leben", für eine Singst. mit Clavierbegl. — Nr. 598: Das Kinderspiel: „Wir Kinder, wir schmecken". Ausgaben, der Nummern 529, 530, 531, 532, 596, 597 und 598 (Leipzig, Breitkopf; Wien, Haslinger; Nr. 596 auch Wien, Ludewig, 1866) — Nr. 619: Kleine deutsche Cantate: „Die ihr des Unermeßlichen", für eine Stimme am Clavier. Ausgaben: Partitur Beilage zu F. H. Ziegenhagen's Lehre vom richtigen Verhältniß zu den Schöpfungswerken, Hamburg 1792 (Leipzig, Breitkopf; Wien, Haslinger); Stimmen (Offenbach, André). — Eine für Schikaneder's Vorstellungen in Salzburg von Mozart während seines Aufenthaltes in München (November 1780) componirte Arie ist verloren gegangen.

9. Canone,

23 Nummern. Davon sind 21 Nummern im Drucke erschienen, u. z.: Nr. 226, für drei Singstimmen: „O Schwestern traut dem Amor nicht". — Nr. 227: „O wunderschön ist Gottes Erde". — Nr. 228, für vier Singstimmen, „Ach zu kurz ist unsers Lebens Lauf". — Nr. 229, für drei Singstimmen: „Sie ist dahin", nach Hölty. — Nr. 230, für zwei Singst: „Selig, selig alle", nach Hölty. — Nr. 231, für sechs Singst.: „Laßt froh uns sein". — Nr. 232, für vier Singst.: „Wer nicht liebt Wein und Weiber." — Nr. 233, für drei Singst.: „Nichts labt mich mehr." — Nr. 234, für drei Singst.: „Essen, Trinken, das erhält". Ausgaben der

bisher angeführten Canone Nr. 226, 227, 228, 229, 230, 231,
232 und 234 (Leipzig, Breitkopf; Wien, Haslinger; Nr. 233 und
234 auch Bonn, Simrock). — Nr. 507 für drei Singst. „Heiter=
keit und leichtes Blut". — Nr. 508, für drei Singstimmen: „Auf
das Wohl aller Freunde". — Nr. 553: „Alleluja". — Nr. 554:
„Ave Maria". — Nr. 555: „Lacrimoso son' io". — Nr. 556:
„G'rechtelt's eng, wir geh'n in Prater". — Nr. 557: „Nascoso
e il mio sol". — Nr. 558: „Geh'n ma in'n Prada, geh'n ma in
d'Höh". — Nr. 559: „Difficile lectu mihi Mars". — Nr. 560:
„O du eselhafter Martin". — Nr. 561: „Bona nox bist a rechta
Ox". — Nr. 562: „Caro bel' idol mio". Die Canons von Nr. 553
bis 562, mit Ausnahme der Nummern 559 und 562, welche drei=
stimmig, sind, alle auf vier Stimmen, und die Ausgaben der Num=
mern 507, 508, 553, 554, 555, 556, 558, 559, 560 und 562,
Partituren (Leipzig, Breitkopf; Wien, Haslinger; Bonn,
Simrock); Nr. 557, Partitur (Bonn, Simrock); Nr. 561, Par=
tituren (Leipzig, Breitkopf; Wien, Haslinger). In den Canons,
deren größter Theil — denn nur zwei sind bisher ungedruckt —
durch den Druck veröffentlicht ist, zeigt sich ganz ebenso Mozart's
Meisterschaft und contrapunktische Gründlichkeit, wie der liebens=
würdigste Humor oft in seiner naivsten Gestalt. Meist Kinder des
Augenblicks, mit improvisirtem Texte, wird doch das Motiv streng
den contrapunktischen Regeln gemäß festgehalten. Die Zeit ihrer
Composition ist bei einem Theile derselben nicht festzusetzen, ein
guter Theil davon trägt das Datum 2. September 1788, das
aber wohl mehr das Datum des Heftes, das diese Canone ent=
hält, als das jedes einzelnen Canon ist. Die Entstehung des
Canon: „O du eselhafter Martin" (Köchel, Nr. 560) wird von
Gottfried Weber in der „Cäcilia", Heft 1, S. 180, und nach
diesem von Köchel in ganz anderer Weise erzählt, als in dem
vom österreichischen Lloyd herausgegebenen „Illustrirten Familien=
buch", I. Jahrgang (1851), S. 74. Mehrere Canons, wie der
viel erwähnte, bei Cantor Doles in Leipzig im Momente des
Abschiedes geschriebene sechsstimmige Doppel-Canon: „Lebet wohl,
wir seh'n uns wieder, Heult noch gar wie alte Weiber" der vier=
stimmige: Caro mio, Druck und Schluck", der zweistimmige: „Im
Grab ist's finster", und ein vierter: „Die verdammten Heiraten"
sind verloren gegangen.

6*

10. Sonaten und Phantasien für Clavier,

22 Nummern. Davon sind mit Ausnahme einer kleinen Phantasie für Clavier (Köchel, Nr. 395), welche noch ungedruckt ist, die übrigen 21 alle und die meisten bei mehreren Verlegern im Drucke erschienen. A. Sonaten. Nr. 279. Ausgaben (Leipzig, Breitkopf, wiederholt; Wien, Haslinger; Offenbach, J. André; Bonn, Simrock; Leipzig Peters); — Nr. 280, 281, 282, 283, 284 (bei den nämlichen Verlegern), von Nr. 284 ist auch eine Ausgabe (Wien, Chr. Torricella, vielleicht die älteste) bekannt; Nr. 309, 310, 311 bei den nämlichen Verlegern); — Nr. 330, 331, 332, 333 (diese vier sind außer bei den schon genannten Verlegern auch noch bei Artaria u. Comp. in Wien erschienen; von Nr. 333 ist auch eine Ausgabe, Wien, Chr. Torricella, bekannt); — Nr. 336: Sonate für Orgel, 2 Violinen, Baß. Ausgabe: Partitur (Offenbach, J. André); — Nr. 457 (Leipzig, Breitkopf; Wien, Haslinger; Offenbach, J. André; Bonn, Simrock; Leipzig, Peters; — Nr. 570 (Leipzig, Breitkopf; Wien, Haslinger, diese zwei Ausgaben mit Violinbegleitung; Bonn, Simrock; Leipzig, Peters; — Nr. 576 (Leipzig, Breitkopf; Wien, Haslinger; Offenbach, J. André; Bonn, Simrock; Leipzig, Peters). — B. Phantasien. Nr. 394, 395, 396 und 475 (Leipzig, Breitkopf; Wien, Haslinger; Offenbach, J. André; Leipzig, C. F. Peters; Nr. 394 und 475 sind auch in Bonn bei Simrock erschienen). Die Composition dieser Tonstücke fällt, u. z. der ersten fünf Sonaten, in das Jahr 1777, der folgenden in die Jahre 1778, 1779, 1784, 1788, 1789 und die der Phantasien in das Jahr 1782.

11. Variationen für Clavier,

16 Nummern. Davon sind alle, und einzelne bei mehreren Verlegern im Drucke erschienen. Ausgaben. Nr. 24: Acht Variationen für Clavier über ein Allegretto; — Nr. 25: Sieben Variationen für Clavier über „Willem van Nassau"; — Nr. 54: Sechs Variationen für Clavier über ein Allegretto; — Nr. 179: Zwölf Variationen für Clavier über eine Menuet von Fischer, die sogenannten „Fischerischen Variationen"; — Nr. 180: Sechs Variationen über „Mio

caro Adone" aus Fiera di Venezia. Atto II. von A. Salieri — Nr. 264: Neun Variationen für Clavier über „Lison dormait"; — Nr. 265; Zwölf Variationen für Clavier über: „Ah, vous dirai-je Maman"; — Nr. 352: Acht Variationen für Clavier über den Marsch der „Mariages Samnites", Oper von Gretry; — Nr. 353: Zwölf Variationen für Clavier über „La belle Françoise"; — Nr. 354: Zwölf Variationen für Clavier über „Je suis Lindor", Romanze in Beaumarchais' „Barbier", Acte I, Sc. VI, Componist unbekannt; — Nr. 398: Fünf Variationen für Clavier über „Salve tu Domine" aus der Oper „Der eingebildete Philosoph" von Paisiello; — Nr. 455: Zehn Variationen für Clavier über „Unser dummer Pöbel meint", aus Gluck's „Pilgrimme von Mecca"; — Nr. 460: Acht Variationen für Clavier über Sarti's „Come un agnello" aus dessen Oper „Fra due litigant il terzo gode"; — Nr. 500: Zwölf Variationen für Clavier über ein Allegretto; — Nr. 573: Neun Variationen für Clavier über den Menuett von Duport; — Nr. 613: Acht Variationen für Clavier über das Lied: „Ein Weib ist das herrlichste Ding". Von allen diesen 16 Variationen sind Ausgaben erschienen (Leipzig, Breitkopf; Wien, Haslinger; Bonn, Simrock; von den Nr. 179, 180, 264, 265, 352, 353, 354, 398, 455, 500, 573 und 613 auch Offenbach, André; von den Nr. 54 und 613 Wien, Artaria; von der Nr. 25 [à la Haye, B. Hummel]; von der Nr. 455 Amsterdam, Hummel, und von den Nr. 179, 180 und 354 Paris, Haina). Es sind noch viele Tonstücke als Mozart'sche Variationen in Umlauf, aber als echt wurden bisher nur die obigen 16 befunden.

12. Einzelstücke für Clavier, Menuette, Allegro u. dgl. m.

Im Ganzen 23 an der Zahl, von denen 17 im Drucke erschienen sind, und zwar Nr. 2: Menuet für Clavier. Ausgabe in Nissen's „Biographie Mozart's". S. 14, Beil. 15; — Nr. 4: Menuet für Clavier. Ausgabe ebenda, S. 14, Beil. 18; — Nr. 5: Menuet für Clavier. Ausgabe ebenda, S. 11, Beil. 18. Diese ersten Clavierstücke Mozart's, die er im Alter von 5 bis 6 Jahren geschrieben, sind auch im Jahre 1865 von der Wiener Musik-Verlagshandlung Aug. Cranz in einem besonderen Hefte herausgegeben worden; — Nr. 355: Menuet (ohne Trio) für Clavier; — Nr. 485: Rondo für Clavier; — Nr. 494: Kleines Rondo für Clavier; — Nr. 511: Rondo für Clavier; — Nr. 399: Clavier-Suite (Ouverture, Allemande, Courante, Sarabande); — Nr. 235: Canon für Clavier; — Nr. 533: Allegro und Andante für Clavier; — Nr. 616: Andante für Clavier; Nr. 540: Adagio für Clavier; — Nr. 574: Eine kleine Gigue für Clavier. Ausgaben der Nummern 355, 485, 494, 511, 399, 235, 533, 616, 540 und 574 (Leipzig, Breitkopf; Wien, Haslinger; der Nummern 355, 485, 594, 511, 533 und 540 auch Offenbach, André; der Nummern 485, 511, 399, 533, 616, 540 und 574 auch Leipzig, Peters; der Nummer 485 auch Wien, Artaria; der Nummer 533 auch Bonn, Simrock; Nr. 399 auch als Ouverture dans le Style de Händel bei Rozsavölgyi in Pest 1866 erschienen); — Nr. 3: Allegro für Clavier. Ausgabe in Nissen's Biographie Mozart's, S. 14, Beil. 16; — Nr. 312: Allegro einer Sonate für Clavier. Ausgaben (Magasin de l'imprimerie chymique; Leipzig, Peters); — Nr. 400: Erster Satz einer Sonate für Clavier. Ausgabe (Offenbach, André); — Nr. 624: Fünf und dreißig Cadenzen zu Mozart's Clavier-Concerten. Ausgaben (Offenbach, J. André; Wien, Artaria). Unter diesen Einzelstücken für Clavier werden einzelne Werke von Kennern als besonders hervorragend durch ihre Schönheit bezeichnet, so z. B. Nr. 399 die Clavier-Suite, Nr. 574 die Gigue. Die darunter vorkommende erste Composition Mozart's aus dem Jahre 1761, ein „Menuet und Trio für Clavier", ist nicht gedruckt und das Autograph im Besitze des Carolino-Augusteums in Salzburg.

13. Für Clavier zu vier Händen und für zwei Claviere.

Im Ganzen 11 Nummern, sämmtlich und jede mehrere Male bei verschiedenen Verlegern edirt, und zwar Nr. 357, 358, 381, 497, 521, sämmtlich Sonaten für Clavier zu vier Händen.

Ausgaben (die erste nur bei J. André in Offenbach; die übrigen vier auch: Leipzig, Breitkopf; Wien, Haslinger, und Offenbach, André; Nr. 381, 497 und 521 auch Leipzig, Peters, und Nr. 521 auch Wien, Artaria und Comp.); — Nr. 401: Fuge für Clavier zu vier oder zwei Händen; Nr. 501: Andante mit fünf Variationen für Clavier zu vier Händen; — Nr. 594: Adagio und Allegro für Clavier zu vier Händen; — Nr. 608: Phantasie für Clavier zu vier Händen; — Nr. 426: Fuge für zwei Claviere, und Nr. 448: Sonate für zwei Claviere. Ausgaben der Nummern 401, 501, 594, 608, 426 und 448 (Leipzig, Breitkopf; Offenbach, J. André; Leipzig, Peters; Wien, Haslinger; der Nr. 401 auch Wien, Artaria, und der Nr. 608 auch Wien, Träg). Der Zeit nach fallen diese Compositionen innerhalb der Jahre 1780—1791.

14. Sonaten und Variationen für Clavier und Violine.

Im Ganzen 45 Nummern und sämmtlich im Drucke erschienen Nr. 6, 7, 8, 9, 10, 11, 12, 13, 14, 15, 26, 27, 28, 29, 30, 31, 55, 56, 57, 58, 59, 60, 61, 296, 301, 302, 303, 304, 305, 306 unter dem Titel: Sonaten für Clavier und Violine. Ausgaben der sämmtlichen vorgenannten Nummern (Leipzig, Breitkopf; Wien, Haslinger; Partitur und Stimmen der Nummern 296, 301, 302, 303, 304, 305 und 306 Offenbach, J. André; ferner Ausgaben der Nummern 296, 301, 302, 303, 304, 305 und 306 Leipzig, Peters; Bonn, Simrock; der Nummern 301, 302, 303, 304, 305, 306 Paris, Sieber; der Nummern 6, 7, 8, 9 Paris, Mme. Vendôme; der Nummern 10, 11, 12, 13, 14, 15 London, beim Compositeur selbst; der Nummern 26, 27, 28, 29, 30, 31 à la Haye, Hummel; der Nummern 296, 303, 305, 306 Wien, Artaria, und der Nr. 296 Braunschweig, Musikhandlung auf der Höhe); — Nr. 359: Zwölf Variationen für Clavier und Violine über „La Bergère Siliméne"; — Nr. 360: Sechs Variationen für Clavier und Violine über ein Andantino „Helas, j'ai perdu mon amant"; — Nr. 372: Allegro einer Sonate für Clavier und Violine; — Nr. 376, 377, 378, 379,

380, 402, 403, 454, 481, 526, 547, jede wieder unter dem Titel: Sonate für Clavier und Violine. Ausgaben der Nummern 359, 360, 376, 377, 378, 379, 380, 402, 454, 481, 526, 547 (Leipzig, Breitkopf; Wien, Haslinger; Offenbach, André; Partitur und Stimmen der Nummern 376, 377, 378, 379, 380, 403, 454, 481, 526, 547 Offenbach, André; Leipzig, Peters; Stimmen der Nummern 359, 376, 377, 378, 379, 380 Wien, Artaria; der Nummern 359, 360, 376, 377, 378, 379, 380, 402, 454, 481, 526, diese letzte mit Partitur, Bonn, Simrock; der Nummern 376, 377 Braunschweig. Musikhandlung auf der Höhe; der Nr. 454 Wien, Christ. Toricella (älteste Ausg.); der Nummern 481 und 526 Braunschweig. Magas. de Musique); — Nr. 403: Sonate für Clavier und Violine. Ausgabe. Partitur und Stimmen (Offenbach, J. André, Op. posth.); — Nr. 404: Andante und Allegretto für Clavier und Violine. Ausgaben: Partitur und Stimmen (Offenbach, André). Mit dieser Gattung Tonstücken hat Mozart der Oeffentlichkeit sich vorgeführt. Nr. 7 und 8 erschienen im Jahre 1763 als sein erstes Werk in Paris und sind der Prinzessin Victoire, des Königs zweiter Tochter, gewidmet; Nr. 8 und 9, als Opus 2, im nämlichen Jahre, ebenfalls zu Paris der Comtesse de Tesse, Ehrendame der Dauphine, und Nr. 10, 11, 12, 13, 14, 15 Ihrer Majestät der Königin Charlotte von Großbritannien, als Opus 3, in einem Widmungsschreiben ddo. 18. Jänner 1765, während seines Aufenthaltes in London, zugeeignet. Die Originalausgaben dieser Sonaten, welche das Mozarteum in Salzburg besitzt, sind bibliographische Seltenheiten. Die unter 376 aufgeführte, bei Artaria in Wien erschienene Sonate ist nicht bloß ihrer Schönheit wegen, sondern auch noch durch den Umstand bemerkenswerth, daß die Wiener Zeitung diese Sonaten als Werk des „genugsam bekannten und berühmten Wolfg. Amad. Mozart" ankündigt; endlich die Sonate 454, welche M. für die Violinspielerin Regina Strinasacchi aus Mantua während ihrer Anwesenheit in Wien im April 1784 schrieb, ist nur in der Violinpartie von M. componirt, den Clavierpart improvisirte er vor einem leeren Notenblatte ohne vorangegangene Probe.

15. Clavier-Trio, -Quartette, -Quintett.

Im Ganzen 11 Nummern, alle und die meisten sehr oft ge=
druckt, und zwar Nr. 254, 442 und 496: Trio für Clavier,
Violine und Violoncell; — Nr. 498: Trio für Cla=
vier, Clarinette und Viola; — Nr. 502, 542, 548 und
564: Trio für Clavier, Violine und Violoncell.
Ausgaben (die Nr. 442 ist aus dem Nachlasse nur bei André in
Offenbach erschienen; Ausgaben der Nummern 254, 496, 498, 502,
542, 548 und 564: Partitur bei André in Offenbach; Parti=
tur und Stimmen, zusammen Breitkopf in Leipzig, und Arrang.
für das Pianoforte zu vier Händen ebenda; Ausgaben der
Nummern 254, 496, 498, 502, 542, 548 und 564: Stimmen
allein, Leipzig, Breitkopf; Wien, Haslinger; Bonn, Simrock; der
Nummern 254, 498 und 564 Wien, Artaria u. Comp.; der Num=
mern 254 Paris, Cramer (älteste Ausgabe) und der Nr. 496
Braunschweig, Magasin de musique); Nr. 478 und 493: Quar=
tett für Clavier, Violine, Viola und Violoncell;
— Nr. 452: Quintett für Clavier, Oboe, Clarinette,
Horn und Fagott. Ausgaben der Nummern 478, 493 und 452
(Partitur: Offenbach, André; Stimmen: Leipzig, Breitkopf;
Wien, Haslinger; der Nr. 493 Wien, Artaria, und der Nr. 452,
arrangirt als Clavier=Quartett: Leipzig, Bureau de Musique,
und als Concertante für Violin principal, Clarinette, Bassethorn,
Violoncell, Viola und Baß: Augsburg, Gombart). Unter diesen
Clavier=Trio's sind einige Arbeiten für Freunde, so das Trio
Nr. 498, auch weil es Mozart während des Kegelschiebens ge=
schrieben haben soll, das „Kegelstatt=Trio" genannt und für Gott=
fried von Jaquin's Schwester im Jahre 1786 geschrieben; und
das Trio Nr. 542 für den Kaufmann Puchberg, der Mozart
in Geldverlegenheiten bereitwillig aushalf. Das unter Nr. 452
angeführte Quintett ist das einzige, welches Mozart geschrieben;
ein zweites hatte M. wohl begonnen, aber nicht vollendet; Mozart
selbst nennt es in einem Briefe an seinen Vater das Beste, das
er in seinem Leben geschrieben, und Köchel — gewiß ein competen=
ter Beurtheiler — „von Anfang bis zu Ende einen wahren
Triumph des reinsten Wohlklanges". Ohne Mozart's Wissen

wurde es als Quartett gestochen, und erschien als solches bei Breitkopf in Leipzig und bei Haslinger in Wien.

16. Streich-Duo und -Trio.

Davon sind im Ganzen 6 Nummern und nur deren 3 im Drucke erschienen. Nr. 423 und 424: Duo für Violine und Viola. Ausgaben: Partitur (Mannheim, Heckel); Stimmen (Wien, Artaria und Comp.; Wien und Mainz, Artaria und Comp. [ältere Ausgabe; Hamburg, Böhme; arrangirt für zwei Violinen, Wien, Träg); — Nr. 563: Divertimento für Violine, Viola; Violoncell, Ausgabe: Partitur (Mannheim, Heckel); Stimmen (Wien, Artaria und Comp.; Wien und Mainz, Artaria und Comp. [ältere Ausgabe]; Paris, Pleyel); Arrangement für Pianoforte zu vier Händen (Leipzig, Breitkopf). Die zuerst angeführten zwei Duo für Violine und Viola hat Mozart für Michael Haydn componirt, als dieser den ihm von dem Erzbischof gegebenen Auftrag, deren zu componiren, Kränklichkeitshalber nicht ausführen konnte.

17. Streich-Quartette.

Im Ganzen 32 Nummern, von denen 27 im Drucke erschienen sind. Nr. 155, 156, 157, 158, 159, 160, 168, 169, 170, 171, 172, 173, 387, 421, 428, 458, 464, 465, 499 unter dem Titel: Quartett für zwei Violinen, Viola, Violoncell. Ausgaben (der vorgenannten Nummern, mit Ausnahme Nr. 170, sämmtlich die Stimmen Leipzig, C. F. Peters; der Nummern 157, 160, 169 387, 421, 428, 464, 465 und 499 Leipzig, Breitkopf; der Nummern 157, 160, 168, 171, 172, 173, 387, 421, 428, 458, 464, 465 und 499 Wien, Artaria, und die Partituren der Nummern 387, 421, 428, 458, 464, 465 und 499 ebenda; die Stimmen der Nummern 157, 160, 173, 428, 458, 464, 465 und 499 Paris, Pleyel, und die Partituren der Nummern 387, 458, 464, 465 ebenda; der Nummern 168, 169, 170, 171, 172, 173, 499, Partitur und Stimmen, Offenbach, André; und der Nummern 387, 421, 428, 458, 464 und 465, Partituren allein, ebenda; der Nummern 387, 421, 428, 458, 464, 465, Partituren, Wien, Träg; der Nr. 499 Wien, Hoffmeister [älteste Ausgabe], Arrangements für das Pianoforte zu vier Händen der Nummern 387, 421, 428, 458, 464 Leipzig. Fr. Hoffmeister, Bonn, Simrock, und der Nummern 465 und 499 Leipzig, Hoffmeister). — Nr. 525: Eine kleine Nachtmusik für zwei Violinen, Violoncell, Viola, Contrabaß, Ausgaben (Leipzig, C. F. Peters; Offenbach, J. André); — Nr. 575, 589 und 590: Quartett für zwei Violinen, Viola, Violoncell. Ausgaben: Nr. 575, Partitur (Mannheim, Heckel). Stimmen (Leipzig, Peters; Leipzig, Breitkopf; Wien, Artaria, ebenda auch als Clavier-Trio arrangirt; Paris, Pleyel); Nr. 589 und 590 Stimmen (Leipzig, Breitkopf; Wien, Artaria; Paris, Pleyel); — Nr. 546: Adagio und Fuge für zwei Violinen, Viola und Violoncell. Ausgaben: Partitur (Offenbach, J. André; Mannheim, Heckel); Stimmen (Leipzig, Peters; Wien, Artaria und Comp.; Wien, Hoffmeister [älteste Ausg.]). — Nr. 285 und 298: Quartett für Flöte, Violine, Viola und Violoncell- Ausgaben (beider Nummern Leipzig, C. F. Peters; der Nr. 285 überdieß Wien und Mainz, Artaria und Comp.; der Nr. 298 Wien, Träg; Wien, Artaria und Comp.); — Nr. 370: Quartett für Oboe, Violine, Viola und Violoncell. Ausgabe: Stimmen (Offenbach, J. André; Leipzig, C. F. Peters). Unter den Quartetten befinden sich sechs, Haydn gewidmete aus den Jahren 1782—1785 (Nr. 387, 421, 428, 458, 464 und 465), welche im letztgenannten Jahre — denn das Datum der Widmung ist der 1. September 1785 — Mozart dem Altmeister der Tonkunst mit einem italienischen Dedicationsschreiben, das die innigste Herzlichkeit und Bescheidenheit athmet, übersandte; und dann die drei dem Könige Friedrich Wilhelm II. von Preußen gewidmeten (Nr. 575, 589 und 590), für deren erstes Mozart von dem Könige mit einer kostbaren goldenen Dose mit 100 Ducaten beschenkt worden sein soll.

18. Streich-Quintette.

Im Ganzen 9 Nummern und sämmtlich im Drucke erschienen. Nr. 46: Quintett für 2 Violinen, 2 Violen und Vio-

loncell. Ausgabe: Stimmen (Leipzig, C. F. Peters); —
Nr. 174: Quintett für 2 Violinen, 2 Violen, Violon-
cell. Ausgaben: Partitur (Paris, Pleyel); Stimmen (Leip-
zig, Peters; Offenbach, André); arrangirt für Pianoforte auf
vier Hände (Wien, Mechetti); — Nr. 406: Quintett, wie oben.
Ausgaben: Partitur (Paris, Pleyel; Offenbach, André; Bonn,
Simrock); Stimmen (Leipzig, Peters; Offenbach, André; Wien,
Artaria; Berlin, Hummel; Paris, Pleyel); — Nr. 407: Quintett für 1 Violine, 2 Violen, 1 Horn, 1 Violoncell.
Ausgaben: Partitur (Leipzig, Breitkopf); Stimmen (Leipzig,
Peters; Paris, Pleyel; Offenbach, André; Wien, Artaria; Leip-
zig, Breitkopf); — Nr. 515 und 516: Quintett für 2 Violinen,
2 Violen, Violoncell. Ausgaben: Partitur: (Bonn, Sim-
rock; Offenbach, André); Stimmen (Leipzig, Peters; Paris,
Pleyel; Wien, Artaria); arrangirt für Pianoforte zu vier Händen
(Wien, Diabelli); — Nr. 581: Quintett für 1 Clarinette,
2 Violinen, Viola und Violoncell. Ausgaben: Partitur
(Mannheim, Heckel); Stimmen (Leipzig, Peters; Offenbach,
André; Wien, Artaria); arrangirt für Pianoforte zu vier
Händen (Wien, Mechetti); — Nr. 593: Quintett für 2 Vio-
linen, 2 Violen, Violoncell. Ausgaben: Partituren
(Paris, Pleyel; Offenbach, André; Bonn, Simrock; Mannheim,
Heckel); Stimmen (Wien, Artaria; Paris, Pleyel; Leipzig,
Peters; Offenbach, André); arrangirt für Pianoforte zu vier
Händen (Wien, Diabelli); — Nr. 614: Quintett für 2 Vio-
linen, 2 Violen, Violoncell. Ausgaben: Partituren
(Offenbach, André; Bonn, Simrock; Paris, Pleyel); Stimmen
Wien, Artaria; Paris, Pleyel; Leipzig, Peters; Offenbach, An-
dré); arrangirt für Pianoforte zu vier Händen (Offenbach,
André; Wien, Mechetti). Die ersten zwei Streich-Quartette,
Nr. 46 und 174, sind noch in Salzburg in den Jahren 1768 und
1773 componirt; die Composition der übrigen sieben fällt nach
1782, also in die Blüthezeit seines Schaffens; darunter gehört
das G-moll-Quintett (Nr. 516) aus dem Jahre 1787, den Seelen-
schmerz eines tief verwundeten, leidenden, mit sich kämpfenden
Herzens in ergreifender Wahrheit schildernd, zu den schönsten
Schöpfungen der Tonmalerei.

19. Symphonien.

Im Ganzen 49, davon sind nur 19 im Drucke erschienen: Nr. 162: Symphonie für 2 Violinen, 2 Violen, 2 Oboen, 2 Hörner, 2 Trompeten, Bässe. Ausgaben: Stimmen (Hamburg, Günther und Böhme), für Clavier zu vier Händen (Hamburg, Aug. Cranz); — Nr. 181: Symphonie für 2 Violinen, 2 Violen, Baß, 2 Oboen, 2 Hörner, 2 Trompeten. Ausgaben: Partitur (Hamburg, A. Cranz); für Clavier zu vier Händen (ebend.; Braunschweig, Holle); — Nr. 182: Symphonie für 2 Violinen, 2 Violen, Baß, 2 Oboen, 2 Hörner. Ausgaben: Clavierauszug (Hamburg, A. Cranz); — Nr. 183: Symphonie für 2 Violinen, 2 Violen, Baß, 2 Oboen, 2 Hörner in G, 2 Hörner in B, 2 Fagotte. Ausgabe: Partitur (Hamburg, A. Cranz); Stimmen (Hamburg, Günther und Böhme); Clavier zu vier Händen (Hamburg, Cranz; Wolfenbüttel, Holle); — Nr. 184: Symphonie für 2 Violinen, 2 Violen, Baß, 2 Flöten, 2 Oboen, 2 Fagotte, 2 Hörner, 2 Trompeten. Ausgaben: Partitur (Hamburg, Cranz); Clavier zu vier Händen (ebend.; Wolfenbüttel, Holle); — Nr. 199: Symphonie für 2 Violinen, 2 Violen, Baß, Flöte. Ausgaben: Stimmen (Hamburg, Günther und Böhme), Clavier zu vier Händen (Hamburg, Cranz); — Nr. 200: Symphonie für 2 Violinen, Viola, Baß, 2 Oboen, 2 Hörner, Fagott, 2 Trompeten. Ausgabe: Clavier zu vier Händen (Hamburg, A. Cranz); — Nr. 201: Symphonie für 2 Violinen, 2 Violen, Baß, 2 Oboen, 2 Hörner. Ausgaben: Clavier zu vier Händen (Hamburg, A. Cranz; Magdeburg, Heinrichshofen); — Nr. 202: Symphonie für 2 Violinen, Viola, Baß, 2 Oboen, 2 Hörner 2 Trompeten. Ausgaben: Stimmen (Hamburg, Günther und Böhme); Clavier zu vier Händen (Hamburg, Cranz); — Nr. 297: Symphonie für 2 Violinen, Viola, Baß, 2 Flöten, 2 Oboen, 2 Clarinetten, 2 Fagotte, 2 Hörner, 2 Trompeten und Pauken. Ausgaben: Partitur (Leipzig, Breitkopf); Stimmen (Offenbach, André); arrangirt für Pianoforte zu vier Händen (Offenbach, André; Leipzig, Breitkopf; Wolfenbüttel, Holle); — Nr. 318: Symphonie für 2 Violinen, Viola, Baß, 2 Flöten, 2 Oboen, 2 Fagotte, 4 Hörner, 2 Trompeten. Ausgaben: Arrangirt für Pianoforte zu vier Händen (Offenbach, André); — Nr. 319; Symphonie für 2 Violinen, Viola, 2 Oboen, 2 Fagotte, 2 Hörner. Ausgaben: Partitur (Liepzig, Breitkopf); Stimmen (Offenbach, André); arrangirt für Pianoforte zu vier Händen (Offenbach, André; Leipzig, Breitkopf; Wolfenbüttel, Holle); Nr. 338: Symphonie für 2 Violinen, Viola, Baß, 2 Oboen, 2 Fagotte, 2 Hörner, Trompeten und Pauken. Ausgaben: Partitur (Leipzig, Breitkopf); Stimmen (Offenbach, J. André); arrangirt für Pianoforte zu vier Händen (Offenbach, André; Leipzig, Breitkopf; Wolfenbüttel, Holle); — Nr. 385: Symphonie für 2 Violinen, Viola, Baß, 2 Oboen, 2 Hörner, 2 Fagotte, Trompeten und Pauken, nebst später der Original‑Partitur noch beigefügten 2 Flöten und 2 Clarinetten. Ausgaben: Partitur (Leipzig, Breitkopf); Stimmen (ebenda; Offenbach, André); arrangirt für Pianoforte zu vier Händen (Leipzig, Breitkopf; Offenbach, André; Wolfenbüttel, Holle); — Nr. 425: Symphonie für 2 Violinen, Viola, Baß, 2 Oboen, 2 Fagotte, 2 Hörner, 2 Trompeten und Pauken. Ausgaben: Partitur (Leipzig, Breitkopf); Stimmen (ebenda); arrangirt für Pianoforte zu vier Händen (Offenbach, André; Leipzig, Breitkopf; Wolfenbüttel, Holle); — Nr. 504: Symphonie für 2 Violinen, Viola, Baß, 2 Flöten, 2 Oboen, 2 Fagotte, 2 Hörner, 2 Trompeten und Pauken. Ausgaben ganz gleich in Partitur, Stimmen und Arrangement für Pianoforte wie bei Nr. 425, nur sind auch noch Stimmen in Offenbach bei André erschienen; — Nr. 543: Symphonie für 2 Violinen, Viola, Baß, 1 Flöte, 2 Clarinetten, 2 Fagotte, 2 Hörner, 2 Trompeten und Pauken. Ausgaben eben dieselben in Partitur, Stimmen und Arrangement für Pianoforte wie bei Nr. 504; — Nr. 550: Symphonie für 2 Violinen, Viola, Baß, 1 Flöte, 2 Oboen, 2 Fagotte, 2 Hörner, später noch 2 Clarinetten. Ausgaben ganz wie bei Nr. 504 und 543; —

Nr. 551: Symphonie mit der Schlußfuge für 2 Violinen,
Viola, Baß, Flöte, 2 Oboen, 2 Fagotte, 2 Hörner,
2 Trompeten und Pauken. Ausgaben wie bei Nr. 425. Die
Symphonie als Tonstück, zunächst geeignet, den Beweis zu liefern,
wie ein Tonwerk an und für sich, ohne anderes Beiwerk, sondern
eben nur als harmonisches Spiel der Töne, sich zum Kunstwerk
im eigentlichen Sinne des Wortes zu erheben vermag, zeigt gerade
in Mozart den Meister, der Wenige seines Gleichen hat. Die
Symphonien seiner ersten Zeit, und diese reichen bis zum Jahre
1772, zeigen das ganze Ringen des Genius, sein Streben künst=
lerisch zu gestalten, das allmälig völlig zum Durchbruch kommt
und in der „Pariser" oder in der sogenannten „französischen
Symphonie" (Nr. 297) seinen Höhenpunkt erreicht. Ja was
Mozart in einigen Symphonien künstlerisch geleistet, erhellet aus
der Frage eines bewährten Musikkenners [Ambros, Grenzen der
Musik und Poesie, S. 123]: „Bleibt man auf dem rein musika=
lischen Standpunkte, so kann gefragt werden, ob die Welt etwas
Vollkommeneres besitze, als die Symphonien vom 26. Juni, 25. Juli
und vom 10. August 1788". Die Symphonien seiner früheren Zeit
sind bisher sämmtlich ungedruckt geblieben, während die späteren
in Partitur, Stimmen und Arrangements für Pianoforte zu vier
Händen wiederholt aufgelegt worden sind. Zwei Symphonien, von
denen es sicher ist, daß Mozart sie componirt hat, sind verloren
gegangen; die eine in Paris im Jahre 1778 für Le Gros, Direc=
tor des Concert spirituel, geschrieben, die am 8. September g. J.
aufgeführt wurde, und eine zweite, im nämlichen Jahre zu Paris
geschriebene Symphonie concertante für Flöte, Oboe, Waldhorn
und Fagott, welche für das Concert spirituel bestimmt war, aber
Intriguen halber nicht zur Aufführung kam. Mozart hatte sie an
Le Gros verkauft, aber keine Abschrift zurückbehalten, und sie ist
verschollen.

20. Divertissements. Serenaden. Cassationen.

Im Ganzen 33 Nummern, von denen 17 gedruckt sind, und
zwar von den 3 Cassationen keine, von den 12 Serenaden 8 und
von den 18 Divertissements 9. Was die verschiedenartige Benen=
nung dieser drei Musikgattungen betrifft, so versteht man darunter

Instrumentalmusik, die während der Mahlzeit oder des Abends gespielt wurde. Serenaden. Die im Drucke erschienenen sind Nr. 185: Serenade für 2 Violinen, Viola, Baß, 2 Oboen, 2 Hörner, 2 Trompeten. Ausgabe: Clavier zu vier Händen (Hamburg, Aug. Cranz); -- Nr. 203: Serenade für Violine, Viola, Baß, 2 Oboen, 1 Flöte, 1 Fagott, 2 Hörner, 2 Trompeten; — Nr. 204: Serenade für 2 Violinen, Viola, Baß, 2 Oboen, 2 Hörner, Fagott, 2 Trompeten. Ausgaben von Nr. 203 und 204 wie bei Nr. 185; — Nr. 250: Serenade für 2 Violinen, Viola, Baß, 2 Oboen, 2 Hörner, 2 Fagotte, 2 Trompeten. Ausgaben. Partitur (Leipzig, Breitkopf); Clavier zu vier und zwei Händen (Wolfenbüttel, Holle); — Nr. 320: Serenade für 2 Violinen, Viola, Baß, 2 Flöten, 2 Oboen, 2 Fagotte, 2 Hörner, Trompeten und Pauken. Ausgaben: Partitur (Leipzig, Breitkopf), enthält nur die Sätze 1, 5, 7; arrangirt für Pianoforte zu vier Händen (Offenbach, André; Leipzig, Breitkopf; Wolfenbüttel, Holle), diese Ausgabe auch nur die Sätze 1. 3, 7 enthaltend; — Nr. 361: Serenade für 2 Oboen, 2 Clarinetten, 2 Bassethörner, 2 Waldhörner, 2 Fagotte, Contrabaß. Ausgaben: Partitur (Leipzig, Breitkopf); Stimmen (Wien, Riedel); arrangirt für Pianoforte (Bonn, Simrock; Leipzig, Breitkopf); — Nr. 375: Serenade für 2 Clarinetten, 2 Hörner, 2 Fagotte, später kamen noch 2 Oboen dazu. Ausgaben; Partitur (Offenbach, André); Stimmen (Leipzig, Breitkopf; Offenbach, André); arrangirt für Pianoforte zu vier Händen (Offenbach, André); — Nr. 388: Serenade für 2 Oboen, 2 Clarinetten, 2 Hörner, 2 Fagotte. Ausgaben: Partitur (Offenbach, André); Stimmen (Leipzig, Peters; Offenbach, André; arrangirt für Pianoforte zu vier Händen (Offenbach. André); — Divertissements, Nr. 213 und 240: Divertimento für 2 Oboen, 2 Hörner, 2 Fagotte. Ausgabe: Stimmen (Offenbach, J. André); — Nr. 274: Divertimento für 2 Violinen, Viola, 2 Hörner, Baß. Ausgaben: Partitur (Mannheim, Heckel); Stimmen (Augsburg, Gombart und Comp.); — Nr. 252, 253 und 270, Titel jeder dieser Nummern: Divertimento für 2 Oboen, 2 Hörner, 2 Fagotte.

Ausgaben jeder dieser Nummern: Stimmen (Offenbach, André); — Nr. 287: Divertimento für 2 Violinen, Viola, Baß, 2 Hörner. Ausgaben: Partitur (Mannheim, K. F. Heckel); Stimmen (Augsburg, Gombart und Comp.); — Nr. 334: Divertimento für 2 Violinen, Viola, Baß, 2 Hörner. Ausgaben: Partitur (Mannheim, K. F. Heckel). Diese Gattung der Compositionen Mozart's fällt in die Periode seines Salzburger Aufenthaltes, wo er theils in seiner Eigenschaft als erzbischöflicher Hofcapellmeister, theils für Freunde und Bekannte solche Gelegenheitsstücke und Tafelmusik componirte. Nachdem Mozart seinen bleibenden Aufenthalt in Wien genommen, also nach 1782, kamen dergleichen Arbeiten seiner Hand nicht mehr vor. Die letzte Serenade ist die später zu einem Streichquintett umgearbeitete, welche — was nicht festgesetzt ist — für die Hauscapelle des Fürsten Schwarzenberg componirt sein soll (Nr. 388). Die bekanntesten sind die „Haffner-Serenade" (Nr. 250), anläßlich der Vermälung des Salzburger Bürgers F. X. Späth mit Elise Haffner im Juli 1776 componirt, und die für den Theresientag (15. October 1781) für die Schwester der Frau von Hickel componirte (Nr. 375), welche beide von Kunstkennern als vorzügliche Tonstücke bezeichnet werden.

21. Orchesterstücke. Märsche. Symphoniesätze. Menuetten u. m. a.

Im Ganzen 27 Nummern, und davon 11 gedruckt, und zwar Nr. 206: Marsch für 2 Violinen, Viola, Baß, 2 Flöten, 2 Oboen, 2 Hörner, Trompeten und Pauken. Ausgabe (Offenbach, André); — Nr. 214: Marsch für 2 Violinen, Viola, Baß, 2 Oboen, 2 Hörner, 2 Trompeten. Ausgabe (Offenbach, André); — Nr. 335: Zwei Märsche für 2 Violinen, 2 Violen, Baß, 2 Flöten, 2 Oboen, 2 Hörner, 2 Trompeten. Ausgabe (wie oben); — Nr. 362: Marsch für 2 Violinen, Viola, Baß, 2 Oboen, 2 Flöten, 2 Hörner, 2 Clarinetten, 2 Fagotte, 2 Trompeten und Pauken. Ausgabe (ebenda); — Nr. 408 Drei Märsche für 2 Violinen, Viola, Baß, 2 Oboen, 2 Trompeten. Ausgaben: Stimmen

(Offenbach, André); Clavierauszug zu zwei Händeu, Marsch 1
(Leipzig, Breitkopf; Wien, Haslinger; Offenbach, André); —
Nr. 291 Einleitung und Fuge für 2 Violinen, 2 Violen,
Baß, 2 Hörner, 2 Flöten, 2 Oboen, 2 Fagotte. Ausgabe:
Arrangement für Pianoforte zu vier Händen (Wien, Tob. Has-
linger), vom 59. Tacte an ist die Fuge von S. Sechter voll-
endet; — Nr. 477: Maurerische Trauermusik für 2 Vio-
linen, Viola, Baß, 1 Clarinette, 1 Bassethorn, 2 Oboen,
2 Hörner. Ausgaben: Stimmen (Offenbach, J. André); Cla-
vierauszug (Wien und Pest, Kunst- und Industrie - Comptoir);
— Nr. 522: Ein musikalischer Spaß für 2 Violinen,
Viola, Baß, Hörner. Ausgaben Partituren (Mannheim, K.
F. Heckel; Berlin, Schlesinger. unter dem Titel Bauern-Symphonie,
„Die Dorfmusikanten" 1856 anläßlich der Säcularfeier von
Mozart's Geburt herausgegeben); Stimmen (Offenbach, André);
— Nr. 410; Kleines Adagio für 2 Bassethörner und
Fagott. Ausgabe Leipzig, Breitkopf und Härtel); — Nr. 411:
Adagio für 2 Clarinetten und 3 Bassethörner. Aus-
gaben: Partitur (Offenbach, André); arrangirt für Pianoforte
zu vier Händen (ebenda); — Nr. 617: Adagio und Rondo
für Hamonica, Flöte, Oboe, Viola und Violoncell. Ausgabe
als Quintett für Clavier, Flöte, Oboe, Viola und Violoncell
(Leipzig, Breitkopf; Wien, Haslinger). Unter diesen Orchesterstücken befindet sich die ihrer wunderbaren Schönheit und ihres
eigenthümlichen Charakters wegen von Musikern hochgerühmte
„Maurerische Trauermusik" (Nr. 477); der „musikalische Spaß"
(Nr. 522) vom Jahre 1787, in dem schlechte Spieler und Componisten durch ein höchst charakteristisches Spiel der Töne verspottet
werden; der „Gallimathias musicum" (Nr. 32), noch ungedruckt
und eine Jugendarbeit aus dem Jahre 1766, da Mozart
im eilften Jahre stand, zu den Feierlichkeiten der Installation des
Prinzen Wilhelm V. von Oranien als Erbstatthalter componirt; und das von Jahn seiner künstlerischen Abrundung wegen
gepriesene „Adagio" (Nr. 411).

22. Tänze für Orchester (Menuetten, Deutsche, Contratänze, Pantomime).

Im Ganzen 39 Nummern, davon 16 gedruckt. Menuette Nr. 461: Fünf Tanzmenuetten für 2 Violinen, Baß, 2 Oboen, 2 Hörner, 2 Fagotte. Ausgabe: Stimmen (Offenbach, J. André); — Nr. 568: Zwölf Menuetten für 2 Violinen, Baß, 2 Flöten, 2 Oboen, 2 Fagotte, 2 Hörner, Trompeten, Pauken, Piccolo. Ausgaben: Stimmen (Wien, Artaria und Comp.; München, J. M. Götz); — Nr. 285: Zwölf Menuetten für 2 Violinen, 2 Flöten, 2 Oboen, 2 Clarinetten, 2 Fagotte, 2 Hörner, 2 Trompeten, Pauken, kleine Flöte und Baß. Ausgabe: Stimmen nebst Clavierauszug (Wien, Artaria und Comp.); — Nr. 299: Sechs Menuetten für 2 Violinen, Baß, Fagott, 2 Clarinetten, 2 Oboen, Trompeten und Pauken. Ausgaben: für 2 Violinen und Baß (Wien, Artaria und Comp.); Clavierauszug (ebenda); — Nr. 601: Vier Menuetten für 2 Violinen, Baß, 2 Fagotte, 2 Clarinetten, 2 Oboen, Trompeten und Pauken. Ausgaben: für 2 Violinen und Baß (Wien, Artaria und Comp.); Clavierauszug (ebenda); — Nr. 604: Zwei Menuetten für 2 Violinen, Baß, 2 Flöten, 2 Oboen, 2 Clarinetten, 2 Fagotte Piccolo, 2 Hörner, Trompeten und Pauken. Ausgaben: Clavierauszug (Wien, Artaria und Comp.); für 2 Violinen und Baß (ebenda). — Deutsche Tänze. Nr. 509: Sechs deutsche Tänze für 2 Violinen, Baß, 2 Flöten, Piccolo, 2 Oboen, 2 Clarinetten, 2 Fagotte, 2 Hörner, 2 Trompeten und Pauken. Ausgabe: Stimmen und Clavierauszug (Wien, Artaria und Comp.); — Nr. 536: Sechs deutsche Tänze für 2 Violinen u. s. w. wie oben Ausgaben: Stimmen (Wien u. Mainz, Artaria und Comp.; München, J. M. Götz); — Nr. 567: Sechs deutsche Tänze für 2 Violinen u. s. w. Ausgaben: Stimmen (Wien und Mainz, Artaria und Comp.; München, J. M. Götz); — Nr. 571: Sechs deutsche Tänze u. s. w. Ausgabe: Stimmen (Wien, Artaria u. Comp.); — Nr. 586: Zwölf deutsche Tänze u. s. w. Ausgabe: Stimmen nebst Clavierauszug

7 *

(Wien, Artaria und Comp.); — Nr. 600: Sechs deutsche Tänze
für 2 Violinen u. s. w. Ausgaben: Clavierauszug (Wien,
Artaria und Comp.); für 2 Violinen und Baß (ebenda); —
Nr. 602: Vier Deutsche u. s. w. Ausgabe (wie Nr. 600): —
Nr. 605: Drei Deutsche für 2 Violinen u. s. w. (Ausgabe
wie Nr. 600); — Nr. 606: Sechs Ländler für Orchester.
Ausgabe: Clavierauszug (Wien, Artaria). — Contratänze und
Quadrillen. Nr. 462: Sechs Contratänze für 2 Violinen
und Baß, nachträglich setzte Mozart 2 Oboen und 2 Hörner
dazu. Ausgabe: Stimmen (Offenbach, J. André). Mozart war
bekanntlich ein leidenschaftlicher Freund des Tanzes und ver-
leugnet auch in seinen Lieblingstänzen den Genius nicht. Die
meisten dieser Arbeiten fallen in die Zeit seines bleibenden Wiener
Aufenthaltes, waren auf Bestellung componirt, leidige Brotarbeit,
weil es an besserer fehlte und Mann, Frau und Kinder denn doch
leben wollten. Ja es muß noch als eine Anerkennung des Genius
gelten, daß man einen Mozart beauftragte, die Tänze für die
Redoutensäle in Wien zu componiren, welche zweifelhafte Ehre
ihm in den Jahren 1789—1791 zu Theil ward.

23. Concerte und Concertstücke.

Im Ganzen 55 Nummern, von denen 38 gedruckt sind, und
zwar: Concerte für Streichinstrumente. Nr. 211; Concert für
Violine. Begleitung: 2 Violinen, Viola, Baß, 2 Oboen, 2
Hörner. Ausgaben: Stimmen (Offenbach, J. André). —
Nr. 268: Concert für Violine. Begleitung: 2 Violinen,
Viola, Baß, 1 Flöte, 2 Fagotte, 2 Oboen, 2 Hörner. Ausgabe:
Stimmen (Offenbach, J. André). — Nr. 261: Adagio
für Violine. Begleitung: 2 Violinen, Viola, Baß, 2 Flö-
ten, 2 Hörner. Ausgabe wie Nr. 268. — Nr. 269: Rondo
concertant für Violine. Begleitung: 2 Violinen, Viola,
Baß, 2 Oboen, 2 Hörner. Ausgabe wie Nr. 268. — Nr. 373:
Rondo für Violine. Begleitung: 2 Violinen, Viola, Baß,
2 Oboen, 2 Hörner. Ausgabe wie Nr. 268. — Nr. 364. Concertante Symphonie für Violine und Viola. Begleitung: 2 Violinen, Viola, Baß, 2 Oboen, 2 Hörner. Ausgaben:
Partitur, Stimmen und auch arrangirt für Pianoforte zu

4 Händen (Offenbach, J. André). — Concerte für Blasinstrumente.
Nr. 191: Concert für Fagott. Begleitung: 2 Violinen, Viola,
Baß, 2 Oboen, 2 Hörner. Ausgabe: Stimmen (Offenbach,
André). — Nr. 314: Concert für Flöte. Begleitung: 2 Violinen, Viola, Baß, 2 Oboen, 2 Hörner. Ausgabe nicht bekannt,
soll jedoch nach Al. Fuchs gedruckt sein. — Nr. 315: Andante
für Flöte. Begleitung: 2 Violinen, Viola, Baß, 2 Oboen,
2 Hörner. Ausgabe: Stimmen (Offenbach, André). — Nr. 417:
Concert für Horn. Begleitung: 2 Violinen, Viola, Baß,
2 Oboen, 2 Hörner. Ausgabe wie das vorige. — Nr. 495: Concert für Horn. Begleitung und Ausgabe wie Nr. 315 und
417. — Nr. 447: Concert für Horn. Begleitung: 2 Violinen,
Viola, Baß, 2 Clarinetten, 2 Fagotte. Ausgabe: Stimmen
(Offenbach, André). — Nr. 514: Rondo für Horn. Begleitung:
2 Violinen, Viola, Baß, 2 Oboen. Ausgabe (zusammen mit
Nr. 412: Concert für Horn, Begleitung 2 Violinen, Viola, Baß,
3 Oboen, 2 Fagotte, Offenbach, André). — Nr. 622: Concert
für Clarinette. Begleitung: 2 Violinen, Viola, Baß, 2 Flö-
ten, 2 Fagotte, 2 Hörner. Ausgaben: Stimmen Leipzig, Härtl;
Offenbach, André); umschrieben für Viola (Offenbach, André);
umschrieben für Flöte (Leipzig, Breitkopf). — Concerte für das
Clavier. Nr. 175: Concert für Clavier. Begleitung: 2 Violi-
nen, Viola, Baß, 2 Oboen, 2 Hörner, 2 Trompeten und Pauken.
Ausgabe: Stimmen (Offenbach, J. André, zusammen mit dem
Rondo Nr. 382, siehe die letzte Nummer dieser Abtheilung).
— Nr. 238: Concert für Clavier. Begleitung: 2 Violinen,
Viola, Baß, 1 Oboe, 2 Hörner. Ausgaben: Partitur (Paris,
Richault); Stimmen (Leipzig, Breitkopf, Offenbach, J. André).
— Nr. 242: Concert für drei Claviere. Begleitung: 2 Vio-
linen, Viola, Baß, 2 Oboen, 2 Hörner. Ausgaben: das Adagio
daraus mit Orchester arrangirt und mit Vortragsbezeichnung ver-
sehen von K. Evers (Graz, Evers). — Nr. 246: Concert für
Clavier. Begleitung und Ausgaben wie Nr. 238. — Nr. 271:
Concert für Clavier. Begleitung und Ausgabe wie Nr. 338
und 246; überdieß Stimmen auch (Heilbronn, J. Amon). —
Nr. 365: Concert für zwei Claviere. Begleitung: 2 Violi-
Viola, Baß, 2 Oboen, 2 Fagotte, 2 Hörner. Ausgabe

Partitur (Paris, Richault); Stimmen (Leipzig, Breitkopf; Offenbach, André); Arrangement (Mainz, Schott's Söhne). — Nr. 413: Concert für Clavier. Begleitung: 2 Violinen, Viola, Baß, 2 Oboen, 2 Fagotte, 2 Hörner. Ausgaben: Partitur (Paris, Richault); Stimmen (Leipzig, Breitkopf; Wien, Artaria; Offenbach, André). — Nr. 414: Concert für Clavier. Begleitung: 2 Violinen, Viola, Baß, 2 Oboen, 2 Hörner. Ausgaben: Partitur und Stimmen wie bei Nr. 413; überdieß Stimmen (Amsterdam, Schmidt). — Nr. 415: Concert für Clavier. Begleitung: 2 Violinen, Viola, Baß. 2 Oboen, 2 Hörner, 2 Fagotte, Trompeten und Pauken. Ausgaben: Partitur und Stimmen wie bei Nr. 413. — Nr. 449: Concert für Clavier. Begleitung: 2 Violinen, Viola, Baß (2 Oboen, 1 Horn ad libitum. Ausgaben: Partitur (Paris, Richault; Stimmen (Leipzig, Breitkopf; Offenbach, J. André). — Nr. 450: Concert für Clavier. Begleitung: 2 Violinen, Viola, Baß, 1 Flöte, 2 Oboen, 2 Fagotte, 2 Hörner. Ausgaben: Partitur (Offenbach, J. André; Paris, Richault); Stimmen (Leipzig, Breitkopf; Offenbach, André). — Nr. 451: Concert für Clavier. Begleitung wie bei Nr. 450, nur noch dazu 2 Trompeten und Pauken. Ausgaben: Partitur (Paris, Richault); Stimmen (Leipzig, Breitkopf; Offenbach, J. André; Speier, Boßler). — Nr. 453: Concert für Clavier. Begleitung und Ausgabe wie Nr. 450, überdieß Stimmen (Speyer, Boßler). — Nr. 456: Concert für Clavier. Begleitung wie bei Nr. 450. Ausgaben: Partitur (Paris, Richault); Stimmen (Leipzig, Breitkopf; Offenbach, André); arrangirt für Pianoforte allein (Mainz, B. Schott's Söhne). — Nr. 459: Concert für Clavier. Begleitung: 2 Violinen, Viola, Baß, 1 Flöte, 2 Oboen, 2 Fagotte, 2 Hörner, Trompeten und Pauken. Ausgaben: Partitur (Offenbach, J. André; Paris, Richault); Stimmen (Leipzig, Breitkopf; Offenbach, J. André); — Nr. 466: Concert für Clavier. Begleitung wie bei 459. Ausgaben ebenso, nur noch arrangirt für 2 Claviere (Offenbach, J. André) und für Pianoforte allein (Mainz, Schott's Söhne). — Nr. 467: Concert für Clavier Begleitung und Ausgabe wie bei Nr. 466, nur ohne die Arrangements für 2 Claviere und Pianoforte allein. —

Nr. 482: Concert für Clavier. Begleitung: 2 Violinen, Viola. Baß, 1 Flöte, 2 Claviere, 2 Fagotte, 2 Hörner, 2 Trompeten und Pauken. Ausgaben: Partituren (Offenbach, J. André; Paris Richault); Stimmen (Leipzig, Breitkopf; Offenbach, J. André); arrangirt für Pianoforte allein (Mainz, B. Schott's Söhne). — Nr. 488: Concert für Clavier. Begleitung: 2 Violinen, Viola, Baß, 1 Flöte, 2 Clarinetten, 2 Fagotte, 2 Hörner. Ausgaben: Partitur (Offenbach, J. André; Paris, Richault); Stimmen (Leipzig, Breitkopf; Offenbach, André). — Nr. 491: Concert für Clavier, Begleitung: 2 Violinen, Viola, Baß, 1 Flöte, 2 Oboen, 2 Clarinetten, 2 Fagotte, 2 Hörner, 2 Trompeten und Pauken. Ausgaben: Partitur und Stimmen wie bei Nr. 488; außerdem arrangirt für Pianoforte allein (Mainz, B. Schott's Söhne). — Nr. 503: Concert für Clavier. Begleitung: 2 Violinen, Viola, Baß, 1 Flöte, 2 Oboen, 2 Fagotte, 2 Hörner, 2 Trompeten und Pauken. Ausgaben: Partitur, Stimmen und Arrangement für Pianoforte allein wie bei Nr. 491. — Nr. 537: Concert für Clavier. Begleitung: 2 Violinen, Viola, Baß, 1 Flöte, 2 Oboen, 2 Fagotte, 2 Hörner, 2 Trompeten und Pauken ad libitum. Ausgaben: Partitur (Paris, Richault); Stimmen (Leipzig, Breitkopf; Offenbach, André); arrangirt f. Pianoforte allein (Mainz, Schott's Söhne). — Nr. 595: Concert für Clavier. Begleitung: 2 Violinen, Viola, Baß, 1 Flöte, 2 Oboen, 2 Fagotte, 2 Hörner. Ausgaben: Partituren (Offenbach, J. André; Paris, Richault); Stimmen (Leipzig, Breitkopf; Offenbach, André). — Nr. 382: Concert Rondo für Clavier. Begleitung: 2 Violinen, Viola, Baß, 1 Flöte, 2 Oboen, 2 Hörner, Trompeten und Pauken. Ausgaben: Stimmen, zusammen mit dem Concert für Clavier Nr. 175 (Offenbach, André). Von diesen 55 Concerten Mozart's sind 11 für die Violine, eines für die Violine und Viola, je eines für Fagott, Oboe, Flöte und Harfe und für Clarinette, 4 für Flöte, 5 für Horn und 30 für's Clavier, darunter eines für zwei und eines für drei Claviere. Das erste Concert stammt aus dem Jahre 1775, also aus seinem zehnten Jahre; das letzte, für den Virtuosen Stadler componirt, trägt das Datum vom 28. September 1791, also nur wenige Wochen vor seinem Tode. In dieser Gattung Tondichtung zeigt sich am merklichsten Mozart's bis zur letzten Vollendung sich entwickelnder Fortschritt. Das Concert als Tonstück an und für sich ist immer mehr oder minder der eigentliche Werthmesser des Künstlers, und gerade bei Mozart zeigt sich dieß am deutlichsten. Die Concerte aus seiner gereisten Lebensperiode, so von den ersten Achtziger-Jahren an, zeichnen sich durch die Vollendung in der einheitlichen Durchführung eines Gedankens aus, und es ist Thatsache: was Mozart in diesem Tonstücke in Verbindung des Claviers mit dem Orchester geleistet, ist ein Vorbild geworden für alle nachfolgenden Compositionen dieser Art.

Nachdem in der vorstehenden Uebersicht, welcher Ritter von Köchel's „Thematischer Katalog der Werke Mozart's" zu Grunde gelegt worden, von den als vollständig anerkannten 626 Compositionen Mozart's, die durch den Druck bekannt geworden angegeben worden sind, überdieß von jeder Gattung Tonstücke die Zahl genannt wurde, die er componirte, woraus sich ohnehin schon die großartige Thätigkeit dieses Tonheros ergibt, so ist doch damit dieser Gegenstand noch lange nicht erschöpft, da man noch von nicht weniger denn 295 Compositionen weiß, die theils verloren gegangen sind und über deren Existenz Mozart's eigene Briefe Nachricht geben, theils unvollständig übertragen, zweifelhaft oder erwiesen unterschoben sind. Was die verloren gegangenen betrifft, so beschränkt sich ihre Anzahl auf 12, und ist deren schon in den einzelnen Unterabtheilungen dieser General-Uebersicht Erwähnung geschehen. Die Zahl der unvollständigen, deren Mehrzahl im Mozarteum in Salzburg aufbewahrt, das Uebrige aber in einzelnen Händen und Anstalten zerstreut ist, erhebt sich auf 97 Nummern, ungerechnet 41 Blätter verschiedener Stizzen, die auch hie und da zerstreut sich befinden. Die übertragenen Compositionen bilden die ansehnliche Folge von 75 Nummern, es sind meist Kirchenstücke, Cantaten, einige Sonaten, Rondo's, Duo's, Quatuor's und Tänze. Die Zahl der zweifelhaften Compositionen erhebt sich auf 47, es sind darunter 2 Messen, ein Recitativ mit Arie und ein vierstimmiger Gesang; 10 Canone, 6 Sonaten, 1 Romanze für Clavier, 4 Variationen für Clavier, 4 Quartette, 10 Symphonien, 5 Divertissements, eine Nummer „kleine Stücke" für 2 Bassethörner und je ein Concert für Fagott und Violine. Endlich die Zahl der unterschobenen Tonstücke ist bisher auf 63 festgestellt, es sind darunter 10 Kirchenstücke, eine Cantate, 40 Lieder, mehrere Variationen, eine vierstimmige Fuge, eine Symphonie und ein Divertimento.

Außer diesen zahlreichen, zum großen Theile gedruckten und auch ungedruckten Tonwerken in den verschiedensten Richtungen der Musik werden Mozart auch noch einige theoretische Werke über die Tonkunst zugeschrieben, welche hier aufgezählt folgen, von denen jedoch nur die mit einem * bezeichneten wirklich von ihm sind, während bei den Uebrigen in unverantwortlicher Weise — speculationshalber — sein Name mißbraucht worden. *Kurzgefaßte Generalbaßschule von W. A. Mozart (Wien 1847 und noch öfter, bei Steiner). Nissen erwähnt dieser Arbeit in seiner Biographie Mozart's, im Anhang, S. 28. Auch Abt Stadler gedenkt eines Unterrichts in der Composition, den Mozart geschrieben, in seiner Vertheidigung der Echtheit des Mozart'schen Requiem's, 1. Aufl., S 13 und 14; — neu aufgelegt erscheint dieses Werk von *Siegmayer (J. G.). Mozart's Fundament des Generalbasses, herausgegeben und mit Anmerkungen versehen (Berlin 1822, Schüppel) — und die von Siegmayer (J. G.) herausgegebene Theorie der Tonkunst mit Bezug auf die Theorie von W. A. Mozart (Berlin 1854) dürfte nur eine neue Bearbeitung der Mozart'schen Arbeit sein. Schließlich aber muß hier noch auf die in der „Wiener allgemeinen musikalischen Zeitung" 1857, S. 290, ausgesprochenen Bedenken hingewiesen werden. — Cramer (C. F.), Mozart's Clavierschule nebst den bei dem Conservatorium der Musik in Paris angenommenen Grundsätzen der richtigen Fingersetzung auf dem Pianoforte (Paris 1819, Enders); was an dieser Clavierschule Mozartisch ist, läßt sich nicht sagen. Alle nachfolgenden Schriften tragen aber Mozart's Namen als Lockvogel an der Spitze. Mozart hat keinen Antheil daran. Die Titel dieser Falsificate sind: Mozart's Anleitung. Contratänze zu componiren (Hamburg, Kratsch, Fol.) — Anleitung, englische Contratänze mit zwei Würfeln zu componiren (Amsterdam, bei Hummel), desgleichen unter dem französischen Titel: „Méthode pour composer des Contredanses avec un Dé" (Bonn. chez Simrock). — Anleitung. Walzer mit zwei Würfeln zu componiren (Amsterdam, bei Hummel, und Worms, bei Kreitner), auch unter dem französischen Titel: „Méthode pour composer des Walses avec un Dé," (Bonn, chez Simrock), außerdem noch in holländischer und englischer Sprache. Jedenfalls ist hier der Name Mozart's mißbraucht worden, da kein Verzeichniß der Mozart'schen Werke diese musikalischen Werke anführt. — Anleitung, für 2 Violinen, Flöte und Baß so viel Walzer mit zwei Würfeln zu componiren, als man will u. s. w. (Hamburg, 1801, Kratsch). — Violinschule, die neue, vollständige, theoretische und practische für Lehrer und Lernende. 2 Theile in 14 Heften, von Mozart und Joseph Pirlinger (Wien, Wallishausser. Fol.).

II.

Quellen zur Biographie W. A. Mozart's.

a) Selbstständige Werke.

In alphabetischer Ordnung der Autorennamen. Andere selbstständige Schriften, Mozart und seine Werke betreffend, erscheinen in den verschiedenen Abtheilungen. (Arnold, Ignaz Ferdinand) Mozart's Geist, seine kurze Biographie und ästhetische Darstellung seiner Werke (Erfurt 1803, 8º., mit Porträt) [diese Goethe'n gewidmete Schrift, über welche Zelter in seinem „Briefwechsel mit Goethe" eben kein zu schmeichelhaftes Urtheil fällt — vergl. O. Jahn's „Mozart", Bd. I., S. XII — ist anonym erschienen, und das folgende Werk desselben Autors bildet einen Nachtrag dazu]. — (Arnold, Ignaz Ferdinand) Wolfgang Amadeus Mozart und Joseph Haydn. Versuch einer Parallele (Erfurt 1810, 8º. 118 S.) [später zusammen mit Biographien Paesiello's und Zumsteeg's unter dem Titel: Gallerie der berühmtesten Tonkünstler des achtzehnten und neunzehnten Jahrhunderts (Erfurt 1816, J. K. Müller, 8º, 118 S., 44 S. und 168 S) wieder abgedruckt]. — Bombet (J. C.), Lettres sur Haydn suivies d'une vie de Mozart (Paris 1814, 8º.) [unter dem Pseudonym Bombet verbirgt sich der bekannte geistvolle Schriftsteller Louis Alex. César Beyle; übrigens ist die diesen Briefen über Haydn angeschlossene Biographie Mozart's nichts weiter als eine Uebersetzung des Schlichtegroll'schen Nekrologes, und später das Ganze in neuer Bearbeitung unter dem Titel: „Vie de Haydn Mozart et Metastase" (Paris 1817, 8º.), dann in englischer Uebersetzung (London 1817,

8⁰., und wieder Boston 1839, 12⁰.) erschienen]. — W. A. M o z a r t
par le docteur Henri D o e r i n g, traduit de l'allemand par C.
V i e l (Paris 1860). — M o z a r t. Vie d'un artiste chrétien au
dix-septième (?) siècle. Extraite de sa correspondance authenti-
que, traduite et publiée pour la prémière fois en français par
M. l'Abbè G o s c h l e r (Paris 1857, Doniel 8⁰.) [Die Uebertragung
aus „La France musicale" brachte die „Neue Wiener Musik-
Zeitung" von J. G l ö g g l, 1847, Nr. 43 u. f.; G o s c h l e r's Arbeit
war zuerst im Feuilleton des Pariser „Constitutionnel" 1858, Nr.
2. u. f. abgedruckt]. — G r o ß e r (J. E.), Lebensbeschreibung des
K. K. Kapellmeisters Wolfg. Amadeus Mozart. Nebst einer Sammlung interessanter Anekdoten und Erzählungen, größtentheils aus
dem Leben berühmter Tonkünstler und ihrer Kunstverwandten
(Breslau o. J. [1826], in Commission bei J. D. Grüson u. Comp.
XX S. [Pränumeranten-Verzeichniß] u. 143 S. 8⁰.) [S. 1—73
Biographie; S. 73—77 Verzeichniß seiner Compositionen; S. 77
—92 Anekdoten von M o z a r t; S. 97 u. f. Anekdoten von anderen
Musikern]. — Holmes (Edward), The life of Mozart including his
correspondence (London 1845, 8⁰.) [vor J a h n's Biographie
M o z a r t's, das erste gründlich, auf Benützung bisher unberücksichtigt gebliebener Quellen gearbeitete Werk über M o z a r t. J a h n
selbst urtheilt im I. Bande seiner Mozart-Biographie, S. XVII,
folgendermaßen darüber: „Holmes hat sich in der musikalischen
Literatur umgesehen und ein Werk zu Stande gebracht, das ohne
Zweifel für die zuverlässigste und brauchbarste Biographie ange-
sehen werden muß, so weit sie durch geschickte Benützung der
allgemein zugänglichen Hilfsmittel herzustellen war"]. — J a h n
(Otto), W. A. Mozart. 4 Theile (Leipzig 1856—1859, Druck und
Verlag von Breitkopf und Härtel, 8⁰.) E r s t e r T h e i l. Mit zwei
Bildnissen M o z a r t's in Kupferstich und einem Facsimilie seiner
Handschrift. XI und 716 S. Z w e i t e r T h e i l. Mit dem
Bildniß Leopold M o z a r t's in Kupferstich und zwei Facsimiles
von W. A. M o z a r t's Handschrift. VIII u. 568 S. D r i t t e r
T h e i l. Mit M o z a r t's Bildniß nach Tischbein und drei Noten-
beilagen VIII u. 514 S. Die Notenbeilagen umfassen 22 Seiten.
V i e r t e r T h e i l. Mit dem Bildniß des vierzehnjährigen M o z a r t,
sieben Notenbeilagen und einem Namen- und Sachregister. VIII

u. 828 S. Die Notenbeilagen umfassen 16 Seiten. Der erste
Theil enthält zwei Bücher. Das erste Buch behandelt Mozart's
Knabenjahre (1756—1768); das zweite Buch seinen Aufenthalt in
Italien und Salzburg (1769—1777). Der zweite Theil enthält
nur Ein Buch, das dritte, in welchem der Aufenthalt in Mannheim,
Paris und München (1777—1781) dargestellt wird. Der dritte
und vierte Theil zusammen bilden nur Ein Buch, das vierte,
welches die Jahre 1781—1791 umfaßt. [Ueber die Bedeutenheit
dieses Musterwerkes, das seines Gleichen nicht hat, ist bereits im
Texte der Lebensskizze S. 189 das Urtheil gefällt. Vergl. darüber:
Abendblatt der Neuen Münchener Zeitung 1857, Nr. 20; —
Grenzboten 1856, Bd. I, S. 41; — Kölnische Zeitung
1856, Nr. 159 u. 278; — National-Zeitung (Berlin) 1856,
Nr. 461; 1858, Nr. 532 u. 533, im Feuilleton; — Neue Wiener
Musik-Zeitung, Redacteur F. Glöggl, 1860, Nr. 14; — Re-
censionen und Mittheiluugen über Theater und Musik (Wien,
Klemm, 4°.) V. Jahrg. (1859), Nr. 5, S 80; „Oulibischeff's und
Jahn's Mozart". Eine Parallele. Von H. In vorstehenden Recensionen sind nur die wichtigeren genannt. Die Zahl der Anzeigen
ist Legion und ihr Inhalt bedeutungslos.] — Jahn (Otto),
Wolfgang Amadeus Mozart (Leipzig 1867 Breitkopf und Härtel,
gr. 8°.) Zweite durchaus umgearbeitete Auflage, 1. Theil. 4 Thlr.
20 Ngr. [von dieser zweiten Auflage ist bisher nur dieser erste
Band erschienen]. — Lichtenthal (Pietro), Cenni biografici intorno
al celebre maestro W. A. Mozart (Milano 1814, 8°.). [Lichten-
thal ist der Verfasser des von Kennern geschätzten „Dizionario e
Bibliografia della Musica", 4 tomi (Milano 1826). Seine Darstellung des Lebens Mozart's ist ohne irgend ein selbstständiges
Verdienst.] — Lichtenthal (Pietro), Mozart e le sue creazioni
(Milano 1842), eine Gelegenheitsschrift zur Einweihung des Mozart-
Denkmals in Salzburg. — Maurerrede auf Mozart's Tod.
Vorgelesen bei einer Meisteraufnahme in der sehr ehrw. St. Joh.
☐ zur gekrönten Hoffnung im Orient von Wien vom Bdr. H.....r
(Wien 1792, gedr. beim Br. Ign. Alberti. 8°.). — Neujahrs-
blatt der allgemeinen Musikgesellschaft in Zürich, Nr. XX u. XXI
für 1832 und 1833: Biographie von W. A. Mozart. 1. u. 2.
Abthlg. [die Biographie ist von Oberstlieutenant Georg Bürkli].

— Neujahrsblatt der Züricher Musikgesellschaft, Nr. LIV für 1866: „Biographie Mozart's" [22 S. mit 1 Lithogr. Die Biographie ist von Meyer-Stadler]. — Neumann (W.) W. A. Mozart; eine Biographie (Cassel 1854, Balde, 16⁰., mit Portr.) [bildet das 2. Bdchn. des Sammelwerkes: „Die Componisten der neuern Zeit"]. — Niemtschek (Franz), Leben des k. k. Kapellmeisters Wolfgang Gottlieb Mozart, nach Originalquellen beschrieben von — (Prag 1798, 4⁰.; zweite Aufl. 1808, 8⁰.) [eine pietätvolle Arbeit, die erste quellenmäßige Lebensbeschreibung Mozart's, die uns kein entstelltes Bild des Verewigten gibt, nur für die spätere Zeit seines Lebens zu viele Lücken offen läßt]. — Nissen (Georg Nikol. von), Biographie W. A. Mozart's. Nach Originalbriefen, Sammlungen alles über ihn Geschriebenen, mit vielen neuen Beilagen, Steindrücken, Musikblättern und einem Facsimile. Nach dessen (Nissen's) Tode herausgegeben von Constanze Witwe von Nissen, früher Wittwe Mozart. Mit einem Vorworte von Dr. Feuerstein in Pirna (Leipzig 1828, Breitkopf u. Härtel, XLIV u. 702 S. 8⁰, mit Nissen's Porträt als Titelblatt, mit 12 S. qu. 4⁰. als Beilagen zu S. 15 und einer Beilage in qu. 4⁰. zu S. 227). Nach einer oberflächlichen Schilderung der ersten 24 Jahre Mozart's verfolgt Nissen das Leben des Tonheros nach den zehn von 1762—1780 gemachten Reisen desselben, von denen die erste nach München im Jänner 1762 ging, die zweite im October d. J. nach Wien, die dritte (erste große) im Juni 1763 nach Paris, London, Holland, die vierte im September 1767 nach Wien, die fünfte im December 1769 nach Italien, die sechste im October 1772 wieder nach Italien, die siebente im Juli 1773 nach Wien, die achte im December 1774 nach München, die bisherigen Reisen immer in Gemeinschaft mit dem Vater und die ersten zwei auch noch mit seiner Schwester Marianne; die neunte im September 1777 mit seiner Mutter nach Paris; die zehnte Reise im November 1780 nach Wien, um sich dort bleibend niederzulassen. Den Beschluß bildet eine Charakteristik Mozart's als Künstler und Mensch. So lange Jahn mit seinem Werke nicht hervorgetreten war, so lange mochte diese übrigens fleißige und meist aus Mozart's Briefen geschöpfte Arbeit als verläßlichste Quelle über sein Leben gelten. — Nissen (G. N. v.), Anhang zu Wolfgang Amadeus

Mozart's Biographie (Leipzig 1828, Breitkopf u. Härtel, 219 S. 8°.), mit folgenden Kunstbeilagen: Mozart, sein Vater und seine Schwester, an der Wand im Bilde die Mutter, Gruppenbild (4°.); Mozart als siebenjähriger Knabe (8°.); die Inschriften von Nissen's Grabstein (4°.); noch ein Bildniß Mozart's als Mann; Bildniß seiner Gattin; Bildniß seiner beiden Söhne Karl und Wolfgang Amadeus; Ansicht von Mozart's Geburtshaus, und Abbildung von Mozart's Ohr mit Gegenüberstellung eines gewöhnlichen Menschenohrs (alle 8°.). [Der Text des Werkes enthält ein Verzeichniß von Mozart's hinterlassenen Werken; geschichtlich ästhetische Bemerkungen über seine Opern; kritische Bemerkungen über sein Pianofortespiel und seine Compositionen dafür; über seine Instrumentalmusik (Quartette, Symphonien u. s. w.); über seine Kirchen-Compositionen und sein Requiem; Berichte über Mozart zu Ehren aufgestellte Denkmale; über auf ihn geprägte Medaillen; über ihn darstellende Bildnisse in Stich und Holzschnitt, Silhouetten, Gemälde, Büsten und eine Reihe von Gedichten auf Mozart (deren 20), bei denen jedoch kein Autor angegeben ist. Den Schluß bildet eine höchst mangelhafte Mozart-Literatur. Vergl. O. Jahn's „Mozart", Bd. I. S. XII—XVI, der den Werth des oft rücksichtslos und unverständig angegriffenen Buches wieder herstellt.] — Nohl (Ludwig), Mozart. Mit Porträt (in Stahlst.) und einer Notenbeilage (12 S. in qu. gr. 4.) (Stuttgart 1863. Bruckmann V. 592 S. gr. 8.) Oulibicheff (Alexandre), Nouvelle biographie de Mozart; suivie d'un aperçu sur l'histoire générale de la musique et de l'analyse des principales oeuvres de Mozart, 3 vol. (Moscou 1843, 8°.); deutsch übersetzt von A. Schraishuon. 3 Bde. (Stuttgart 1847), schwedisch übersetzt von J. T. Byström, 3 Bde. (Carlskrona 1850—1851, 8°.) [vergl. O. Jahn's „Mozart" Bd. I, S. XVII u. f.] — Pohl (C. F.), Mozart und Haydn in London (Wien 1867, C. Gerold's Sohn, XIV u. 188 S. 8°.), Erste Abtheilung: „Mozart in London, nebst einem Facsimile einer Handschrift Mozarts". [Mit einer Schilderung der Musikzustände im London im Jahre 1764 und 1765 beginnend, gibt der Verfasser nun ausführlichere Bilder der musikalischen Vereine, der Concerte, Oratorien und der Oper in London, dann erst erzählt er, auf quellenmäßige Daten gestützt, Mozart's Aufenthalt in

London in den Jahren 1764 und 1765, gibt eine interessante Uebersicht der ersten Aufführungen Mozart'scher Werke in London, und schließt mit biographischen Notizen jener Persönlichkeiten, die in dieser Darstellung bemerkbarer hervortreten. Eine mit gewissenhaftem Fleiße und aller Gründlichkeit ausgeführte Bearbeitung dieser Periode in Mozart's Leben. Ueber Pohl's „Mozart und Haydn" vergleiche: Blätter für literarische Unterhaltung 1867, Nr. 44, S. 700,] — Roche (Edmond), Mozart; étude poétique Paris 1853, 8⁰.). — Sattler (Heinrich), Erinnerung an Mozart's Leben und Wirken, nebst Bemerkungen über seine Bedeutung für die Tonkunst (Langensalza 1856, Schulbuchhandlung, 8⁰.) — Schlosser, (Johann Aloys) W. A. Mozart, eine begründete und ausführliche Biographie desselben (Prag 1828, 8⁰., mit Portr.; dritte Auflage 1844) [nach Jahn's „Mozart", I, S. XII. eine „urtheilslose Compilation"]. — Schizzi (Folchino), Elogio storico di W. A. Mozart (Cremona 1817. 8⁰.) [ein italienisches Panegyrikon ohne weitere Bedeutung.] — Schlichtegroll (Friedrich), Mozart's Biographie (Gotha 1793); nachgedruckt unter dem Titel: Mozart's Leben. Grätz 1794. bei Josef Georg Hubeck, 8⁰., 32 S. [Der Nachdruck trägt das Motto aus Cicero: „Assentior: nil tam facile in animos teneros atque molles influere quam hujus hominis sonos, quorum dixi vix potest, quanta sit vis in utramque partem. Namque et incitat languentes et languefacit excitatos et tum remittit animos, tum contrahit". Der Schlichtegroll'sche Nekrolog ist, was Mozart's Jugendzeit betrifft, genau und zuverlässig, weil aus den Mittheilungen seiner Schwester geschöpft. Vom Jahre 1773, S. 27, an ist alles flüchtig, im höchsten Grade lückenhaft und oberflächlich, wie sich schon daraus entnehmen läßt, daß eben die Periode der Männlichkeit und künstlerischen Vollendung von 1773—1791 in fünf Seiten abgethan ist, während die des Werdens und Sichbildens 27 Seiten umfaßt. Zudem ist das Urtheil über Mozart den Menschen leichtsinnig, auf Grund einer durch seine zahlreichen Gegner künstlich gebildeten öffentlichen Meinung gefaßt und in Ganzen so verletzend, daß Mozart's Witwe, um die Verbreitung dieses Gratzer Nachdrucks zu verhindern, den Rest der Auflage aufkaufte. Vergl. O. Jahn's „Mozart", Bd. I. S. IX.] — Siebigke (Christian Albrecht Leopold). Kurze

Darstellung des Lebens und der Manier Mozart's (Breslau 1801,
8⁰.). — (Winkler, Theophile Frédéric.) Notice biographiquesur
J. C. W. T. Mozart (Paris et Strasbourg an X [1801,] 8⁰.).

Selbstständige Schriften anonymer Autoren.

Biographische Skizze von W. A. Mozart (Salzburg
1837, 12⁰., mit Portr.). — Mozart's Biographie in musikalischer
Hinsicht. Von N. Br. (Prag 1797, 8".). — Biographische
Skizze von W. A. Mozart (Salzburg 1837, 12⁰., mit Portr.)
— Wolfgang Amadeus Mozart. Sein Leben und Wirken
(Stuttgart 1858. Köhler'sche Verlagsbuchhandlung. 8⁰., 5 unpag.
Bl. u. 158 S.) [enthält: 1) W. A. Mozart. Sein Leben und
Wirken; 2) Interessante Notizen über W. A. Mozart; 3) Brief=
wechsel Mozart's mit seinem Vater und seiner Schwester; 4) Kri=
tiken über einige Mozart'sche Werke. Als Verfasser dieser anonym
erschienenen Schrift über Mozart wird Marx bezeichnet].

b) Kleinere Biographien in lexikalischen, encyklopädischen und Sammelwerken, in Zeitschriften u. dgl. m.

Daß diese Literatur ungleich reicher ausfallen könnte, braucht
kaum erst bemerkt zu werden. Hier ist nur auf die erheblicheren,
manchmal durch die kritisch-ästhetischen Anschauungen bemerkens=
werthen Arbeiten — die freilich nach Jahn's Biographie theilweise
auch ihre Bedeutung verloren haben — Bedacht genommen. Ein=
zelne, wie z. B. Gerber's Biographie in seinem Lexikon, Schlich=
tegroll's auch besonders gedruckt erschienene in seinem „Nekrolog
der Deutschen", jedoch diese nur bis zu Mozart's Reise nach
Wien, 1781, behalten immer Werth. Auch diese Quellen folgen
hier in der alphabetischen Folge ihrer bibliographischen Schlagworte.
Baur (Samuel), Gallerie historischer Gemälde aus dem achtzehnten
Jahrhundert. Ein Handbuch für jeden Tag des Jahres (Hof 1805.
Gottfr Adolph Grau. 8⁰) IV. Theil. S. 369. — Brockhaus'
Conversations-Lexikon. 10. Aufl. X. Bd. S. 700. — Das Buch
der Welt (Stuttgart, Hoffmann, 4⁰.) Jahrg. 1844. S. 229 –
233; „Mozart". von E. Ortlepp. — Les Musiciens célèbres
depuis le seizième siècle jusqu'à nos jours, par Félix Clément
(Paris 1868, L. Hachette, gr. 8⁰.) p. 221 – 247. „Mozart". —

Didaskalia. Blätter für Geist, Gemüth und Publizität (Frankfurt a. M., 4°.) 1856, Nr. 15—23; „Wolfgang Amadeus Mozart". Nach biographischen Quellen bearbeitet von Karl Gollmick. — Dlabacz (Gottfried Johann), Allgemeines historisches Künstler-Lexikon für Böhmen und zum Theile auch für Mähren und Schlesien (Prag 1815, Gottlieb Haase, kl. 4°.) Bd II, Sp. 34 — Erdèlyi Museum, d. i. Siebenbürgisches Museum, VIII Heft, S. 104 u. f. — Fetis, Biographie universelle des musiciens etc. etc. — Gaßner (F. S. Dr.), Universal-Lexikon der Tonkunst. Neue Handausgabe in einem Bande (Stuttgart 1849, Franz Köhler, Lex. 8°.) S. 625—630. — Gerber (Ernst Ludwig), Historisch-biographisches Lexikon der Tonkünstler (Leipzig 1790, J. G. J. Breitkopf, gr. 8°) Bd. I, Sp. 977. — Derselbe, Neues historisch-biographisches Lexikon der Tonkünstler (Leipzig 1813, A. Kühnel, gr. 8°.) Bd. III, Sp. 475—498. — Grohmann (Johann Gottfried), Neues historisch-biographisches Handwörterbuch, oder kurzgefaßte Geschichte aller Personen, welche sich durch Talente, Tugenden, Erfindungen, Irrthümer u. s. w. u. s. w. einen ausgezeichneten Namen machten u. s. w. (Leipzig 1796, u. f. Baumgärtner, 8.) Bd. V, S. 359. — Hormayr (Jos. Freih. v.), Oesterreichischer Plutarch (Wien 1807, Doll. 8°.) Bd. VIII, S. 129. — Meyer (J.), Das große Conversations-Lexikon für die gebildeten Stände (Hildburghausen, Bibliogr. Institut, gr. 8°.) Bd. XXII, S. 279, Nr. 2. — Milde (Theodor). Ueber das Leben und die Werke der beliebtesten deutschen Dichter und Tonsetzer (Meissen 1834, F. W. Goedsche, kl. 8°.) Zweiter Theil, von den deutschen Tonsetzern, S. 58—81: „Wolfgang Amadeus Mozart". — Allgemeine Musik-Zeitung, Bd. I, S. 17, 49, 81, 113, 145, 177, 289, 480, 854; Bd. II, S. 300; Bd. III, S. 450, 493 u. 590: „Mozart's Charakterzüge von Rochlitz" [über diese später von Cramer in's Französische übersetzten Anekdoten vergleiche die sehr wichtige Bemerkung O. Jahn's in seinem „Mozart", Bd. I, S. X u. f., wo er die Glaubwürdigkeit dieser Mittheilung anzweifelt.] Neue Zeit (Olmützer polit. Blatt), redig. von G. Ohm-Januschowsky, 1856, Nr. 10—18: „Mozart". — Neuer Plutarch, oder Biographien und Bildnisse der berühmtesten Männer und Frauen aller Nationen und Stände von den älteren bis auf unsere Zeiten.

Vierte Auflage Mit Verwendung der Beiträge des Freiherrn
Ernst von Feuchtersleben, neu bearbeitet von Aug. Diezmann
(Pest, Wien und Leipzig 1858, C. A. Hartleben, 8⁰.) Bd. I, S.
123. — Nouvelle Biographie générale . . . publiée par
MM. Firmin Didot fréres, sous la direction de M. le Dr. Hoe-
fer (Paris 1850 et seq , 8".) Tome XXXVI, p. 832—854. —
Oesterreichisches Bürger-Blatt (Linz, 4⁰.) 38. Jahrg.
(1856) Nr. 24 — 39: „Mozart" (ausführliche Biographie).
Oesterreichische National-Encyklopädie von Gräffer
und Czikann (Wien, 1833, 8.) Bd. III., S. 713 — 729;
Bd. VI Supplement, S. 563. — Orpheus. Musikalisches Album
für das Jahr 1842. Herausgegeben von August Schmidt (Wien,
Volke, Taschenbuchformat) III. Jahrg. S. 229—239; Biographie
von Heinr. Ritter v. Levitschnigg, und Nachtrag dazu von A.
Schmidt, S. 260—266 (oft nachgedruckt, u. a. im Innsbrucker Tagblatt, VII. Jahrgang (1856), Nr. 19—37 ; — im
Sonntagsblatt. Beiblatt zur neuen Salzburger Zeitung 1856,
Nr. 3, 4, 5). — Pillwein (Benedict), Biographische Schilderungen oder Lexikon Salzburgischer, theils verstorbener, theils
lebender Künstler u. f. w. (Salzburg 1821, Mayr, kl. 8⁰). S.
152—166. — Prager Zeitung 1856, Nr. 20, 23, 24, 25, 27.
„Mozart als Künstler und Mensch. Eine Gabe zu seinem hundertsten Geburtstage". (Von kleineren, das Leben und die Werke
des großen Meisters behandelnden Skizzen oder Studien, wohl
die beste, ebenso von Begeisterung für Mozart durchwebt, wie
in jeder Zeile den gebildeten Musikkenner und Musikforscher ver-
rathend. Hätte wohl eine selbstständige Ausgabe verdient; unter-
zeichnet ist dieser biographische kritisirend-ästhetische Aufsatz mit
folgender Chiffre: Flmn. Dvdler, hinter welcher Chiffre sich
wohl der bekannte Musikhistoriker Ambros verbergen dürfte.)
— Salzburgisches Intelligenzblatt 1796, S. 104 u. f.
— Schlichtegroll (Friedrich) Nekrolog auf das Jahr 1791 (Gotha 1793, Justus Perthes, kl. 8⁰). Zweiter Jahrgang, 2. Band,
S. 82—112: „Johannes Chrysostomus Wolfgang Gottlieb Mozart"; — Supplementband des Nekrologs für die Jahre 1790,
1791, 1792 und 1793 (Gotha 1798, Perthes, kl. 8".). Zweite
Abtheilung, S. 159. — Das Siebengestirn und die kleineren

8 *

Sterngruppen im Gebiete der Tonkunst aus Seraf Lener's Wer=
ken (Pesth 1861; Druck von Johann Herz, Lex. 8°.) Erster Band.
S. 50—70: „Wolfgang Amad. Mozart" (eine der besseren, kleineren Biographien Mozart's, anregend geschrieben). — Slovník naučný. Redaktor Dr. Frant. Lad. Rieger, d. i. Con-
versations=Lexikon. Redigirt von Dr. Franz Lad. Rieger (Prag
1859, Kober, Lex. 8°.) Bd. V. S. 513, Nr. 2 (daselbst wird zu
Ende der Biographie bei Angabe einiger Quellenwerke der treffliche Biograph Mozart's, Otto Jahn, zum Otto Zahn gemacht). — Sonntags=Zeitung (Pesth, bei Gustav Heckenast. 4°)
II. Jahrgang (1856): Nr. 4, S. 27: „Wolfgang Amadeus Mozart" — Tudományos gyüjtemény, d. i. Wissenschaft-
liche Nachrichten (Pesth, 8°.) Jahrgang 1827, Heft 9, enthält im
2. Artikel eine Biographie Mozart's von M. Holeczy. —
Neues Universal=Lexikon der Tonkunst. Angefangen von Dr.
Julius Schladebach, fortgesetzt von Eduard Bernsdorf (Dres-
den 1856, R. Schäfer gr. 8°.) Bd. II. S. 1039—1059, und im
Nachtrag S. 265. — Wiener Zeitschrift von Schick, 1819,
Nr. 3—9: „Biographie Mozart's aus Mittheilungen seiner Gat-
tin und seiner Freunde", von Dr. Eduard Franz Reinhard. —
In der Suite der im Jahre 1862 gehaltenen „Heilbronner Flöten-
vorträge" befand sich als sechster auch ein Vortrag des Prof.
Dr. Planck über Mozart's Leben und Werke. Ob derselbe im
Drucke erschienen, ist nicht bekannt; das Journal: „Die Zeit"
(Frankfurt a. M.) 1862, Nr. 302, gibt in der Beilage eine
Uebersicht des Vortrags.

e) Biographisches (Anekdoten — Einzelne Züge — Episoden aus seinem Leben).

Auch diese Abtheilung könnte den doppelten, ja dreifachen Um-
fang annehmen, wenn ich die verschiedenen Sammelwerke, wie die
Leipziger allg. musikal. Zeitung, die Cäcilia in Mainz, Rellstab's
Iris, die Jena'sche, Berliner, Halle'sche und Leipziger Literatur=
Zeitung und viele andere bis in die kleinen Einzelheiten, dann
einzelne Werke über die Geschichte der Musik, wie Burney's
musikalische Reisen, Th. Busby, Forkel, Jones, Meusel,
Stadler, oder aber die Biographien verschiedener musikalischer

Größen, wie Dittersdorf's, Hiller's, Haydn's von Griesin-
ger, Salieri's von Mosel, Paisiello's, Lorenzo da Ponte's Memorie u. dgl. m. hätte hier aufnehmen wollen. Jedoch
die genannten Werke sind entweder im Besitze jedes Musikhistori-
kers oder ihm doch leicht zugänglich, während die hier berücksich-
tigten Journale und Sammlungen sich der allgemeinen Kenntniß
und Benützung leichter entziehen. Auch war es mir schwer, immer
festzustellen, was erfunden, oder dem Hörensagen nacherzählt ist.
Da jedoch auch dergleichen Mittheilungen ein Stück Wahrheit zu
Grunde liegt, so entschloß ich mich, auch solche aufzunehmen; sie
gehören jedenfalls in den bio-bibliographischen Apparat. Auch
hier ist die alphabetische Folge der bibliographischen Schlag-
wörter beibehalten. Anecdotes sur W. G. Mozart, traduit
de l'allemand par Ch. Fr. Cramer (Paris, Cramer; Henrichs
1801, 8º., 68 S., mit 2 Musiktafeln in 4º.; auch Hamburg o. J.,
8º.). — Badischer Beobachter 1863, Nr. 272, in der Rubrik:
„Manchfaltiges" [über einen Besuch Mozart's in Berlin]. —
Bazar (Berliner Master- und Modenblatt) 1861, Nr. 12: „Ein
Sieg Mozart's". [Episode aus Mozart's und Haydn's Leben].
— Berliner Figaro. Redacteur L. W. Krause, VIII. Jahr-
gang (1838), Nr. 209, S. 834: „Mozart in Berlin". — Die
Biene. Wochenblatt zur Unterhaltung u. s. w. (Neutitschein, 4º.).
VI. Jahrgang (1856). — Nr. 6: „Mozart als Tuchhändler". —
Nr 7: „Die Bauern-Symphonie. Episode aus Mozart's Künstler-
leben". — Böhmisch-Leipaer Wochenblatt 1862, Nr. 23:
„Hm, hm, hm. Zur Entstehungsgeschichte der Zauberflöte" [aus
Rau's Roman: „Mozart"]. — Coburger Zeitung 1863,
Nr. 61, S. 243, „Anekdotisches über Mozart" [aus den in der
Biographie Sulpiz Boisserée's mitgetheilten Tagebuchblättern
desselben]. — Cosmorama pittorico. Giornale storico,
artistico ecc. ecc. (Milano, kl. fol.) 1855, Nr. 69: „Scene sto-
riche. La Copia di un Miserere", di Giacomo Torelli. —
Danziger Dampfboot (Localblatt, 4º.) XX Jahrgang (1850),
Nr. 3 und 4: „Mozart's Reliquien in Salzburg" [enthält auch
mehrere Züge aus Mozart's Leben, wie solche die hochbejahrte
Schwägerin Mozart's, Frau Haibel, einem Besucher, der Mo-
zartische Reliquien sehen wollte, erzählte]. — Deutsche allge-

meine Zeitung (Leipzig, Brockhaus 4°.) 1856 Nr. 23, S. 190 und 191: „Mozart in Leipzig." — Dictionaire critique de Biographie et d'Histoire. Errata et Supplément pour tous les dictionaires historiques, d'aprés de documents authentiques, inédits. Par A. Jal. (Paris 1867, Henri Plon, gr. 8°.) p. 895, mit Mozart's Facsimile. — Erinnerungen. (Prager Unterhal-tungsblatt 4°.) 1856 S. 47 u. f.: „Mozart. Eine Erinnerung an Deutschlands größten Tondichter" — Europa (Leipzig) 1863, Nr. 13: „Aus Mozart's Herzensgeschichte" [auch in dem Prager Unterhaltungsblatte: „Erinnerungen", LXXXV. Bd. (1863), S. 733. — Feierstunden, herausgegeben von Ebersberg (Wien, 8°.) 1832, Bd. I, S. 123: „Aus Mozart's Leben" [meh-rere Züge aus seinem Leben]. — Figaro (Berlin, schm. 4°.) 1824. S. 131, in der Rubrik: „Frankfurt am Main", befindet sich eine dem „Phönix" von Duller entnommene verbürgte (?) Anekdote, Mozart betreffend; — derselbe, Jahrg. 1838, S. 487: „Mozart" [aus Mozart's Kindheit. die Geschichte, wie er zu dem prächtigen Kleidungsstücke kam, in dem ihn sein Vater malen ließ]. — La France musicale (Paris, 4°.) 1856. Nr. 25, p. 201: „Sou-venir de la vie de Mozart" [betrifft Mozart's Auftreten bei Hofe, wo er mit einem Rivalen zusammentraf, der ihn zu ver-dunkeln — vergeblich — versuchte]. — Frankfurter Konver-sationsblatt 1856 Nr. 15, S. 58: „Mozartiana. 1. Mozart als Kind und Knabe; 2. Mozart am kaiserlichen Hof"; Nr. 20, S. 79: 3. „Der kleine Wolfgang Mozart; 4. Mozart's erste Liebe"; Nr. 24: S. 93: „Wie Mozart componirte"; dasselbe, 1859, Nr. 150, S. 599: „Eine Mozart-Geschichte" — Frauenzeitung. Ein Unterhaltungsblatt für und von Frauen. Herausgegeben von Louise Marezoll, 1838, Nr. 12 u. f.: „Bruchstücke aus Mo-zart's Leben von Adeline von D . . . . .". — Der Freischütz (Hamburger Unterhaltungsblatt, 4°.) 1835, Nr. 46: „Mozart als Knabe in Paris" [deßhalb bemerkenswerth, weil diese Notiz ein wörtlicher Abdruck aus den „hochfürstlichen bambergischen wöchent-lichen Frag- und Anzeige-Nachrichten vom Freitag den 30. Martii 1764" ist]. — Fremden-Blatt von Gustav Heine (Wien, 4°.) 1867, Nr. 15: „Mozart in Olmütz" [Mozart befand sich im Jahre 1767 in Olmütz, wo er die Blattern bekam und meh-

rere Wochen an's Krankenlager gefesselt war]. — Gmundner
Wochenblatt (4°.) VI. Jahrg. (1856), Nr. 6: „Einzelnes aus
dem Leben Mozart's". — (Gräffer, Franz) Josephinische
Curiosa (Wien 1848, Klang, 8°.) Drittes Bändchen, S. 170.
Nr. 44: „Mozart bei Hofe; Joseph's Urtheil über ihn" — Hul-
digung. Prämien-Album in Wort und Bild. Herausgegeben
von Johann von Hradisch (Neu-Titschein 1856. 4°.) S. 107 bis
112: „W. A. Mozart". — Der Humorist. Von M. G. Saphir.
(Wien, 4°.) III. Jahrg, (1839), Nr. 191: „Mozart unter den
Kleinen"; von Wedel. — Jahrbuch für Landeskunde von
Niederösterreich. Herausgegeben von dem Vereine für Landeskunde von
Niederösterreich. (Wien 1868, Selbstverlag des Vereins, gr. 8°.)
I. Jahrg. (1867), S. 356: „Zur Biographie W. A. Mozart's",
mitgetheilt durch Dr. Ludwig Ritter von Köchel [authentische
Daten — mit Anführung der dießbezüglichen amtlichen Erlässe
ihrem Wortlaute nach über Mozart's Anstellung als Kammer-
musikus und die seiner Witwe zuerkannte Pension]. — Illustrir-
tes Familienbuch zur Unterhaltung und Belehrung häuslicher
Kreise, herausgegeben vom österreichischen Lloyd (Triest, 4°.)
I. Jahrg. (1851), S. 74: „Eine Scene aus Mozart's Leben" erzählt die Entstehungsgeschichte des komischen Canons, dem die
Worte: „O du eselhafter Martin, o du martinischer Esel" untergelegt sind (v. Köchel's Them. Katalog der Werke Mozart's,
Nr. 560), und des Finales im 1. Akte von „Figaro's Hochzeit"].
— Illustrirtes Familien-Journal. Redigirt von A. G.
Payne in Leipzig (4°.) VI. Band (1856), S. 763 [Erzählung,
wie das Mozart fälschlich zugeschriebene geschmacklose Quartett
entstanden sein soll, welches den drolligen Titel hat: „Quartett
für solche Leute, die Noten kennen und, ohne die Finger zu bewegen, mit dem Bogen nur auf und ab die leeren Saiten zu
streichen haben"]. — Die illustrirte Welt (Stuttgart, Hallberger, schm. 4°.) 1857, S. 40: „Wolfgang Amadeus Mozart"
kurze Mittheilung, nur deshalb bemerkenswerth, weil das oft
erwähnte, aber selten mitgetheilte Urtheil Grimm's über Mozart,
als er als Kind in Paris sich hören ließ, daselbst abgedruckt steht].
— Innsbrucker Nachrichten (Localblatt, 8°.) 1855, S. 478:
„Aus dem Leben Mozart's" [die Geschichte des dreistimmigen bei

Cantor Doles in Leipzig componirten, verloren gegangenen Doppel=Canons mit dem Doppeltexte: „Lebt wohl, wir sehen uns wieder — Heult nicht gar wie alte Weiber!" Siehe v. Köchel's Them. Katalog, S. 498, Nr. 4]. — L'Italia musicale. Giornale di letteratura, belle arti, teatri e varietà (Milano. kl. fol.) Anno X (1855), Nr. 58 e 60: „La gioventù di Mozart", Autore Emilio Treves. — Leipziger Lesefrüchte, IV. Jahrgang (1835) Bd. I, S. 652—656: „Anekdoten von Mozart' [aus seinen Knabenjahren; — über die Aufführung des „Don Juan" in Prag, der daselbst bis zum Jahre 1835 hunderteinundfünfzig Mal in italienischer, hundertsechzehn Mal in deutscher Sprache gegeben worden, u. dgl. m.]. — Linzer Wochen=Bulletin für Theater, Kunst und geselliges Leben. Redacteur J. A. Rossi, XV. Jahrg. (1862), Nr. 1—3: der „Mozart=Harfenist in Lerchenfeld zu Wien", von Hermann [aus Mozart's Leben, seine Besuche bei der blauen Flasche in Altlerchenfeld, wo er besonders Kegel zu schieben liebte, betreffend. Der Harfenist, der dort zu spielen pflegte, spielte einst in Mozart's Gegenwart die Menuet aus dessen G-dur-Symphonie. Er spielte es so gut, daß Mozart auf ihn zutrat und ihm versprach, Etwas für ihn zu componiren, und in der That brachte er ihm in einigen Tagen eine Sammlung für die Harfe gesetzter Tänze, Märsche und Serenaden. Was daran wahr ist, läßt sich daraus entnehmen, daß Mozart außer in Paris für die Herzogin von Luynes, nach Jahn Guines, nichts für die Harfe, die überhaupt nicht sein Lieblingsinstrument war, componirt hat]. — Linzer Zeitung 1863, Nr. 130 u. f.: „Aus Mozart's Herzensgeschichte" [betrifft Mozart's erste Liebe zu Aloisia Weber]. — Lumir. belletristicky tydennik, d. i. Lumir, belletristisches Wochenblatt. Herausgegeben von Mikowec, (Prag 8°.) Jahrg. 1851, Nr. 32, S. 760; „Zpominky na Mozarta", d. i. Erinnerungen an Mozart. — Magazin für die Literatur des Auslandes (Berlin, kl. Fol.) 1839, Nr. 63: „Mozart's erste Reise nach Paris". von Fétis. — Allgemeine Modenzeitung, redigirt von Diezmann (Leipzig, 4°) 1857, Nr. 5, S. 37: „Mozart's Urtheil über Wieland" [aus einem Briefe Mozart's]. — Morgenblatt (Stuttgart. 4°.) 1820, Nr. 87, S. 352: „Ueber Mozart's Anwesenheit in Leipzig". — Morgenblatt zur baierischen Zeitung (München) 1863, Nr. 220 und 221: „Künstler=Silhouetten aus Münchens alter Zeit", von F. Rudhart [interessante neue Einzelheiten über Mozart's ersten Aufenthalt in München im Jahre 1777]. — Musée des familles (Paris. schm. 4⁰). Dix-neuvième volume (1852), p. 161: „Wolfgang Mozart et Marie Antoinette". Par Pitre-Chevalier. — Allgemeiner musikalischer Anzeiger. Von J. F. Castelli (Wien, Haslinger, 8⁰.) VII. Jahrg. (1835), S. 191: „Ueber Mozart's Aufenthalt in Paris im Jahre 1763" [ein Brief, datirt Paris, 20. Marti, unterschrieben J. G. Mozart (?)]. — Wiener allgemeine Musik=Zeitung. Redigirt von August Schmidt, VI. Jahrg. (1846), Nr. 39: „Characteristische Züge aus dem Leben L. v. Beethoven's und W. A. Mozart's" [bisher noch ungedruckt]. von Alois Fuchs; — dieselbe, Nr. 107, 108, 114: „Miszellen: Mozart und die Sängerin Buonsolazzi"; — „Mozart über die Tempo's seiner Compositionen" u. m. a. [aus dem im Jahre 1830 bei Fr. W. Goedsche in Meißen erschienenen „Musikalischen Gesellschafter" von Joh. Fr. Häuser; wenig bekannte Anekdoten aus Mozart's Leben]. — Neue Zeit (Olmützer Blatt) 1865, Nr. 252—259: „Mozart's Aloisia", von Ludwig Nohl [es betrifft Aloisia Weber, Mozart's Jugendgeliebte, die nachmalige k. k. Hofsängerin, verehelichte Lange, und Schwester von Mozart's Frau Constanze, Aloisia, bildet in Mozart's Gefühlsleben eine nicht unbedeutende Rolle und die leidenschaftsvolle Haltung manches Tonstückes möchte auf Aloisia zurückzuführen sein]. — Nohl (Ludwig), Der Geist der Tonkunst (Frankfurt a. M. 1861, J. D. Sauerländer, 8⁰.) S. 62—85: „Mozart". — Oesterreichische illustrirte Zeitung (Wien, 4⁰.) 1856, Nr. 22: „Mozart's Schwanengesang" [die vielfach nachgedruckte und wieder mit Varianten erzählte Geschichte von dem Trödler Rutter (oder Rutler, Rütler) und seinen 14 Kindern, welche mit nur wenig veränderten Worten der Berliner „Bazar" 1857, Nr. 5, unter dem Titel: „Mozart's Geige" brachte]. — Omnibus (Brünner Unterhaltungsblatt, 8⁰.) 1856, Nr. 9, S. 70: „Mozart's erste Liebe"; — dasselbe Blatt 1856, Nr. 9, S. 70: „Ein Spaß. Seitenstück zur Bauern-Symphonie von Mozart". [Eine lustige Episode aus Mozart's Leben, in der auch Vater

Haydn eine Hauptrolle mitspielt. Auch abgedruckt im „Bahn=
hof" (Wien, kl. Fol.) 1856, Nr. 24, im Feuilleton.] — Omni=
bus (Hamburger Unterhaltungsblatt, 4°.) 1863, Nr. 7, S. 82:
„Mozart und Schikaneder", von Schmidt=Weissenfels. [Dieser,
die Geschichte der Entstehung der Oper „Die Zauberflöte" erzäh=
lende Aufsatz ist auch deshalb bemerkenswerth, weil er ganz irrig
den 5. December 1792, statt 1791, als Mozart's Todestag an=
gibt.] — Pappe (J. J. C.), Lesefrüchte vom Felde der neuesten
Literatur (Hamburg, 8°.) 1820, 3. Bd. S. 401, 439, 458; IV. Bd.
S. 101: „Notizen über Haydn und Mozart", aus dem „Edinburgh
Review, May 1820" [anekdotisch, aber manches nicht oder doch
wenig Bekanntes enthaltend]; — dieselben, 1821, Bd. I, Stück 11:
„Mozart's Bildungsgeschichte", von Dr. C. F. Reinhard; —
dieselben, 1852, Bd. II, 5. Stück. S. 73: „Eine Scene aus
Mozart's Leben" — Erzählung des Ursprungs des berühmten
komischen Canon: „O du eselhafter Martin — o du martinischer
Esel". Vergl. oben das Illustr. Familienbuch des österr. Lloyd];
— dieselben, 1853, Bd. II, S. 407: „Aus Mozart's Leben" [aus
C. Golmick's „Rosen und Dornen"]. — Pest=Ofner Zei=
tung 1857, Nr. 288. im Feuilleton: „Mozart's Ehe=Contract"
Preßburger Zeitung 1858, Nr. 94, im Feuilleton: „Mozart
als Brautwerber". [Eine Episode aus Mozart's Knabenalter;
auf Grund des Vorfalls, der hier erzählt, wurde Mozart in
Gallakleidern, welche ihm die Kaiserin geschenkt, gemalt, und sind
darnach Bildnisse gestochen worden. Das Originalgemälde befand
sich im Nachlasse der Witwe Mozart's und dürfte aus demselben
in das Salzburger Mozarteum gekommen sein.] — Recensionen
und Mittheilungen über Theater und Musik (Wien, Löwenthal,
4°.) XI. Jahrgang (1865), erstes Halbjahr, Nr. 6, S. 81: „Zur
Mozart=Biographie", von Alfred v. Wolzogen [betrifft die beiden
Brüder Johann Baptist und Franz Anton Wendling und Mo=
zart's Beziehungen zu ihnen, die er während seines Mannheimer
Aufenthaltes 1778 kennen gelernt]. — Rheinische Blätter.
Unterhaltungsbeilage der Mainzer Zeitung 1856, Nr. 96, S. 384:
„Mozart als Concertgeber in Frankfurt" [Abdruck der naiven
Concertanzeige vom 30. August 1763"; Mozart trat als sieben=
jähriger Knabe auf]. — Intelligenzblatt zur Salzburger Lan=

des-Zeitung 1856, Nr. 5 und 6: „Mozart's Kindeszeit" [aus Schachtner's, von Otto Jahn zuerst mitgetheiltem Briefe]; — dasselbe, 1856, Nr. 79: „Die Bauern-Symphonie. Episode aus Mozart's Kunstleben"; — dasselbe, 1856, Nr. 99 [aus Mozart's Leben. Seine Begegnung mit der Primadonna Buonsolazzi] — Sammler (Wiener Unterhaltungsblatt; 4⁰.) 1810, S. 574 [zur Geschichte der Opern „Idomeneo" und „Clemenza di Tito"]; — dasselbe Blatt, 1818, Nr. 79, S. 318: „Einiges aus Mozart's Kinderjahren". — Schlesische Zeitung (Breslau) 1855, Nr. 178: „Zur Erinnerung an Mozart" [Erzählung wie Allegri's berühmtes „Miserere mei Domine" durch Mozart's außerordentliches Gedächtniß Gemeingut geworden. Nach einmaligem Hören der Probe, da es bei Todesstrafe nicht copirt werden durfte, schrieb es Mozart zu Hause nieder und ergänzte das etwa Fehlende nach der Aufführung am Charfreitage, welcher er wieder beigewohnt]; — dieselbe, 1858 Nr. 611; „Aus Mozart's Leben" [Mozart's Besuch bei dem Schulmeister von Kritzendorf, einem unweit Klosterneuburg gelegenen Dörfchen, wo Mozart in der heitersten Laune von der Welt seinem Humor ganz die Zügel schießen ließ]. — Siebenbürger Bote (Hermannstadt, gr. 4⁰.; 1856, Nr. 154: „Mozart's erste Liebe". — Skizzenbuch aus Salzburg. Der Reinertrag ist für die durch den Brand vom 21. April 1865 verunglückten Bewohner von Radstadt bestimmt (Salzburg 1866, Mayr'sche Buchhandlung) [enthält neue Mozartiana, darunter ein Tagebuch-Fragment der Schwester Mozart's und mehrere Briefe von Mozart selbst]. — Sonntagsblatt. Beiblatt zur Neuen Salzburger Zeitung 1856, Nr. 5: „Aus Mozart's Leben" [von einer Schülerin Mozart's, Frau Antonia Haradauer, geb. Huber, erzählt]; — dasselbe, 1856, Nr. 46 „Mozart im Jahre 1778 in Paris" [Erwähnung eines Aufsatzes in der „Revue française" 1856, worin die Erlebnisse Mozart's bei seinen Bemühungen, einen tauglichen Operntert zu finden, erzählt werden]. — Allgemeine Theater-Chronik (Leipzig 4⁰.) 1856, Nr. 19—21: „Einzelne Scenen aus Mozart's Leben" [einzelnes Neue oder doch wenig Gekanntes]. — Allgemeine Theater-Zeitung, herausgegeben von Adolph Bäuerle (Wien, gr. 4⁰.) 22. Jahrg. (1829), Nr. 121: „Mozart und Schikaneder"

— dieselbe, 32. Jahrg. (1839), Nr. 42: „Kleine Denkwürdigkeiten Mozart's", von J. B. Weiß; Nr. 177, S. 856: „Mozart und Doles"; — dieselbe, 38. Jahrg. (1845), Nr. 70 und 71, S. 283: „Ein Memoire aus dem siebenten Lebensjahre Mozart's"; — dieselbe, Jahrg. 1860, Nr. 22: „Mozart und der Todtengräber" Gelegenheitsskizze [wird ein Gräberbesuch, den Mozart mit seiner Frau am 3. November 1787 auf dem St. Marrer Fried- hofe gemacht haben soll, erzählt. Ob Wahrheit, ob Dichtung, ist nicht entschieden]. — Transactions philosophiques (Londres, 8°.) Tome LX (1770), enthält die „Notice sur un jeune musicien très remarquable", die aus einem Briefe von Dai- mes Barrington an Mathieu Maty, ddo. 28. Novembre 1769, besteht und Nachrichten über Mozart's Jugend mittheilt. — Wanderer (Wien. politisches Blatt) 1866, Nr. 81: „Mozart als Freimaurer". — Westermann's Monatshefte 1865, Maiheft: „Mozart's Aloisia". von Nohl [oft nachgedruckt]. — Wiener Abendpost. Abendblatt der Wiener Zeitung 1866, Nr. 206: „Mozart in Dresden", von M. (eynert). — Wiener Courier 1856, Nr· 26: „Mozart, Frau von Pompadour und die Katze". — Wiener Mode-Spiegel (ein Modeblatt, schm. 4°.) 1856. Beilage; Lesehalle, Nr. 5, in der Rubrik: „Lesehalle" [Erzählung eines Vorfalles aus Mozart's Jugend]. — Wiener Telegraf (ein Localblatt) 1856, Nr. 15: „Aus Mozart's Kindheit". — Wiener Zeitschrift. Von Schickh, 1819, Nr. 9—32 und Nr. 41, 44, 49: „Biographische Züge aus Mozart's Leben". — Zellner's Blätter für Musik, Theater u. s. w. (Wien, kl. Fol.) 1866, Nr. 104: „Dose oder hundert Ducaten. Aus Mozart's Leben" [Episode aus seinem Aufenthalte in Dresden im April 1789]. — Die Zeit. Berliner Morgenzeitung 1856, Nr. 12: im Feuille- ton: „Aus Mozart's Kindheit". — Zeitung für die elegante Welt 1845, S. 772, im „Feuilleton" [über Mozart's große Geldverlegenheiten kurz nach seiner Verheiratung, eine traurige Darstellung]. — Zwischen-Akt (Wiener Theaterblatt) 1858, Nr. 79: „Theater-Anekdote" [ein rührender Zug von Mozart's Armuth]. — „Aus Mozart's Leben". Vortrag des Hofrathes Berly bei dem großen, zu Mozart's Gedächtniß abgehaltenen Musik- feste in Frankfurt a. M. am 5. Jänner 1838 [ob gedruckt, unbekannt].

III.

Mozart'sche Gedenktage.

Das Jahr, die Stunde, ja der Augenblick,
In welchem Menschen Göttliches gestalten,
Er ist dahin, kein Gott ruft ihn zurück:
Doch die Erinnerung soll ihn erhalten.

Obwohl durch Datumangaben seiner Compositionen diese
Mozart-Chronologie ungleich weiter sich ausdehnen ließe, so erschien
es mir doch angemessen, eben um die Sache präciser und dadurch
fesselnder zu gestalten, nur historisch interessante Daten in den
Bereich dieser Chronologie zu ziehen, dadurch aber auch eine
wesentliche Ergänzung zur Lebensskizze S. 1—67 zu bieten.

1719, 14. November: Leopold Mozart's, Vater des Wolfgang Amadeus, Geburtstag.

1747, 21. November: Hochzeitstag Leopold Mozart's des
Vaters mit seiner Gattin Anna Maria.

1751, 30. Juli: Geburtstagsdatum der Schwester Mozart's
Maria Anna.

1756, 27. Jänner: des Wolfgang Amadeus Mozart **Geburtstag.** Er wurde in Salzburg geboren und Tags darauf in der
Taufcapelle des Salzburger Domes getauft. Hie und da wird,
und zwar mit absoluter Bestimmtheit der 27. Juni — und nicht
der 27. Jänner — 1756 als Mozart's Geburtstag bezeichnet.
Gegen diese Angabe streiten das Taufbuch [siehe Jahn's „Biographie Mozart's", I. Bd. S. 26, und Anmerkung ebenda]: und
Mozart's eigene Angabe in seinem Briefe ddo. München,
10. Jänner 1781, in welchem er den Aufschub der Aufführung

seines „Idomeneo" berichtet und schreibt: „Die Hauptprobe ist erst 27. Jänner, NB. an meinem Geburtstage, und die erste Opera am 29. d. M. [Vergl. Nissen's „Biographie Mozart's", S. 432; Nohl's „Briefe Mozart's", S. 258, und Dr. F. S. Gaßner's „Zeitschrift für Deutschlands Musik-Vereine und Dilettanten" (Carlsruhe. Chr. Fr. Müller, 8°.) II. Bd. (1842), S. 229.]

1761, 26. Jänner: Dieses Datum ist auf einem ziemlich schweren Clavierstück, welches das Mozarteum in Salzburg aufbewahrt, mit folgender Bemerkung zu lesen: „Diesen Menuett und Trio hat der Wolfgangerl am 26. Jänner 1761, einen Tag vor seinem fünften Jahr, um halb 10 Uhr Nachts, in einer halben Stunde gelernt". [Neue freie Presse 1867, Nr. 1076, im Feuilleton.]

1763, 30. August: Dieses Datum trägt die interessante Anzeige, welche das Auftreten des siebenjährigen Mozart und seiner Schwester in Frankfurt a. M. ankündigt. Die Anzeige wurde von Frau Belli-Gontard aus dem Frankfurter Intelligenzblatte jenes Jahres mit vielen anderen merkwürdigen Notizen aufgefunden und im Frankfurter Conversationsblatte veröffentlicht, aus welchem diese Anzeige auch in die „Rheinischen Blätter" 1856, Nr. 96, überging. 14. October: Datum der von Mozart componirten Sonate für Clavier und Violine, welche als opus 1 zuerst in Paris gedruckt erschien und der französischen Prinzessin Victoire gewidmet ist. Die Bemerkung im „Musikalischen Erinnerungskalender" in Castelli-Haslinger's „Allgemeiner musikalischer Anzeiger", 1830, Nr. 16: daß Mozart's erste Composition im Jahre 1767 im Stich erschienen sei, ist sonach unrichtig.

1764, 10. April: Abreise Mozart's mit seinem Vater und seiner Schwester von Calais nach England, wo sie bis etwa Mitte 1765 blieben; — 23. April: Ankunft Mozart's mit seinem Vater Leopold und seiner Schwester Marianne in London; — 27. April: Mozart und seine Schwester Marianne spielen vor dem König Georg III. und der Königin Charlotte Sophie, Prinzessin von Mecklenburg-Strelitz, zum ersten Male im Buckingham-Haus; — 5. Juni: erstes öffentliches Concert Mozart's in London. Der Erfolg war glänzend.

1765, 18. Jänner: Mozart widmet der Königin von England die sechs Sonaten für Clavier und Violine (Köchel's Katalog, Nr. 10—15), welche in London als Op. 3 im Stiche erschienen sind; — 19. Juli: verläßt Mozart mit seinem Vater und seiner Schwester London, und einige Tage später, am 1. August, England, wo er nahezu 15 Monate verweilt hat.

1767, 13. Mai: erste Aufführung seiner lateinischen Oper: „Apollo et Hyacinthus" zu Salzburg, nach der Aufschrift auf einer 162 Quer-Folioseiten starken Partitur von Mozart's eigener Hand, welche im Jahre 1864 von der Buchhandlung Stargardt in Berlin zum Verkaufe ausgeboten wurde.

1768, 7. December: dirigirt Mozart in Wien persönlich seine erste Messe, die er zur Einweihung des Waisenhauses in Wien componirt hatte. Der Hof wohnte der Aufführung bei. Mozart war damals 13 Jahre alt [v. Köchel, Nr. 49].

1770, 16. Jänner: Concert des 14jährigen Mozart im Saale der philharmonischen Gesellschaft zu Mantua. Ein angesehener Gelehrter zu Verona nannte Mozart, nachdem er ihn gehört, bei dieser Gelegenheit: „Wunderwerk der Natur"; 9. October: an diesem Tage legten der Princeps Academiae philarmonicae und zwei Censoren zu Bologna dem 14jährigen Mozart aus dem Antiphonarium Romanum die Antiphone: „Quaerite primum Dei etc." zur Composition vor. Mozart brachte sie in einer halben Stunde zu Stande, erhielt von den Stimmgebern lauter weiße Kugeln und wurde nach dem Diplome vom 10. October 1770 von der Academia philarmonica zu Bologna inter Magistros compositores aufgenommen; — 26. December: erste Aufführung seiner Oper „Mitridate" in Mailand, die mehr als 20 Mal hintereinander gegeben wurde. Mozart zählte damals 14 Jahre.

1771, 17. October: erste Aufführung in Mailand der im Auftrage der Kaiserin Maria Theresia, zur Vermälung des Erzherzogs Ferdinand mit Maria Beatrix von Modena, componirten theatralischen Serenade: „Ascanio in Alba". Sie wurde abwechselnd mit einer Oper Hasse's gegeben, der im prophetischen Geiste ausrief: „Der Jüngling wird uns alle vergessen machen".

1772, 14. März: wird Hieronymus Graf Colloredo zum Erzbischof von Salzburg gewählt; als welcher er am 29. April seinen feierlichen Einzug hielt. Es ist dieser Tag, mit welchem Mozart's Dienste unter diesem rohen leidenschaftlichen Prälaten beginnen, als jener unheilvolle in Mozart's Leben und überhaupt für die ganze Familie anzusehen, dem aller spätere Jammer und Kummer folgte; — 26. December: erste Aufführung zu Mailand der Oper „Lucio Silla", welche bis 16. Jänner 1773 bereits 17 Mal wiederholt worden.

1775, 13. Jänner: erste Aufführung zu München der Oper „La finta giardiniera", welche sehr gefiel; — 23. April: erste Aufführung der anläßlich des Aufenthaltes des Erzherzogs Maximilian, jüngsten Sohnes Maria Theresia's, in Salzburg componirten Festoper „Il rè pastore".

1777, 24. September: Ankunft Mozart's und seiner Mutter in München. Mozart hatte den erzbischöflichen Dienst verlassen und suchte in der Fremde eine entsprechende Stellung; — 30. September: Mozart hat Audienz in München bei dem Churfürsten und erhielt den Bescheid, daß keine Vacatur da sei und er also nichts zu erwarten habe; — 11. October: Mozart verläßt München, nachdem seine Hoffnung, dort zu bleiben, durch die abschlägige Antwort des Churfürsten vereitelt worden.

1778, 17. Jänner: erwähnt Mozart zum ersten Male in einem Briefe an seinen Vater Aloisia's Weber, seiner ersten Liebe und nachmaligen Schwägerin. Sie lebt in manchem seiner Tonwerke — in denen oft der Ausdruck seines Minnens, Sinnens und Ringens hervorbricht — fort. Es war auch bei Mozart, wie schon bei so Vielen: daß er den Marzipan seiner Gefühle in den Mist geworfen hatte; — 23. März: kommt der 21jährige Mozart mit seiner Mutter von Mannheim in Paris an, um sich eine feste Lebensstellung zu suchen; — 3. Juli: stirbt Mozart's Mutter, Anna Maria, geborne Pertl, in Paris in der rue du Gros - Chenet, im Gasthofe „zu den vier Haymonskindern", im Alter von 57 Jahren; — 25. December: zweiter Besuch Mozart's in München; er kam dahin von seiner Rückreise aus Paris nach Salzburg und blieb dort vom 25. December 1778 bis 14. Jänner 1779.

1780, 8. November: dritter Besuch Mozart's in München; er kam dahin, um dort den „Idomeneo" zu componiren, welche

Oper er auch während seines Aufenthaltes daselbst, vom 8. November 1780 bis 12. März 1781, im Hause „zum Sonneneck" vollendete.

1781, 29. Jänner: erste Aufführung des „Idomeneo" auf der Münchener Hofbühne. Dorothea Wendling, die irgendwo fälsch= lich Geliebte Karl Theodor's, Churfürsten von Baiern, genannt wird, sang die Hauptpartie, die Ilia, Priam's Tochter; ihre Schwester Elisabeth die Elettra; — 24. December: erstes Auf= treten Mozart's in Wien bei Hofe. Es fand zugleich mit dem Clavierspieler Clementi statt.

1782, 12. April: erste Aufführung der Oper „Die Ent= führung aus dem Serail" in Wien, die durch Cabalen immer wieder verschoben, endlich auf ausdrücklichen Befehl des Kaisers Joseph II. stattfand, und im Laufe des Jahres 16 Mal wiederholt wurde. Bemerkenswerth ist es, daß der zweite Act, der am 8. Mai 1782 vollendet war, von Mozart vor dem ersten, erst am 22. August fertig gewordenen, geschrieben ward; — 4. August: vermält sich Mozart in Wien mit Constanze von Weber. Der Heiraths=Contract ist vom 3. August 1782 datirt. Seine Freunde nannten diese Heirat — in Analogie mit seiner Oper: „Die Entführung aus dem Serail" — die Entführung aus dem Auge Gottes, weil das Haus so hieß, aus welchem Mozart seine Braut, deren Mutter ihre Einwilligung versagte, sozusagen ent= führte, denn er führte sie heimlich daraus zu der ihm befreundeten Frau Baronin Waldstätten, wo auch die Hochzeit stattfand.

1783, 29. December: Datum einer von Mozart componirten Fuge für zwei Claviere, welche nachmals Beethoven in Partitur geschrieben.

1784, 10. Juni: an diesem Tage spielt Mozart in einer Akademie bei dem Agenten Ployer in Döblin sein Quintett [von Köchel's them. Katalog Nr. 452], das einzige, das er geschrieben und das von ihm eigenhändig mit dem Datum 30. März 1784 versehen ist. Beethoven's Quintett Nr. 16 ist im Wetteifer mit diesem Mozart'schen entstanden.

1785, 10. Jänner: Datum eines Quartettes [v. Köchel Nr. 464] dessen Rondo Beethoven in Partitur geschrieben; — 12. Februar: Haydn bei Mozart auf Besuch. Haydn that bei Anhörung der an diesem Abende vorgetragenen Quartette den Ausspruch, der

9

weiter unten in der Abtheilung: XIV. Urtheile berühmter Menschen und Zeitgenossen über Mozart mitgetheilt wird; — 13. März; erste Aufführung der für Katharina Cavalieri, die Tochter des Währinger Schullehrers Cavalier und Schülerin Salieri's, componirten Cantate: „Davide penitente", die am 17. März wiederholt wurde; sie fand im Burgtheater für den Pensionsfond der Musikerwitwen in Wien statt; — 8. Juni: An diesem Tage schrieb Mozart die Musik zu Goethe's herrlichem Veilchen: „Ein Veilchen auf der Wiese stand". Es schuf ein Genius dieß lieblich schöne, anmuth'ge Lied, so innig zart, so weich. Ein zweiter goß die Strophen um in Töne, Lied und Musik sind sich im Zauber gleich; — 1. September: Datum des Dedicationsschreibens, mit welchem Mozart an Haydn sechs Quartette sendet. Zwei Meister seltener Art und ohne Gleichen.

1786, 3. Februar: Laut dem eigenhändigen Mozart-Kataloge wurde an diesem Tage die Oper: „Der Schauspieldirector" vollendet; — 7. Februar: erste Aufführung der Oper: „Der Schau-spieldirector", auf einem in der Orangerie zu Schönbrunn auf-gerichteten Theater [vergleiche über diese Oper die Monographie von Rudolph Hirsch: „Mozart's Schauspieldirector" (Leipzig 1859)]; — 29. April: vollendete Mozart die Oper: „Le Nozze di Figaro"; — 1. Mai: erste Aufführung der Oper: „Le Nozze di Figaro" im Burgtheater. Mozart feierte mit diesem Ton-werke einen glänzenden Triumph. Jede Nummer mußte wiederholt werden, so daß die Oper beinahe die doppelte Zeit spielte. Sie wurde im nämlichen Jahre noch 9 Mal gegeben: — 28. Mai: wird als Tag angegeben, an dem Mozart, in den Salon eines Bankiers, der auf der Landstraße wohnte, eingeführt, nachdem die Gesellschaft animirt geworden, den berühmten komischen Canon: „O du eselhafter Martin! o du martinischer Esel!" componirt haben soll. Gottfried Weber und nach ihm Ritter v. Köchel (Nr. 560) erzählt die Entstehungsgeschichte dieses Canons in ganz anderer Weise; — 5. August: Datum der Composition des in der Musikwelt bekannten „Kegelstatt-Trio", welches Mozart in Wien am angegebenen Tage für Franziska v. Jacquin während des Kegelschiebens niedergeschrieben haben soll; — 27. December: Datum der Composition der Scene mit Rondeau: „Ch'io mi scordi di te". Auf dem Autograph steht: „Für Mlle Storace und mich". Die Storace war eine berühmte italienische Sängerin. Das Tonstück sollte die Meisterschaft der Künstlerin, die es sang, und des Meisters, der es begleitete, zeigen. Das Clavier, wie Jahn dieses Tonstück charakterisirt, übernimmt hier an manchen Stellen auf überraschend schöne und ausdrucksvolle Weise die Rolle des liebenden Wesens, mit welchem die Sängerin sich unterhält, indem es ihre Aeußerungen bald herauszufordern, bald zu erwidern scheint.

1787, 26. Mai: Componirt Mozart in Gottfried von Jacquin's Zimmer das leidenschaftlich gehaltene fast dramatische Lied für eine Singstimme: „Als Luise die Briefe ihres ungetreuen Liebhabers verbrannte", das im Stich bei Breitkopf und Härtl die Aufschrift „Unglückliche Liebe" führt. — 28. Mai: Todestag Leopold Mozart's, des Vaters Wolfgang Amadeus Mozart's; — 14. Juni: Datum der Composition: „Ein musikalischer Spaß", in welcher Mozart mit künstlerischer Meisterschaft und fast groteskem Humor ungeschickte Componisten und ungeschickte Spieler verspottet. Die Composition ist erst wieder zur Säcularfeier Mozart's im Jahre 1856 unter dem Titel: „Bauern-Symphonie", „Die Dorfmusikanten", im Drucke erschienen; — 3. September: Datum eines eigenhändigen in tiefster Wehmuth über den Verlust eines theuren Freundes geschriebenen Tagebuchblattes, das sich im Besitz des Malers Friedrich Amerling in Wien befindet. [Wiener Courier, 1856, Nr. 197.] — 29. October: Erste Aufführung des „Don Juan" in Prag [vergleiche darüber Triester Zeitung 1856, Nr. 22: „Don Giovanni", von Sessi; — Schnellpost für Moden 1837, S. 38, nach diesen Quellen hätte die erste Aufführung in Prag erst am 4. November stattgehabt; vergleiche darüber Mozart's Brief an Jacquin ddo. Prag, 4. November 1787 (Nohl, S. 440)]; — 3. November: An diesem Tage schrieb Mozart in einem Gartenhause bei Prag, in das ihn Madame Duschek eingesperrt hatte, die Scene für Sopran: „Bella mia fiamma". Mozart hatte dieser seiner Freundin versprochen, eine Concertarie für sie zu componiren, und hatte noch immer nicht Wort gehalten. So griff denn Madame Duschek zu obigem Auskunftsmittel und erklärte, nicht eher zu öffnen, bis das Lied — eines der schönsten Con-

certlieder Mozart's — fertig sein würde: und es wurde fertig;
— 7. December: erhält Mozart die Anstellung als kais. Kammer-
musikus (Compositor) mit einem jährlichen Gehalt von 800 fl.

1788, 3. Jänner: Mit diesem Datum ist ein von Mozart
in Wien componirtes Allegro und Andante für Clavier über-
schrieben, über welches wenigstens über eine Stelle im zweiten
Theile des Andanto die allgemeine Musik-Zeitung XV, 585 ausführlicher schreibt; — 7. Mai: erste Aufführung des „Don Juan"
in Wien, der erst nach wiederholten Aufführungen, aber dann auch
immer gesteigerten Beifall fand. Im selben Jahre wurde die
Oper noch 15 Mal gespielt; — fünfthalb Jahre später, am
5. November 1792, wurde „Don Juan" zum ersten Male im
Schikaneder'schen Theater gegeben; — 26. Juni: Datum einer
von Mozart in Wien componirten Symphonie mit Instrumentalbegleitung, von der Ambros in seiner Schrift: „Grenzen der
Musik und Poesie", S. 123, urtheilt: „Bleibt man auf dem rein
musikalischen Standpunkte, so kann gefragt werden, ob die Welt
etwas Vollkommeneres besitze, als diese drei Symphonien" (von
Köchel, Nr. 543, 550 und 551, die erste ist die obige); —
2. September: Datum der Composition des scherzhaften Canons:
„Difficile lectu mihi mars", das durch deutsche Lesart eine
etwas komische Deutung erhält. Ueber den Ursprung dieses Canons
wie des zweiten: O du eselhafter Martin" weichen die Versionen stark ab. Gottfried Weber erzählt die Geschichte in der
„Cäcilia", Heft I, S. 180, und ganz anders ein Ungenannter im
„Illustr. Familienbuch des österr. Lloyd", I. Bd. (1851), S. 74;
übrigens findet sich dasselbe Datum auf den Compositionen der
zwei folgenden Canone: „Bona nox, bist a rechta Ox" und
„Caro, bell' idol mio".

1789, 12. April; Mozart's Ankunft in Dresden [wo er zwei
Tage später schon bei Hof concertirte und wofür er, seinem Biographen zufolge, eine goldene Dose, nach der Dresdener Hof-
nachricht aber 100 Ducaten erhielt. Auch Mozart spricht in
seinem Briefe an seine Frau von einer „Dose"; es ist also dieß
ein Zwiespalt, der sich schwer lösen läßt; es wäre denn, daß er
eine mit 100 Ducaten gefüllte Dose erhalten habe]; — 29. August: erste Aufführung der „Nozze di Figaro" im kais. Hof-Opern-

theater. Die Oper wurde im nämlichen Jahre noch 11. Mal wiederholt.

1790, 26. Jänner: erste Aufführung der Oper: „Cosi fan tutte", am k. k. Hoftheater in Wien in italienischer Sprache. Sie wurde im nämlichen Jahre 10 Mal gegeben, dann liegen gelassen und erst 1794 in deutscher Bearbeitung wieder aufgeführt; — 6. November: vierter und letzter Besuch Mozart's in München, er kam dahin, als er auf seiner Rückreise von Frankfurt a. M. nach Wien begriffen war.

1791. 7. März. Schikaneder's Besuch bei Mozart, der die Entstehung der „Zauberflöte" zur Folge hatte. Die Oper wurde im October desselben Jahres 24 Mal gegeben und hatte bis zum 1. November die für damals fabelhafte Summe von 8443 Gulden eingetragen. Als am 20. November 1793 die Oper zum 83. Male aufgeführt wurde, schrieb Schikaneder aus Spekulation auf den Zettel: Zum 100. Male, was unrichtig war. Ebenso las man auf den Affichen vom 22. Oktober 1795: Zum zweihundertsten Male, indeß es nur das 135. Mal war. Die drei ersten Aufführungen dirigirte Mozart selbst; — 23. Mai: Datum der einzigen Harmonica-Composition Mozart's. Es ist ein „Adagio mit Rondeau", begleitet von Flöte, Oboe, Viola und Violoncell, und von Mozart für die seit früher Jugend erblindete Marianna Kirchgässer (geboren 1770, gestorben 1808), welche auf der Harmonica eine große Virtuosin war, geschrieben; — 26. Juli: wird Mozart's jüngster Sohn, der wie sein Vater Wolfgang Amadeus heißt, geboren; — 6. September: wurde im ständischen Theater zu Prag zum ersten Male die Oper: „Clemenza di Tito," gegeben, welche Mozart eigens zur Krönung Kaiser Leopold II. zum Könige von Böhmen geschrieben; sie war in 18 Tagen geschrieben und einstudirt; — 12. September: An diesem Tage schrieb Mozart den Priesterchor: „O Isis und Osiris", die Papagenolieder und den Priestermarsch zur „Zauberflöte"; — 28. September: An diesem Tage schrieb Mozart die Ouverture zu seiner „Zauberflöte"; — dasselbe Datum trägt auch das von Mozart in Wien für seinen Freund Stadler componirte „Clarinett-Concert", mit welchem Werke — nach Ausspruch von Musikkennern und Historikern — der Grund zur modernen Clarinett-Virtuosität gelegt wurde; — 30. September: erste Aufführung der „Zauberflöte" (vergleiche oben das Datum des 7. März 1791 und über diese erste Aufführung: Adolph Bäuerle's Theater-Zeitung 1842, Nr. 31, S. 142 und 143: „Zur Geschichte der Zauberflöte", von Alois Fuchs). Im October wurde sie 24 Mal gegeben; — 5. December: Mozart's Sterbetag; — 14. December: Todtenamt in der Pfarrkirche zu St. Niklas in Prag für Mozart, veranstaltet vom Orchester des Prager National-Theaters, um dem Verstorbenen „unbegrenzte Verehrung und Hochachtung" zu bezeugen.

1792, 5. December. Dieses Datum gibt die erste Auflage des Brockhaus'schen Conversations-Lexikons irrig als Mozart's Todesdatum an.

1794, 7. Februar: große Trauerfeier im Convictsaale der Akademie zu Prag, veranstaltet von den Prager Juristen, um Mozart's Andenken zu ehren; — 12. Mai: erste Aufführung der „Zauberflöte" in Berlin; die Kosten betrugen damals die enorme Summe von 6000 Thalern; 2. October 1802 hundertste, 30. September 1829 zweihundertste, 4. December 1866 dreihundertste Aufführung der Oper ebenda; — 24. Juni: erste Aufführung der Oper „Cosi fan tutte" im Freihause an der Wien, in deutscher Sprache unter dem Titel: „Die Schule der Liebe", übersetzt von Giesecke.

1795, 22. October: fälschlich zweihundertste Vorstellung der „Zauberflöte" in Wien (bis dahin wurde sie immer im Schikaneder-Theater gegeben [vergl. das Datum 1791, 7. März]).

1801, 20. Februar: erste Aufführung von Mozart's „Requiem" im Covent-Garden-Theater in London am ersten der von Ashley sen. dirigirten Oratorienabende in der Fastenzeit; — 23. August: erste Aufführung der „Zauberflöte" in Paris unter dem Titel: „Les Mystères d'Isis". (Morel schrieb das Libretto und ein gewisser Lachnith stoppelte aus „Figaro's Hochzeit", „Don Juan" und Haydn's Symphonien ein Sammelsurium zusammen, welches er frech genug als seine eigene Composition ausgab; ja er ging so weit, daß er eines Abends während der Aufführung zu Thränen gerührt, ausrief: „Nein, ich will nicht

mehr componiren. Darüber hinaus könnte ich doch nicht." (Schle=
sische Zeitung (Breslau) 1862, Nr. 131.)

1804, 19. September: wurde im k. k. Kärnthnerthortheater
zum ersten Male „Mädchentreue" (Cosi fan tutte) von Mozart
gegeben.

1805, 17. September: erste Aufführung des „Don Juan" in
der großen Oper in Paris. (Im Jahre 1811 wurde diese Oper
dann in der italienischen Oper gespielt und kam in den Jahren
1820, 1829, 1831, 1832. 1834, 1850 immer wieder mit neuer
Besetzung auf's Repertoir. Im Jahre 1834 übersetzte sie Castil
Blaze ins Französische und sie wurde in der großen Oper von
Nourrit, Lafont, Dabadie, Derivis. Mlle. Fal=
con, Mad. Damoreau und Mad. Gras=Dorus gesungen.)

1806, 27. März: erste Aufführung von Mozart's „Cle=
menza di Tito" in London im Kings Theater Haymarket zum
Benefice von Mad. Billington. (Es wirkten mit: Mad. Bil=
lington, Braham (Tenor); bei einer späteren Aufführung,
3. März 1812, sang die Catalani die „Vitellia" und Tra=
mezzani den „Sextus".)

1807, 8. November: erste Aufführung des „Don Juan" in
deutscher Sprache zu Prag. In Prag, von wo aus sich der
Ruhm dieser eigens für diese Stadt componirten Oper verbreitete,
wurde sie italienisch von 1787 bis 1797 116 Mal, und von 1799
bis 1807, in welchem Jahre die italienische Operngesellschaft auf=
gelöst worden, 35 Mal wiederholt. Die erste Aufführung in
deutscher Sprache erfolgte am 8. November 1807 und wurde die=
selbe bis zum Jahre 1825 106 Mal wiederholt. Im letztgenann=
ten Jahre brachte sie Director Stiepanek auf die czechische
Bühne, zum ersten Male zum Besten des Armenhauses bei St.
Bartholomäus.

1811, 9. Mai: erste Aufführung von Mozart's „Cosi fan
tutte" im Kings=Theater zu London. (Es wirkten mit die Ra=
dicati, Tramezzani, Naldi, Collini und Mme. Ber=
tinotti); — 6. Juni: erste Aufführung von Mozart's „Il
flauto magico" im Kings=Theater in London zu Naldi's
Benefice.

1812, 18. Juni: erste Aufführung von Mozart's „Le mariage de Figaro" im Kings-Theater zu London zum Besten des schottischen Spitals. (Es wirkten mit: Mad. Catalani, Sign. Bianchi, Pucitta, Luigia und Mrs. Dickons, und die Herren Naldi, Righi, Miarteni, Di Giovanni und Fischer.)

1814, 20. Februar: Nach achtundzwanzigjähriger Pause (erste Aufführung 7. Februar 1786) kam Mozart's „Schauspieldirector" im Theater an der Wien wieder zur Aufführung; er wurde in kurzen Zwischenräumen noch 6 Mal, am 8. März 1814 zum letzten Male gegeben. Die Bearbeitung ist eine von der ursprünglichen nicht unwesentlich abweichende.

1816, 18. Jänner: neu in die Scene gesetzte Aufführung der „Zauberflöte" in Berlin, zur Feier des Krönungsfestes.

1817, 12. April: erste Aufführung von Mozart's „Don Giovanni" im Kings-Theater zu London. (Es wirkten mit: Signore Ambrogetti, Mad. Camporese, Miß Hughes, Mad. Fodor, Signor Naldi, Angrisani, Crivelli.)

1827, 24. November: erste Aufführung von Mozart's „Entführung aus dem Serail" im Covent-Theater zu London, in englischer Bearbeitung und die Musik von einem Christ. Kramer, Capellmeister des königl. Musikcorps, gräulich verstümmelt. In italienischer Uebersetzung kam diese Oper zum ersten Male im Her Majesty's Theater im Jahre 1866 zur Aufführung.

1829, 29. October: Sterbetag der Schwester Mozart's Maria Anna.

1836, 19. Juli: gab der herzogl. oldenburgische Hofcapellmeister und königl. dänische Professor August Pott im Rathhaussaale zu Salzburg ein großes Vocal- und Instrumental-Concert, dessen Ertrag zur Errichtung des Mozartdenkmales in Salzburg bestimmt wurde. Es war dies das erste Concert zu dem angedeuteten Zwecke; — im September dieses Jahres erläßt das Museum in Salzburg, mit den Namensunterfertigern Albert Graf Montecuculi, Regierungsrath und Kreishauptmann, Vogel, Landrath, Gayer, Lergetporer Bürgermeister in Salzburg, Franz Edler v. Hilleprandt, Ign. Fr. Edler von Mosel, Neukomm, Aug. Pott und Späth jun., Groß-

händler in Salzburg, den Aufruf zur Errichtung des Mozartdenkmals.

1841, 5. December: Nach fünfzig Jahren die erste Todten-
tenfeier Mozart's in Wien. An hundert Männer, Künstler und
Dichter, versammelten sich um die zehnte Nachtstunde im sogenannten Casino. Löwe leitete das Festmahl mit einem Gedichte: „Mozart's Grab", von L. A. Frankl, ein; Mozart's
Sohn spielte eine Sonate seines Vaters und componirte während
des Festes ein Impromptu von Grillparzer, das sogleich
gesungen wurde. Staudigl, Tietze u. A. sangen aus Mozart's Werken u. s. w. Diesem ersten Erinnerungsfeste des großen Genius folgten dann ähnliche zu Ehren von Beethoven,
Grillparzer, Friedrich List, Oehlenschläger, Bauern-
feld, C. E. Ebert u. A.

1842, 6. März: stirbt Constanze, geb. Weber, Mozart's
Frau, später vermälte von Nissen; — 4. und 5. September:
feierliche Enthüllung des Mozartdenkmals in Salzburg; — 7. September: Mozartfeier in der Minoritenkirche zu Brünn, bei welcher
unter Leitung des Domcapellmeisters J. Dworzak das „Requiem"
von Mozart zur Aufführung kam.

1844, 29. Juli: stirbt Mozart's jüngster Sohn Wolfgang Amadeus, Grillparzer singt treffend von ihm:

> Wovon so Viele einzig leben,
> Was Stolz und Wahn so gerne hört,
> Des Vaters Name war es eben,
> Das deiner Thatkraft Keim zerstört.

1845, 22. Juni: findet das Einweihungs- (erste) Concert
des „Hauses Mozart", das der Mozart-Enthusiast C. A. André
in Frankfurt a. M. hatte erbauen lassen. Statt. (Ueber das
„Mozart-Haus" siehe Abtheilung XV. Stiftungen zu Ehren
Mozart's.)

1849, 22. October: feierliche Aufstellung eines neu aufgefun-
denen Mozartbildes im Musiksaale des Herrn C. A. André in
Frankfurt a, M. (Vergl. über dieses Bild: IX. Mozart's Bildnisse, S. 253, Nr. 2.)

1851, 7. September: Einweihung des Bildes: „Die Familie
Mozart im Garten von Versailles", im Musiksaale des berühmten Musikverlegers André, bei welcher Gelegenheit Fräulein

Gräcmann ein Gedicht von Wilhelm Kilzer: „Der Knabe Mozart", sprach).

1856, 27. Jänner: Mozartfeier in Wien. Erste Säcularfeier zu Ehren des bisher unerreichten Tonheros. Die Akademie — deren Vortragsstücke waren: 1. Ouverture zur Zauberflöte; 2. Priesterchor „O Isis und Osiris" aus derselben Oper; 3. Clavier-Concert in C-moll; 4. Dies irae aus dem Requiem; 5. Symphonie in G-moll; 6. Concertarie mit Violinsolo; 7. Finale aus dem 1. Acte der Oper Don Juan — war von Franz Liszt dirigirt; — 28. Jänner: Aufführung des „Don Juan" auf dem königlichen Hoftheater in Hannover, zum ersten Male mit vollständigem Recitative.

1857, 18. Juni: An diesem Tage trat in Senftenberg eine Lehrer-Conferenz zusammen, bei welcher der bischöfliche Consistorialrath Anton Buchtel einen Antrag stellte, aus welchem die Senftenberger Requiem= und die Geiersberger Messenstiftung für W. A. Mozart hervorging. Näheres über Idee und die Errichtungsurkunde dieser Stiftung theilt die Neue Wiener Musik-Zeitung 1857, Nr. 42, mit.

1858, 28. August: Nach 44jähriger Pause (seit 1814) kommt die Oper: „Der Schauspieldirector", im k. k. Hofoperntheater wieder aufs Repertoir. Das völlig umgearbeitete Libretto ist aus der Feder des bekannten Hofrathes Louis Schneider in Berlin. Diese Umarbeitung ist, gelinde gesagt, ein ungerathener Wechselbalg; — 31. October: stirbt zu Mailand Mozart's ältester Sohn Karl, als kleiner Beamter in Pension.

1859, 6. December: fand die feierliche Enthüllung des von der Commune Wiens errichteten Mozartdenkmals auf dem St. Marxer Friedhose Statt. (Ueber das Denkmal siehe: XI. Denkmäler und Erinnerungszeichen, Mozart zu Ehren errichtet.)

1868, 15. April: erste Aufführung von Mozart's „Gans von Kairo" (l'oca del Cairo) — nicht im Hof-Opern= sondern im Carl-Theater zu Wien Statt.

IV.

Mozart's Wohnungen in Salzburg, Wien und anderen Städten.

Die Stätte, die ein großer Mensch betrat, die ist ge=
weiht für alle Zeiten; dieser den Worten, welche G o e t h e
Eleonoren im „Tasso" (Aufz. I. Scene 1) sprechen läßt,
nachgebildete Satz findet wohl auch auf unseren M o z a r t
Anwendung, dessen Wohnungen, die letzte, das Grab mit=
begriffen, ein halbes Jahrhundert nach seinem Tode ein
Gegenstand der eingehendsten Nachforschungen wurden und
eine förmliche Literatur bilden. Diese letztere in einer über=
sichtlichen Darstellung mitzutheilen, ist der Zweck der fol=
genden Zeilen. Jedoch wird ausdrücklich bemerkt, daß nur
jener Wohnungen gedacht wird, die durch M o z a r t's län=
geren Aufenthalt gleichsam geweiht sind. Durch die folgen=
den Mittheilungen wird auch einigermaßen O. J a h n's
Notiz im III. Bande seiner Biographie M o z a r t's, S. 238,
Anmerkung 129, ergänzt.

Salzburg. Nach einer Mittheilung in der S a l z=
b u r g e r L a n d e s = Z e i t u n g 1856, Nr. 200: „Ueber
M o z a r t's Wohnungen in S a l z b u r g" gibt es deren
zwei, erstens sein Geburtshaus, Nr. 225, das in der Ge=
treidgasse steht, und dann das spätere Wohnhaus, in wel=

ches der Umzug im Jahre 1769 stattgefunden haben dürfte, nämlich das Haus der Oberer'schen Buchdruckerei auf dem Hannibalplatze, wo die Familie 19 volle Jahre bis zu Vater Mozart's Tode wohnte.

Mailand, Rom, Bologna. Auf der Reise nach Italien, im Jahre 1770, wo Mozart in Mailand längere Zeit verweilte, fanden Vater und Sohn im Kloster der Augustiner von S. Marco eine sichere und bequeme Wohnung; in Rom wohnten sie im Hause des auf einer Reise abwesenden päpstlichen Couriers Uslinghi; auf der Reise nach Neapel fanden sie in Klöstern gastliche Aufnahme. Auf der Rückreise aber brachten sie den Monat August 1770 auf dem prächtigen Landgute des Grafen Pallavicini in der Nähe von Bologna zu.

Paris. Das Abendblatt zur neuen Münchener Zeitung 1857, Nr. 246 im Artikel „Das Mozarthaus in Paris" und A. Jal in seinem Dictionnaire critique de Biographie et d'Histoire. Errata et supplement pour tous les dictionnaires historiques (Paris 1867, Henri Plon, gr. 8) p. 895 im Artikel „Mozart" berichtet, daß Mozart in Paris in der Rue du Gros-Chenet in einem Hause gewohnt habe, das im J. 1778 zum Kirchspiel Saint Eustache gehörte und daß daselbst Mozart's Mutter am 4. Juli 1788 gestorben sei. Wenige Tage nach dem Tode seiner Mutter verließ Mozart dieses Haus, übersiedelte zu Baron Grimm, der in der Rue Basse-du-Rempart wohnte, in demselben Hause, welches um 1856 Rossini gekauft hat.

München. Das Oesterreichische Bürgerblatt (Linz 4°.) 1856, Nr. 198 gibt „Nachricht, daß durch die Bemühungen des Magistratsrathes Schreyer das

Haus in München aufgefunden wurde, in welchem Mozart eines seiner bedeutendsten Werke, und das erste eigentlich große, den „Idomeneo", componirt hat. Es befindet sich in der Burggasse und führt den im Hinblicke auf Mozart's dort geschaffenes Werk treffenden Namen „Sonneneck"; — das Fremden-Blatt von Gustav Heine 1867, Nr. 206, 1. Beilage gibt im Artikel „Das Mozart-Haus in München" ausführlichere Nachricht über das Haus am Sonneneck, jetzt Burggasse Nr. 6, und meldet zugleich, daß im Jahre 1867 die Münchener Liedertafel dieses Haus durch ein großes, vom Bildhauer Friedrich Geiger ausgeführtes Porträt-medaillon aus bronzirtem Zink, für die Zukunft als Mozart's einstige Wohnstätte bezeichnet habe

Olmütz. Als Vater Mozart mit seinen Kindern im Herbste 1767 zum zweiten Male in Wien war, zwang ihn die Furcht vor den Blattern, die immer heftiger um sich griffen, Wien zu verlassen und nach Olmütz zu flüchten, wo aber die Kinder bald nach ihrer Ankunft von den Blattern befallen wurden. In Olmütz wohnte nun die ganze Familie in der Domdechantei bei Leopold Anton Grafen von Podstatzky, Domdechant von Olmütz, der Mozart von Salzburg her kannte.

Prag. In Prag, wo Mozart im August 1787 ankam, wohnte er zuerst in den „drei goldenen Löwen," dann vor dem Augezder Thor an der Straße nach Kosir, in einem Landhause, genannt Petranka (Smichow, Nr. 169). Dort componirte er den „Don Juan". Noch vor etlichen Jahren zeigte der Eigenthümer Fremden gern das zweifenstrige Stübchen mit der Aussicht auf den westlichen Abhang des Laurentiusberges und im Garten unter schattigen Bäumen den sogenannten Mozarttisch, an welchem er seinen „Don Juan" zu schreiben pflegte. — In Prag befand sich auch bis 1860 ein „Mozartkeller"; es war der Keller, den Mozart zu besuchen und daselbst ein Glas Wein zu trinken liebte. Derselbe ist nun der Industrie anheim gefallen und in eine Maschinenfabrik verwandelt. Die Stelle aber, an der Mozart zu sitzen pflegte, ist von dem gegenwärtigen Besitzer mit einer Marmortafel bezeichnet, an dem zwei Gedenkgedichte, eines in deutscher, das andere in čechischer Sprache, angebracht sind. Das deutsche lautet:

> „Der Ort, wo einst der Rebe Gluth
> Zu Gast der Töne Meister lud,
> Sei für der Nachwelt spät'ste Zeit
> Hier der Erinnerung geweiht." —

Wien. Die Wiener Theater=Zeitung 1860, Nr. 22, S. 86, bringt in dem Artikel: „Die Mozart= häuser in Wien", eine gedrängte Aufzeichnung der zwölf Wohnungen, welche Mozart während seiner wiederholten Besuche Wiens mit seinem Vater, 1762 und 1767, dann während seines bleibenden Aufenthaltes, 1781—1791, inne gehabt. Eine solche Erinnerung bedarf wohl keiner Ent= schuldigung. Das erste Haus, welches Mozart in Wien bewohnte, war das Einkehrwirthshaus „zum weißen Ochsen" (heute „zur Stadt London") am alten Fleischmarkt, damals die Nummer 729, später 684 tragend, heute Nr. 22. Es war dieß, als der Vater im Jahre 1762, mit seinen Kin= dern von München kommend, Wiens zuerst besuchte. — Bei dem zweiten Besuche Wien im Herbste 1767 wohnte er im zweiten Stocke des Hauses Nr. 25 der verlängerten Wipp= lingerstraße (damals hohe Brücke Nr. 387), das den Grün=

waldischen Erben gehörte. — Als Mozart das dritte Mal
nach Wien kam, im Jahre 1781, von seinem Zwingherrn,
dem Erzbischof Colloredo, aus München nach Wien be=
fohlen, wohnte er zuerst im deutschen Ordenshause in der
Singerstraße Nr. 856 (heute Nr. 7.) — Nachdem er dessen
Dienste verlassen, zog er in die Spenglergasse in den zweiten
Stock des Hauses „zum Auge Gottes" Nr. 577 (heute Nr. 6
der Tuchlauben), als Zimmerherr der Familie Weber. —
Als er dieses Zimmer aufgab, weil der Vater sein Ver=
hältniß mit Constanze Weber nicht billigte, zog er Mi=
chaeli 1781 auf den Graben in den zweiten Stock des
Hauses Nr. 1175 (heute Nr. 8), welches damals der Frau
Theresia Contrini gehörte, und wo er „Belmont und
Constanze" und „Le nozze di Figaro" schrieb. — Nachdem
er im August 1782 Constanze Weber geheiratet, bezog er
wieder den zweiten Stock des schon erwähnten Grünwaldi=
schen Hauses auf der hohen Brücke, welches er im Decem=
ber desselben Jahres mit einer Wohnung im dritten Stocke
des kleinen Herberstein'schen Hauses am Salzgries,
damals Nr. 437, heute Nr. 17, vertauschte. Schon zu
Georgi 1783 übersiedelte er auf den Judenplatz in den
dritten Stock des den Burg'schen Erben gehörigen, dann
Managetta'schen Hauses Nr. 244, heute Nr. 3, wo er
bis Michaeli 1784 blieb. — Darauf zog er in den ersten
Stock des Camesina'schen Hauses Nr. 846, zuletzt 853
und 854 in der großen Schulerstraße, heute Nr. 8, wo
er den „Schauspieldirector" schrieb. — Von Georgi 1787
wohnte er in der Vorstadt Landstraße, Hauptstraße Nr. 224,
heute Hühnergasse Nr. 17, bis er im Sommer 1788 in
der Alservorstadt, Währingergasse, in das Haus der Frau
Regierungsräthin Schick „zu den drei Sternen," und

nicht, wie bei Jahn (Bd. III, S. 238, in der Anmerkung), „zu den fünf Sternen," Nr. 135, heute Nr. 16, übersiedelte, in welchem die komische Oper: „Cosi fan tutte" entstand. — Endlich bezog er Michaeli 1790 den ganzen ersten Stock der Vorderwohnung im kleinen Kaiserstein'schen Hause in der Rauhensteingasse Nr. 934, jetzt Nr. 8, und heute allgemein unter dem Namen „Mozarthof" bekannt, aus welchem Mozart in die letzte und engste Wohnung auf dem St. Marxer Friedhofe übersiedelte, welche, da die Pietät der Ueberlebenden sehr groß (!) und die Wohnung überhaupt eine gemeinschaftliche war, später gar nicht ermittelt werden konnte und daher zur Aufstellung eines Denkmals eine Stelle auf gut Glück gewählt werden mußte. — Das Fremden-Blatt. Von Gustav Heine (Wien, 4°.) 1866, Nr. 334, 1. Beilage: im Artikel „Mozart's Wohnstätten," 1) in Wien, 2) auf dem Lande und auf Reisen" ergänzt wesentlich die vorerwähnte Mittheilung in der „Theater-Zeitung" 1860, Nr. 22. Sonach kommen zu den zwölf Wohnungen in der Stadt Wien noch hinzu zwei in Wiens Umgebung auf dem Kahlenberg und in Heiligenstadt im Badehause; über eine Wohnung, welche Mozart — oder vielmehr seine kranke Frau — in Baden innegehabt, finden sich leider nirgends Aufschlüsse. Hingegen meldet die Norddeutsche Zeitung 1865, Nr. 5111, über ein „Mozart's Lusthäuschen in Wien", welches sich in dem gräflich Starhemberg'schen Freihause auf der Wieden befindet. Mozart componirte, oder richtiger vollendete darin die „Zauberflöte". Der Graf Starhemberg ließ das Innere des Häuschens im Hinblicke auf seinen historischen Werth passend restauriren, während das Aeußere im Alten blieb.

Zur Literatur über Mozart's Wohnstätten.
Mozart's Sterbehaus. Zur Feier des hundertjährigen Geburtstages herausgegeben (Wien, 1856. Josef
Bermann, 8 S. und eine Abbildung. [Dieses Schriftchen
enthält eine Beschreibung des Hauses Nr. 834 (alt) in der
Rauhensteingasse, in welchem Mozart starb, eine Ansicht von
„Mozart's Empfangszimmer", einen Plan der ganzen
von Mozart bewohnten Etage und eine Ansicht von
„Mozart's Sterbehaus" vor seinem Umbau, nach welchem es den Namen „Mozarthof" erhielt]. — Illustrirtes Familienbuch zur Unterhaltung und Belehrung häuslicher Kreise, herausgegeben vom österreichischen
Lloyd (Triest, gr. 4°.). II. Bd. (1852), S. 116: „Il ca-
valière filarmonico" [mit Abbildung des Hauses Nr. 934
in Wien, Stadt, Rauhensteingasse — jetzt „Mozarthaus"
genannt — einem Plane der ganzen von Mozart inne-
gehabten Wohnung und einer Ansicht seines Wohnzimmers,
gezeichnet von J. P. Lyser.] — Sonntagsblätter
von Ludwig August Frankl 1848, Beilage „Wienerbote,"
Nr. 3, S. 19: „Sonntagsskizzen". Von J. P. Lyser.
Das „Mozarthaus in Wien" [darin werden manche Irrthümer über Mozart's Wohnungen in Wien berichtigt
und auch bemerkt, daß im „Volkskalender" von J. N. Vogl
für das Jahr 1843 das unrechte Haus als das „Mozarthaus" abgebildet sei]. — Neu Wien (Wiener Lokal-
blatt) 1858, Nr. 31: „Das Mozartzimmer am Kahlenberge". [In dem sogenannten Casino auf dem Kahlenberge
bei Wien zeigte man noch vor einigen Jahren das Stübchen
mit dem Tische, auf welchem Mozart seine „Zauberflöte"
schrieb] — Ein nichts Neues enthaltender Beitrag, aber
doch zunächst nur hier einzutheilen, ist die Phantasie von

10

Carl Santner: „Eine Stunde vor Mozart's Geburts-
hause", welche in Santner's „Musikalisches Gedenkbuch"
(Wien und Leipzig 1856, 12⁰.) S. 159—178, abgedruckt steht

Ansichten von Mozart's Wohnstätten u. dgl. Mozart's
Geburtshaus in Salzburg, in Kupfer gestochen, ohne
Angabe des Zeichners und Stechers. — Mozart's Geburtshaus. Holzschnitt von Ed. Kretzschmar, als Initialverzie-
rung der Illustrirten Zeitung (J. J. Weber), Nr. 626, 26. Jänner 1856, S. 73. — Mozart's Geburtshaus Salzburg
1756, Holzschnitt ohne Angabe des Zeichners und Xylographen in der „Illustrirten Zeitung", Nr. 693, 11. Oct. 1856,
S. 232. — Ansicht von Mozart's Geburtshaus in
Salzburg. Ohne alle Schrift Lithogr. im Anhange zu Nissen's Biographie Mozart's. — Familien-Journal,
herausgegeben von Payne in Leipzig (4⁰.) XXIV. Bd.
(1865), Nr. 50 (Nr. 628), S. 373: Ansicht des „Mozart-
hauses", Holzschnitt ohne Angabe des Zeichners und Xylographen. — Die Taufcapelle im Dome zu Salzburg,
wo Mozart am 28. Januar 1756 getauft wurde. Holzschnitt ohne Angabe des Zeichners und Xylographen in der
„Illustrirten Zeitung", Nr. 693, 11. Oct. 1856, S. 240.
— Mozart's Empfangszimmer in Wien: Holz-
schnitt in der „Illustrirten Zeitung", Nr. 659, vom 16. Febr.
1856, S. 125. — Mozart's Wohnhaus in Wien,
Holzschnitt in der „Illustrirten Zeitung", Nr. 659, vom
16. Februar 1856, S. 125. — Mozart's Sterbehaus
in Wien, Rauhensteingasse Nr. 934 (jetzt Mozarthof
Nr. 934—39). Artist. Anstalt von Reiffenstein und Rösch
(H. 4½ Zoll, Br. 6½ Zoll). Anderer Ansichten ist schon
bei Aufzählung der verschiedenen Artikel über Mozart's
Wohnstätten gedacht worden.

V.

Mozart's Sterben, Tod und Grab.

Da lange Zeit und wohl zunächst auf Grund seiner eigenen, in einem Augenblicke der Ahnung des nahen Todes hingeworfenen Aeußerung, der Verdacht einer Vergiftung rege erhalten wurde, so ist die letzte Krankheit Mozart's ebenso wie die Bezeichnung seines Grabes Gegestand mannigfacher Untersuchungen geworden. Es hat sich in Folge dessen eine kleine Literatur gebildet, deren chronologische Zusammenstellung hier folgt. a) Mozart's Sterben und Tod. Gräffer (Franz), Kleine Wiener Memoiren: Historische Novellen, Genrescenen, Fresken, Skizzen, Persönlichkeiten u. s. w. zur Geschichte und Charakteristik Wiens und der Wiener in älterer und neuerer Zeit (Wien 1845, Fr. Beck's Universitäts-Buchhandlung, 8⁰.) Theil I, S. 224: „Mozart-Haus" [handelt nur über Mozart's Sterben und Tod]. — Frankfurter Conversationsblatt (Unterhaltungs-Beilage der Frankfurter Oberpostamts-Zeitung) 1858, Nr. 298: „Mozart's Sterbetag"; — dasselbe, 1856. Nr. 29 u. 30: „Die letzten Tage Mozart's". — Oesterreichische Zeitung (Wien Fol.) 1856, Nr. 49, im Feuilleton: „Die letzten Tage Mozart's". — Sonntagsblatt. Beiblatt zur „Neuen Salzburger Zeitung" 1856, Nr. 6: „Mozart's letzte Lebenstage" [enthält interessante Einzelheiten über Mozart's Tod]. — Wiener Telegraph (Localblatt) 1856, Nr. 24 u. 25: „Die letzten Tage Mozart's". — Coburger Zeitung 1862, Nr. 284 u. 285: „Mozart's Tod". — Kronstädter Zeitung (in Siebenbürgen) 1864, Nr. 157—160: „Mozart's Tod", nach einem Originalberichte

von Ludwig Nohl. — b) **Mozart's Grab.** Lucam (Joh. Ritter v.),
Die Grabesfrage Mozart's. Nach brieflichen Originalurkunden der
Witwe Mozart's selbst. Mit Mozart's Porträt und Grababbildung
(Wien 1856, Hirschfeld). — Wie es geschehen, daß Mozart's
Grab nicht gefunden werden konnte. Die Ursache erhellt aus
einer Antwort, welche Mozart's Gattin dem Könige von Bayern
gegeben. Als im Jahre 1832 König Ludwig von Bayern die
Witwe Mozart's in Salzburg besuchte, die eine Pension von ihm
bezog, fragte er sie, wie es gekommen sei, daß sie ihrem Gatten
keinen Denkstein setzen ließ. Sie erwiederte dem Könige: „Ich
habe oft Friedhöfe besucht, sowohl auf dem Lande, als auch in
großen Städten, und überall, besonders in Wien, habe ich auf den
Friedhöfen sehr viele Kreuze gesehen. Ich war daher der Meinung
die Pfarre, wo die Einsegnung stattfindet, besorge auch selbst die
Kreuze". Dieser Irrthum ist die Ursache, daß wir heut zu Tage
nicht genau die Stätte bestimmen können, wo die Asche des großen
Tondichters ruht. Wir fügen hinzu: nur zum Theile. Hätte Frau
Mozart nach ihres Gatten Bestattung, nur einige Wochen, einige
Monate, ja ein Jahr später den Friedhof besucht, der Mozart's
Leiche barg, so hätte sie das Fehlen des Kreuzes bemerken müssen,
und damals wäre noch Zeit gewesen, die Ruhestätte des großen
Tondichters unfehlbar zu bezeichnen. — Vaterländische Blätter,
für den österreichischen Kaiserstaat (Wien, 4⁰.) 1808, S. 211 u.
252: „Mozart's Grab" [36 Jahre später wurde die Vermuthung.
aufgestellt, daß diese Mittheilung eines Ungenannten wahrscheinlich
aus Abbé Stadler's Feder geflossen sei]. — Allgemeine Wiener Musik=Zeitung. Von Aug. Schmidt (4⁰.) 1841, Nr. 144:
Erwiederung auf den Aufsatz des Herrn Ritter Johann von
Lucam: „Wo ruhen Mozart's sterbliche Ueberreste?" Von Alois
Fuchs. — Oesterreichischer Zuschauer, redigirt von J. S.
Ebersberg (Wien, 8⁰) Jahrg. 1841, S. 1259: „Mozart's und
und Schikaneder's Grabstätte" [nach dieser bei dem Kirchenmeister-
amte der Domkirche zu St. Stephan erhobenen Nachricht ist Mo=
zart am 5. December 1791, 36 Jahre alt, gestorben, und am
6. December 1791 in der Pfarrkirche zu St. Stephan eingesegnet,
dann aber auf dem Friedhofe zu St. Marx beerdigt worden. Die
Beerdigung geschah in einem gewöhnlichen Schacht, und es dürsten

die Gebeine wegen der zwei- oder dreimaligen Umgrabung der Gräber nicht mehr aufgefunden werden können. So theilt, 1841, ein Gebhard Richter mit.] — Europa, von Lewaldt, 1844 S. 454: „Mozart's Grabstein [denselben ließ auf dem St. Marxer Friedhofe die berühmte Sängerin Hasselt-Barth aufstellen. Auf grauem Marmor las man in goldener Schrift die Worte: Jung groß, spät erkannt, nie erreicht. Ueber den Zeilen befand sich das Bildniß Mozart's en medaillon. Dieser Denkstein kam, als über Anordnung der Wiener Commune das Grab mit einem neuen Denkmal [siehe in der Abtheilung XI.: Denkmäler] geschmückt wurde, fort und wird wohl in einem Repositorium solcher Gegenstände aufbewahrt]. — Allgemeine Theater-Zeitung. Von Adolph Bäuerle, 1844, Nr. 55: „Mozart's Grab" [in der Rubrik: „Local-Fresken", daraus erfährt man auch, daß die Mittheilung, welche seinerzeit die „Vaterländischen Blätter" 1808, Nr. 31, über denselben Gegenstand brachten, wahrscheinlich aus Stadler's Feder herrührte]. — Gräffer (Franz), Kleine Wiener Memoiren u. s. w. (Wien 1845, Fr. Beck, 8°.) Theil I, S. 227: „Mozart's Grab". — Wiener allgemeine Musik-Zeitung. Herausgegeben von Ferdinand Luib, VIII. Jahrg. (1848), Nr. 1: „Offenes Schreiben an die Redaction der Wiener Musik-Zeitung", von Aloiß Fuchs [Mozart's Sterbehaus betreffend. Authentische Daten]. — Gräffer (Franz), Wiener Dosenstücke u. s. w. (Wien 1852, J. F. Greß, 8°.) S. 32: „Ferneres über Mozart's Grabstätte" [nur Bestätigungen, daß dieselbe nimmer aufzufinden ist]: Didaskalia (Frankfurter Unterh. Blatt, 4°.) 1855, Nr. 275: „Mozart's Grab". — Oesterreichisches Bürgerblatt (Linz, 4°.) 1855, Nr. 244, S. 975: „Der 5. December 1791" [eine Zusammenstellung der Mozart's Tod betreffenden Angaben]. — Ostdeutsche Post (Wiener politisches Blatt) 1855, Nr. 289: „In Angelegenheiten der Mozart'schen Grabstätte" [Zusammenstellung der verschiedenen über die Grabstätte Mozart's herrschenden Ansichten, von der man also nicht einmal mit Bestimmtheit angeben kann, ob sie auf dem St. Marxer oder dem Matzleinsdorfer Friedhofe sich befinde; ferner wird darin auch eines Gesuches der Prager gedacht, die Gebeine Mozart's exhumiren und nach Prag überführen zu dürfen]. — Presse (Wiener polit.

Journal) 1855, Nr. vom 15. December: „Mozart's Grabstätte betreffend" [in dieser Darstellung ist erschöpfend Alles zusammengefaßt, was über diesen Gegenstand bis zu jenem Jahre verhandelt worden]. — Wiener Conversationsblatt (Theater-Zeitung), von Adolph Bäuerle, 49. Jahrg. (1855), Nr. 278: „Mozart's Grabstätte" [mit höchst interessanten, noch unbekannten Einzelheiten]. — Ungarische Post (Pester politisches Journal (1855), Nr. 142, im Feuilleton [über Mozart's Grab]. — Neue Wiener Musik-Zeitung. Von F. Glöggl, IV. Jahrgang 1855), Nr. 48 und 50: „In Betreff der Grabstätte Mozart's", von Fr. Glöggl. — Zellner (L. A.), Blätter für Theater, Musik u. Kunst (Wien, schm. 4⁰.) 1855, Nr. 92: „Mozartiana" [interessante Mittheilungen Salieri's, Ludwig Gall's: eines Schülers Mozart's und Anderer über Mozart's Grabstätte]. — Die Donau (Wiener polit. Blatt) 1856, Nr. 15: „Beitrag zum Streit über Mozart's Begräbnißort, von J. E. Hölbling. — Europa (Leipzig, 4⁰.) 1859, Nr. 52, S. 1870: Nachricht, daß auf Kosten des Wiener Gemeinderathes das vergessene Grab Mozart's am 5. December 1859 mit einem Denkmale geziert wurde. Dieses stellt die trauernde Muse der Tonkunst dar auf einem mit dem Reliefporträte Mozart's geschmückten Sockel. — Frankfurter Konversationsblatt (belletrist. Beil. zur Postztg.) 1861, Nr. 287, S. 1146: „Am Todestage Mozart's. Ein Rückblick auf ältere und neuere Forschungen über das Grab Mozart's". Mitgetheilt von Karl Gollmick. — Ansicht des Grabes Mozart's. Mozart's Grab auf dem St. Marxer Kirchhofe in Wien, in der „Illustrirten Zeitung", Nr. 693: 11. October 1856, S. 240 Holzschnitt ohne Angabe des Zeichners und Xylographen. Von dem wenige Jahre darnach, 1859, dem Verewigten auf demselben Friedhofe von der Commune Wien's errichteten Denkmale ist eine photographische Ansicht vorhanden.

VI.

Zur Geschichte und Kritik von Mozart's grösseren Tonwerken.

Don Juan.

Die Quellen über diese Oper, wie über die übrigen sind, mit Ausnahme der selbstständigen Werke, welche jedesmal die Literatur eröffnen, chronologisch geordnet.

Mozart's Don Juan und Gluck's Jphigenia in Tauris. Ein Versuch neuer Uebersetzungen von C. H. Bitter (Berlin 1865, F. Schneider, 4 Bl. 487 S. gr. 8°.) [Vergl. darüber: Zarncke's Centralblatt 1866, Sp. 711; — Blätter f. liter. Unterhaltung 1866, Nr. 43, S. 685; — Allgemeine Zeitung 1866, Beilage zwischen Nr. 280—286.] — Biol (W. Dr.), Don Juan. Komisch-tragische Oper in zwei Aufzügen. Aus dem Italienischen in's Deutsche neu übertragen, nebst Bemerkungen über eine angemessene Bühnen-Darstellung (Breslau 1858, F. C. C. Leuckart, 8°.). — Wolzogen (Freiherr von), Ueber die spanische Darstellung von Mozart's „Don Giovanni", mit Berücksichtigung des ursprünglichen Textbuches von Lorenzo da Ponte. Mit einer Musik-Beilage (Breslau 1860, F. C. C. Leuckart [Constantin Sander], 8°.). — Journal für Literatur, Kunst und geselliges Leben (Weimar, 4°.) 1827, Nr. 13: „Einwendung gegen Mozart's Don Juan" [diese Einwendung ist italienischen Ursprungs und Manches des darin Gesagten beachtenswerth]; — dasselbe; 1827, Nr. 42: „Der ursprüngliche und der veränderte Don Juan". — Allgemeiner musikalischer Anzeiger. Redigirt von J. F. Castelli (Wien, bei J. F. Haslinger, 8°.) IV.Jahrg.(1832), S.159 [eine kurze und treffende Abweisung der an Mozart's „Don Juan" in Paris verübten Versündigung]; — dasselbe Blatt, VIII. Jahrg. (1836),

S. 59: „Ueber die Aufführung des „Don Juan" in Mailand und italienische Urtheile über ihn"; S. 70: „Ueber die Aufführung derselben Oper in der italienischen Opera zu Paris und über ihr gleiches Schicksal". — Frankfurter Konversationsblatt (4º.) 1841, Nr. 62: S. 62: „Die Ouverture zu Mozart's Don Juan". — Wiener allgemeine Musik-Zeitung. Von Aug. Schmidt. (4º.) V. Jahrg. (1845), Nr. 81, S. 322: „Wie wollte Mozart die Tafelscene in „Don Juan" aufgefaßt und gegeben haben?" Von J. P. Lyser. — Frankl (Ludw. Aug. Dr.), Sonntagsblätter (Wien, gr. 8º.) 1846, S. 245: „Zur Geschichte der Oper „Don Juan" von Mozart" von Alois Fuchs. — Critique et littérature musicales par P. Scudo (Paris 1850), enthält u. a. die Abhandlung: „Mozart et son Don Juan". — Die Breslauer oder die Schlesische Zeitung vom Jahre 1852 enthält in mehreren Nummern des Monats Februar (u. a. in Nr. 46, 50) „Erinnerung an Mozart und seinen Don Juan" [leider ist es mir nicht möglich, diese Angabe bestimmter zu machen]. — Frankfurter Konversationsblatt (4º.) 1853, Nr. 310 und 311: „Zur Inscenirung des Don Juan". von Karl Banck [knüpft an den Aufsatz: „Bemerkungen über Don Juan und Figaro" in dem von Theodor Fontane und Franz Kugler herausgegebenen Jahrbuche „Argo" für 1854 an]. — Argo. Belletristisches Jahrbuch, herausgegeben von Theodor Fontane und Franz Kugler (Dessau, Gebrüder Katz). Jahrg. 1854: „Bemerkungen über Don Juan und Figaro". — Wiener allgemeine Theater-Zeitung von Adolph Bäuerle, 1854, Nr. 226: „Eine Erfindung und die erste Aufführung des „Don Juan" auf dem Hoftheater in München"; durch diese Mittheilung wird mit dieser ersten Aufführung „Don Juans" in München, Sennefelder's so schöne Erfindung des Steindrucks in Verbindung gebracht]. — Allgemeine Theater-Chronik (Leipzig, 4º.) 1854, S. 3: „Die Besetzung der Oper „Don Juan" von der ersten Vorstellung am 20. December 1790 bis einschließlich zur 299. Vorstellung am 25. November 1853 im K. Hoftheater in Berlin" [ein interessanter Beitrag zur Geschichte der Berliner Oper]. — L'Illustration, Journal universel Paris, (kl. Fol.) 1855, p. 10: „Manuscrit autographe du Don Giovanni de Mozart", par Louis Viardot [Dar-

ſtellung, wie Madame Pauline Viardot in den Befiß des Ori-
ginal-Manuſcripts von Mozart's „Don Juan" gelangte]. —
Deutſche Theater-Zeitung 1856, Nr. 23, S. 99: „Eine
Mozart-Anekdote" aus einer brieflichen Mittheilung von Mozart's
Sohn Karl, mit der Bemerkung, ſie dürfte noch in keiner Biographie Mozart's vorkommen. Sie betrifft die Compoſition der
Arie: „bella mia fiamma addio" im „Don Juan"]. — Didaskalia. Blätter für Geiſt, Gemüth und Publicität (Frankfurt a. M.,
4⁰.) 1856, Nr. 302: „Don Juan von Mozart. Recitative, oder nicht
Recitative? Das iſt die Frage", von Schnyder von Warten-
ſee. — Sonntagsblatt. Beiblatt zur Neuen Salzburger Zeitung, 1856, Nr. 19: „Die Partitur des Don Juan". — Intelligenzblatt zur Salzburger Landes-Zeitung 1856,
Nr. 68: „Kittel über Mozart's Don Juan". — Neue Wiener
Muſik-Zeitung von F. Glöggl, V. Jahrg. (1856), Nr. 9,
10, 12, 13, 14: „Das autographe Manuſcript des „Don Giovanni", von Mozart. — Das Linzer Wochenbulletin für
Theater u. ſ. w., redigirt von J. A. Roſſi, IX. Jahrg. (1856),
Nr. 19: „Wie die Ouverture zu Mozart's „Don Giovanni"
geſchrieben wurde". — Didaskalia (Frankfurter Unterhaltungsblatt, 4⁰.) 1856, Nr. 69: Zur Geſchichte der Arie im „Don Juan":
„bella mia fiamma, addio", welche Mozart für die berühmte
Sängerin Joſepha Duſchek geſchrieben. — Oeſterreichiſche
Zeitung (Wiener polit. Blatt, Fol.) 1856, Nr. 95, im Feuilleton: „Ueber die autographiſche Partitur des Mozart'ſchen „Don
Juan". — Gazzetta musicale di Milano (Ricordi editore,
4⁰.) 1856. Nr. 47, 48 e 49: im Appendice: „Manoscritto auto-
grafo del Don Giovanni di Mozart" (di Luigi Viardot). —
Europa. Chronik der gebildeten Welt (Leipzig, 4⁰) 1858,
Nr. 41: „Der urſprüngliche Text des Don Juan" [eine Darſtel-
lung der Geſichtspunkte, welche den Dr. W. Viol bei ſeiner Ueber-
ſeßung des „Don Juan" aus dem Italieniſchen geleitet haben].
— Recenſionen und Mittheilungen über Theater und Muſik
(Wien, Klemm, 4⁰.) V. Jahrg. (1859), Nr. 25: „Mozart's Don
Juan"; — dieſelben (Wien, Wallishauſſer'ſche Buchhandlung, 4⁰.)
VI. Jahrg. (1860), Zweites Halbjahr, S. 588—592: „Zur Don
Juan-Literatur", von Dr. Leopold von Sonnleithner [eine

nach dem Erscheinen von Jahn's „Mozart" noch immer eben so wichtige als interessante Nachlese zur Geschichte des Libretto des Mozart'schen „Don Juan"]. — Deutsche Musik-Zeitung von Selmar Bagge (Wien 4⁰.) 1860, Nr. 28 und 29: „Mozart's Don Juan u. A; v. Wollzogen's Broschüre" von H. J. Vincent. — Temesvárer Zeitung 1862, Nr. 231: „Bunte Steine auf dem Felde älterer und neuer musikalischer Literatur, gesammelt von W. F. Speer. VIII. Octavio in der Oper „Don Juan", „kein verlorener Posten" [sehr beherzigenswerthe Ansichten über die Auffassung dieser Rolle]. — Breslauer Zeitung 1862, Nr. 405: „Die Ouverture des „Don Juan" aus des Schauspielers Eduard Genast Autobiographie. Genast theilt dieß aus dem Munde seines Vaters Anton mit, der mit Mozart befreundet war]. — Fremden-Blatt von Gustav Heine (Wien, 4⁰.) 1862, Nr. 278: „Ueber die Composition der Don Juan-Ouverture" [es wird die Mittheilung Genast's in seinen Memoiren, daß M. diese Ouverture erst unmittelbar vor der Vorstellung geschrieben, durch eine andere aus der „Gartenlaube" vollständig berichtigt]. — Posener Zeitung 1863, Nr. 116: „Ein neuer Text zu „Don Juan" [diese neue Uebersetzung ist von Dr. Wendling, Burgpfleger des Schlosses Nymphenburg, ausgeführt]. — Zellner's Blätter für Theater, Musik u. s. w. (Wien, 1864) Nr. 20: „Aufforderung des Herrn Dr. Leop. v. Sonnleithner", nach dem Wiener Textbuche des „Don Juan" vom Jahre 1788 zu forschen und es ihm zur Abschrift zu überlassen. [Von der Oper „Don Juan" waren bis dahin zwei Libretti bekannt: das erste Prager Libretto, derzeit im Besitze des preuß. schlesischen Gutsbesitzers Grafen York von Wartenburg; und ein zweites auch in Prag veranstalteter Abdruck, den Herr Dr. v. Köchel aufgefunden. Um aber die Gestaltungsentwicklung dieser „Oper aller Opern" endgiltig festzustellen, ist das Wiener Textbuch vom Jahre 1788 erforderlich; diesen beabsichtigt Herr v. S. durch einen Abdruck allgemein zugänglich zu machen, wenn es gelungen, ihn aufzufinden, was ihm auch gelang. Siehe weiter unten. — Recensionen und Mittheilungen über Theater und Musik (Wien, Löwenthal, 4⁰.) XI. Jahrg. (1865), Erstes Halbjahr, Nr. 3, S. 32: „Mozartiana", von L. v. Sonnleithner [über Mozart's „Don

Juan", und zwar über die Eintheilung der Scenen und Gesangs-
stücke, wie sie ursprünglich bei der Aufführung in Prag (29. October 1787) stattfand, und wie sie im Jahre 1788 für Wien abge-
ändert ward, und Würdigung der Gründe dieser Abänderung]; —
dieselben, Nr. 7, S. 97: „Mozartiana, II.", von Leopold von
Sonnleithner [über das lange vergeblich gesuchte und endlich
bei dem Tonsetzer Joseph Dessauer aufgefundene Wiener Libretto
des „Don Giovanni", dessen Abweichungen von dem Prager Textbuche aufgezählt werden]; — dieselben, Nr. 48, S. 753: „Mozartiana, IV.", von L. von Sonnleithner [über die Scenirung
des „Don Juan", wobei der Verfasser aufmerksam macht, vor
Allem festzustellen, was Dichter und Tonsetzer selbst gewollt und
vorgeschrieben haben, und daran so wenig wie möglich zu mäkeln
und zu ändern]. — Morgenblatt für gebildete Leser (Stuttgart, Cotta, 4º) 1865: Nr. 32—34: „Zur Oper Don Juan". —
Wiener Zeitung 1866. Nr. 293, 295, 302, 304: „Ueber die
Scenirung des „Don Juan" im k. k. Hof-Operntheater, I—VI",
von Dr. Wörz. — Grenzboten (Leipzig, 8º) herausgegeben
von G. Freytag, 1867, Nr. 5: „Ein neuer Text zu Mozart's
Don Juan". — Philarète Chasles. Études contemporaines, théâtre, musique et ouvrages (Paris 1867, Amyot, 8º.) p. 187: „Com-
ment l'opéra de Don Juan fut créé". — Zellner's Blätter
für Theater, Musik und bildende Kunst 1867, Nr. 18: „Ueber
Don Juan. Scenirungen". — Unter den zahllosen kritisch-ästhetischen und historischen Arbeiten über Don Juan ist aber vor
allen zu erwähnen: Otto Jahn's W. A. Mozart" (Leipzig
1856—1859, 8º.) Bd. IV, S. 296—452: ein wahres „Werk im
Werk". — Der Aufführung des „Don Juan" in Paris im Jahre
1805 erging es wie dem „Tannhäuser" Wagner's. Es fehlte
nicht an Witzeleien und Spötteleien. Bei der fünften oder sechsten Vorstellung, welche schon vor leeren Bänken stattfand, fand
man an der Thüre des Opernhauses das folgende — später von
mehreren großen Journalen aufgenommene Epigramm:

Le fameux Don Juan, si j'en crois votre air triste
Ne vous a point fort enchanté.
„Don Juan?" si parbleu: Buvons à la santé,
De Gardel et du machiniste! —

In Paris ist das Libretto des „Don Juan" mit Mozart's Namen unter dem Titel: „Don Juan. Opéra en cinq actes" (Paris, Ad. Guyet; Urb. Canel 1834, 8º.), als wenn er auch der Verfasser des Libretto's wäre, erschienen. — Ignaz von Mosel hat den „Don Juan" als Streichquartett bearbeitet und ist dieses im Jahre 1806 auch im Stiche veröffentlicht worden.

Die Zauberflöte.

Die Zauberflöte. Texterläuterungen für alle Verehrer Mozart's. Nebst dem vollständigen Texte der Zauberflöte (Leipzig 1866, Theodor Lißner, 8º.). [Darüber: Blätter f. liter. Unterhaltung 1866, Nr. 43, S. 685.] — Mozart und Schikaneder. Ein theatralisches Gespräch über die Aufführung der Zauberflöte im Stadttheater. In Knittelverfen von .****** *****.*** (Wien 1801, Albertische Schriften, kl. 8º., 24 S.). — Nohl (Ludwig Dr.), Die Zauberflöte. Betrachtungen über die Bedeutung der dramatischen Musik in der Geschichte des menschlichen Geistes (Frankfurt a. M. 1862, Sauerländer, VII, 319 S. 8º.). — Journal des Luxus und der Moden 1794, S. 364: „Ueber Mozart's Oper: „die Zauberflöte" von L. v. Batzko [Batzko ist der Erste, der die nachmals so viel besprochene Allegorie dieser Oper aussprach und im obigen Artikel ist sie auch allen ihren Einzelheiten nach ausgeführt]; — dasselbe, S. 539: „Nachtrag zur Geschichte von Mozart's Zauberflöte". — Sammler (Wiener Blatt, 4º.) 1813, Nr. 83: „Aufführung der Zauberflöte am Hof-Operntheater", von Ign. Edl. von Mosel; Nr. 148: „Ueber die Arien der Königin der Nacht", von Ebendemselben. — Unser Planet. Blätter für Unterhaltung u. s. w. IV. Jahrg. (1833). Nr. 263: „Ueber Mozart's Zauberflöte" (anläßlich der wegwerfenden Urtheile über das Substantielle der Oper]. — Berliner Figaro. Redig. von L. W. Krause, VIII. Jahrg (1838), S. 839: „Mozart und Schikaneder" [zur Geschichte der „Zauberflöte". Von einem Etr. (vielleicht Dettinger) erzählt, machte diese Bluette jahrelang die Runde durch verschiedene Journale]. — Oesterreichischer Zuschauer, herausg. von J. S. Ebersberg (Wien, 8º.) 1841, Nr. 113: „Vor fünfzig Jahren" [zur Geschichte der Entstehung der Oper: „Die Zauberflöte"]. — Wiener Zeitschrift für Kunst, Literatur, Theater und Mode (8º.),

Redacteur Friedrich Wittbauer, 1842, Nr. 14: „Musikalischer Gedankenausflug, veranlaßt durch die Wiederaufführung von Mozart's „Zauberflöte", von Karl Kunt. — Wiener allgemeine Theater-Zeitung von Adolph Bäuerle, 1842, Nr. 31, S. 143: „Zur Geschichte der Zauberflöte", von Alois Fuchs [ebenso interessant als authentisch]. — Berliner Figaro von L. W. Krause, XII. Jahrg. (1842), „die erste Stimme" von Ludwig A. Frankl, [auch in den Sonntagsblättern 1842, Nr. 35]. — Allgemeine Wiener Musik-Zeitung von August Schmidt. II. Jahrg. (1842), Nr. 15: „Beitrag zur Geschichte der Oper: „die Zauberflöte", von Alois Fuchs; ebenda Nr. 129: „Bemerkung über die Ausführung einer Stelle aus Mozart's Zauberflöte" von Gustav Barth. — Gräffer (Franz), Kleine Wiener Memoiren u. s. w. (Wien 1845, Fr. Beck, 8º.) S. 21: „Mozart und Schikaneder" [zur Geschichte der Oper: „Die Zauberflöte"]. — Derselbe, Josephinische Curiosa (Wien 1848, Klang, 8º.) Drittes Bändchen, S. 174. Nr. 45: „Die ersten Spuren des Jacobinismus unter Joseph. Die Zauberflöte als Allegorie der Revolution". — Das Linzer Wochen-Bulletin. Redigirt von Rossi, 1853, Nr. vom 5. Februar: „Schikaneder und Mozart" [zur Geschichte der Entstehung des Duettes „Papageno und Papagena", von Castelli]. — Oesterreichische Zeitung (Wiener polit. Blatt) 1855, Nr. 400: „Schikaneder und Mozart — zwei Dämagogen" [zur Geschichte der „Zauberflöte". Aus einer im Jahre 1794 zu Mannheim erschienenen Monatschrift, in welcher die Charakteristik der Personen in der „Zauberflöte" ausdrücklich angegeben ist] — Monatschrift für Theater und Musik. Herausgeber Joseph Klemm (Wien 4º.) III. Jahrg. (1857), S. 444: „Die Entstehung der „Zauberflöte", von H—n. — Didaskalia (Frankfurter Unterhaltungsblatt, 4º.) 1857, Nr. 233: „Mozart und die Zauberflöte" [eine von den bisherigen Versionen über Entstehung dieser Oper abweichende Darstellung aus der in Wien erschienenen „Monatschrift für Theater und Musik"]. — Augsburger Postzeitung 1857, Beilage zu Nr. 257, S 1026: „Die Zauberflöte" [ein Versuch die Albernheit des ursprünglichen Textes nachzuweisen.] — Hirsch (N.), Mozart's Schauspieldirector Musikalische Reminiscenzen (Leipzig 1859, Matthes, kl. 8º.) S. 45—70: „Einiges über die Zauberflöte". — Jahn (Otto), W.

A. Mozart (Leipzig 1856—1859, Breitkopf und Härtel, 8⁰.) Bd. IV (1859), S. 553—557; 591—679. — Europa. Von Gustav Kühne, 1859, Nr. 50, S. 1780: „Die Allegorie in der Zauberflöte". — Augsburger Postzeitung 1860, Beilage Nr. 39, S. 153: „Noch einmal die Zauberflöte" [bringt als Beweis, daß die Zauberflöte eine Verherrlichung des Freimaurerthums sei, eine Stelle aus Eduard Breier's Roman: „Die Zauberflöte". Das ist wohl neu, einen historischen Beweis aus einem Roman zu führen!] — Zwischen=Akt (Wiener Theaterblatt, Fol.) Jahrg. 1862, Nr. 5, „Ueber die Entstehung des „Papageno=Liedes" in der Zauberflöte". — Korrespondent von und für Deutschland (Nürnberger Korrespondent) 1865, Nr. 595: „Die Zauberflöte in Wien und Paris" [auch in der Didaskalia (Frankfurter Unterhaltungsblatt, 4⁰.) 1865, Nr. 320]. — Einzelnes. Nach Theodor Lißner's Erläuterungen zur „Zauberflöte" wäre die allegorische Andeutung der darin auftretenden Personen folgende: Sarastro der berühmte Born; Tamino Joseph II.; Königin der Nacht Maria Theresia; Monostatos die päpstliche Clerisei und das Mönchthum; Pamina das österreichische Volk, u. z. der edlere Theil desselben; Papageno und Papagena der genußsüchtige Theil des österreichischen Volkes. — Die Original=Partitur der „Zauberflöte", welche der Berliner Banquier Jacques um eine hohe Summe — man sagt 3000 Thaler — gekauft, hat dieser der königl. Bibliothek in Berlin zum Geschenke gemacht. Jacques erhielt dafür den Rothen=Adler=Orden. [Neue freie Presse (Wiener Blatt) 1866, Nr. 606.] — Anläßlich der 300. Aufführung der „Zauberflöte" in Berlin ließ die Theater=Intendantur ein theatergeschichtliches Programm an das Publicum vertheilen, welches eine Rückschau auf die bisherigen Aufführungen und deren vielfach wechselnde Besetzungen enthält. — Ein Herr Schwarzböck hat im Jahre 1835 den merkwürdigen Versuch gemacht, die Ouverture von Mozart's „Zauberflöte" von menschlichen Stimmen vortragen zu lassen. Dieser Versuch fand in einer Akademie in Wien im September 1835 statt. — Im Foyer des neuen Opernhauses in Wien sind neben Büsten von dreizehn anderen Compositeuren auch jene Mozart's aufgestellt und in der Lunette oberhalb derselben von Moriz Schwind in Tempera Scenen aus der „Zauberflöte" gemalt worden.

Die Hochzeit des Figaro.

Sammler (Wiener Blatt, 4⁰.) 1809, Nr. 128: „Ueber die Hochzeit des Figaro", von Mosel. — Pappe (J. J. C.), Lesefrüchte vom Felde der neuesten Literatur u. s. w. (Hamburg 8⁰.) Jahrg. 1825, 4. Bd. S. 350, Nachricht über die erste Aufführung von Mozart's Oper: „Die Hochzeit des Figaro" [aus den in London im Jahre 1825 erschienenen Erinnerungen von Kelly] — Theater-Zeitung von Adolph Bäuerle, 1852, Nr. 251: „Mozart's Verzweiflung" [Episode in der ersten Aufführung seiner Oper: „Figaro's Hochzeit" in Wien]. — Jahn (Otto), W. A. Mozart (Leipzig 1856, Breitkopf u. Härtel, 8⁰.) Bd. IV, S. 184—273. — Feuilleton der Neuen Frankfurter Zeitung (4⁰.) 1861, Nr. 226, S. 902: „Mozarts Hochzeit des Figaro" [aus Da Ponte's Denkwürdigkeiten]. — Ostdeutsche Post (Wiener polit. Blatt), herausgegeben von Ign. Kuranda, 1861, Nr. 262, im Feuilleton: „Zur Geschichte der Oper Mozart's: „Die Hochzeit des Figaro". — Recensionen und Mittheilungen über Theater und Musik (Wien, 4⁰.) X. Jahrg. (1864), S. 561 u. 577: „Mozart's verdeutschter Figaro", von C—r [Vorschlag zu einer theilweisen Textänderung; — dieselben, XI. Jahrg. (1865), Nr. 12, S. 176, u. Nr. 14, S. 209: „Mozart's verdeutschter Figaro" [bringt die Textänderungen des deutschen „Figaro"]; — Nr. 46, S. 721: „Mozartiana, III.", von Leop. v. Sonnleitbner [über die libretti der Oper: „Nozze di Figaro", deren Texte im ersten libretto vom Jahre 1786 und von der im Jahre 1789 erschienenen zweiten Auflage nicht unwesentlich abweichen: Mozartiana I. II. und IV. betreffen den Don Juan]. — Neue freie Presse, (Wiener politisches Journal) 1868, Nr. 1225, im Feuilleton, über „Figaro's Hochzeit", von Ed. H.(anslick) [interessante kritische und ästhetische Bemerkungen über diese Oper Mozart's]. — In der „Augsburger Allgemeinen Zeitung" war zu Ende des Jahres 1860 folgendes Inserat abgedruckt: „Die Original-Partitur zu Figaros Hochzeit (Le nozze di Figaro) von Mozart ist zu verkaufen. Etwaige Anbote wolle man bis Ende Februar 1861 in frankirten Zuschriften an den Unterzeichneten gelangen lassen, Preßburg (in Ungarn) Nonnenbahn 82, Vollmar Schurig. — Emil Kneschke in seinem Buche: „Zur Geschichte des Theaters und der Musik in Leipzig" (1864), erzählt S. 76: daß Mozart's Oper: „Die Hochzeit des Figaro", in Leipzig schon im Jahre 1785 gegeben worden. Nun aber wurde diese Oper von Mozart erst im Jahre 1786 componirt. Dieser Druckfehler hätte wenig zu bedeuten, wenn nicht der Recensent dieses Buches in der „Oesterreichischen Wochenschrift für Wissenschaft, Kunst und öffentliches Leben", Jahrg. 1864, Nr. 23, ohne den Irrthum oder Druckfehler zu bemerken, diese Angabe als eine „interessante Notiz" bezeichnete. Da ruft der erste Entdecker dieser Irrthumskette wohl mit Recht aus: „Da hört denn doch die Gemüthlichkeit auf!"

Idomeneo.

Sammler (Wiener Blatt, 4°.) Jahrg. 1800, Nr. 141: „Ueber Mozart's Idomeneo", von J. v. Mosel. — Jahn (Otto), W. A. Mozart u. s. w. Bd. II, S. 428—487 und 550—568. — Bremer Sonntagsblatt 1864, Nr. 3 u. 4: „Mozart und die Oper Idomeneo", von Fr. Pletzer. — Recensionen und Mittheilungen über Theater und Musik (Wien, 4°.) X. Jahrgang (1864), S. 715 u. 726: „Idomeneus" von Mozart auf der Dresdener Hofbühne", von Alfred von Wolzogen. — Im Jahre 1856 bot der Buchhändler Franz Stage in Berlin die vollständige Original-Partitur des „Idomeneo" mit der dazu gehörigen, so gut als unbekannten Balletmusik, dann mehrere kleinere Opern, Symphonien, die berühmten Clavierconcerte mit Orchester-Begleitung und kleinere Skizzenblätter zum Verkaufe aus.

Cosi fan tutte.

Jahn (Otto), W. A. Mozart u. s. w. Bd. IV, S. 486. — Morgenblatt (Stuttgart, Cotta, 4°.) 1856, S. 75—84: „Ein deutsches Textbuch zu Mozart's Cosi fan tutte", von G. Bernhard, — Fremden-Blatt (Wien, 4°.) 1862, Nr. 318: „Warum Mozart's „Cosi fan tutte" seit 1820 in Paris nicht gegeben wurde?" [Nach 1820 kam es erst im Jahre 1862 wieder auf das Pariser Repertoir Der durch das Springen eines Küchen-Dampfkessels verursachte Tod des Sängers Naldi, der mit seiner Tochter in der Oper beschäftigt war, veranlaßte die Zurücklegung dieser Oper]. — Wiener Zeitung 1863, Nr. 41, S. 534: „Cosi fan tutte" [eine interessante Uebersicht der Aufführungen dieser Oper in Wien und ihrer Besetzungen. von Dr. Rudolph Hirsch.] — Recensionen und Mittheilungen über Theater und Musik (Wien, Löwenthal, vormals Klemm, 4º.) IX. Jahrg. (1863), S. 65: „Mozart's „Cosi fan tutte“. Der Text. Die Bearbeitungen. Otto Jahn über die Musik“ [Ergänzungen zu Jahn].

La Clemenza di Tito.

Sammler (Wiener Blatt, 4º.) 1810, Nr. 141: „Ueber Mozart's Clemenza di Tito“, von Ign. v. Mosel; — dasselbe Blatt, 1812, Nr. 67: „Gegen Geoffroy's Urtheil über M.'s „Clemenza di Tito“, von Ebendemselben. — Jahn (Otto), Mozart (Leipzig u. s. w.) Bd IV (1859). S. 567—591. — Ignaz von Mosel hat diese Oper als Streichquartett bearbeitet.

Entführung aus dem Serail.

Jahn (Otto). W. A. Mozart (Leipzig, 1856—1859. Breitkopf u. Härtel, 8º.) Bd. III, S. 44—45; 69—128; 469—473. — Die Mittheilung, die sich hie und da findet, daß die „Entführung aus dem Serail“ Mozart's erste Oper sei, ist irrig, und dieser Irrthum von Jahn auch nachgewiesen. Am Tage vor Mozart's Verlobung mit seiner geliebten Constanze wurde die erwähnte Oper: „Belmont und Constanze“, wie auch die „Entführung aus dem Serail“ heißt, in Wien zum ersten Male gegeben. Mozart's Braut wohnte zu jener Zeit in dem Hause, welches den volksthümlichen Namen „Zum Auge Gottes“ führte. Nun ließen mehrere schalkhafte Freunde Mozart's am obgedachten Verlobungstage einen Zettel drucken, welcher dem Theateranschlage vollkommen ähnlich war und an mehreren der vorzüglichsten Anschlagplätze stand zur großen Freude des an Mozart so warmen Antheil nehmenden Wiener Publicums zu lesen: „Heute den u. s. w. u. s. w. Wolfgang und Constanze, oder die Entführung aus dem Auge Gottes“.

Der Schauspieldirector.

Hirsch (R.), Mozart's Schauspieldirector. Musikalische Reminiscenzen (Leipzig, 1859, Heinrich Matthes, 98 S. kl. 8º).

11

— Jahn (Otto), W. A. Mozart u. s. w., Bd. IV, S. 152 bis 158. — Europa von Gustav Kühne, 1859, Nr. 10, Sp. 353: Ueber Mozart's Oper: „Der Schauspieldirector" [Mittheilungen auf Grund des von Siegfried Schmidt arrangirten, bei Breitkopf und Härtel in Leipzig erschienenen Clavierauszuges]. — Ueber Herrn Louis Schneider's (Hofrath) Bearbeitung des Textbuches zu Mozart's „Schauspieldirector" stößt ein Recensent im Abendblatte der Neuen Münchener Zeitung 1859, Nr. 135, folgenden Ausruf aus: „Vivat, Herr Hofrath Louis Schneider in Berlin! der nicht nur so den herrlichen Tonmeister auf die Bühne gebracht hat, sondern ihm, der im Leben nicht Frieden und Ruhe hatte, auch noch nach dem Tode die ekelhafteste Geilheit und das Metier eines Wüstlings andichtete."

Zaide.

Allgemeiner musikalischer Anzeiger (Wien, Haslinger, 8°). Redigirt von J. F. Castelli, XI. Jahrgang (1839). S. 65: „Mozart's Oper „Zaide" (diese Oper, welche mit der „Entführung aus dem Serail" von Mozart auffallende Aehnlichkeit besitzt, erschien zuerst im Jahre 1839 bei André in Offenbach im Stiche. Schlußsatz und Ouverture, welche daran fehlten, sind dazu componirt worden. Karl Gollmick aber dichtete dazu einen passenden Text). — Jahrbücher des deutschen National-Vereins für Musik und ihre Wissenschaft (Karlsruhe, Groos) 1839, Nr. 10: „Ueber den Zusammenhang von Mozart's „Zaide" mit seiner „Entführung aus dem Serail", v. G. Schilling. — Jahn (Otto), Mozart u. s. w. Bd. II, S. 400—420.

L'oca di Cairo.

Ein in Paris lebender Musicus Max Wilder hat die Bruchstücke von Mozart's Oper: „Die Gans von Kairo" geschickt vervollständigt, das Sujet in 2 Acte zusammengezogen und sie mit glänzendem Erfolge im Jahre 1867 zur Aufführung gebracht. Mozart's Fragment ist früher bei André in Offenbach im Stiche erschienen. In Deutschland hat man aus Pietät für Mozart etwas Solches nicht gewagt. — Jahn (Otto), W. A. Mozart u. s. w. Bd. IV, S. 163—179. — Recensionen und Mittheilungen über Theater und Musik (Wien,

Klemm, 4). VI. Jahrg. (1860). Erstes Halbjahr, S. 253. „Eine nachgelassene Oper Mozart's", von Karl Gollmick (betrifft die Oper l'oca di Cairo). — Europa (Leipzig 1867), Nr. 33, „Die Gans von Kairo". — 1867 im October wurde im Friedrich Wilhelmstädtischen Theater in Berlin zum ersten Male Mozart's „Gans von Kairo" zur Aufführung gebracht. — Dann folgte Wien, wo sie — nicht im Hofoperntheater — sondern im Theater in der Leopoldstadt, am 15. April 1868 zum ersten Male, jedoch ohne besonderen Erfolg, gegeben wurde.

König Thamos.

Die Frankfurter Museum-Gesellschaft hat im Jahre 1866 die Musik Mozart's zu dem seiner Zeit durchgefallenen Gebler-schen Drama: „König Thamos" mit einem verbindenden Gedichte von Freiherrn v. Bincke mit entschiedenem Erfolge in einem Concerte zur Aufführung gebracht. Mozart selbst hatte auf die Composition weiter keinen besonderen Werth gelegt, ließ die Chöre mit lateinischem Texte versehen und zu Kirchenstücken verwenden. In dieser Form wurden sie unter der Bezeichnung: „Hymnen" gedruckt. Nun wurde die Composition ihrer ursprünglichen Form zurückgegeben. — Jahn (Otto), W. A. Mozart u. s. w. Bd. III. S. 393—400 und 545—549.

Einige kleinere Tonstücke.

Das Veilchen-Lied. Mozart's Veilchen (Lied) nebst einer Skizze seines Lebens und Endes (Prag, Bohmann's Erben). — Das Veilchen. Von Göthe. Lied für eine Singstimme mit Clavierbegleitung. (Wien, Haslinger.) — Die romantische Geschichte dieser Composition (v. Köchel's Them. Catalog, Nr. 476) findet man in der Schrift: Das Siebengestirn und die kleineren Sterngruppen im Gebiete der Tonkunst. Aus Seraf Lener's Werken (Pesth 1861, gr. 8.) 1. Bd. S. 61—65. — Die Dorfmusikanten. In Julius Eberwein's „Vater Haydn, dramatisches Gedicht in einem Aufzuge" (Leipzig, 1863, Matthes) befindet sich ein Anhang, betitelt: „Mozart's Dorfmusikanten", worin die Erzählung dieses Tonstückes in gereimten Versen gegeben ist. — Mozart's Sonaten und Clavier-Compositionen. Lorenz (Franz Dr.), W. A. Mozart als Clavier-Componist (Breslau 1866,

F. E. C. Leuckart, 63 S. Text und 4 Blätter Notenbeilagen, 8.)
[eine ästhetisch-kritische Beleuchtung der Werke Mozart's für das
Clavier, wohin seine zwei- und vierhändigen Sonaten, Phantasien, Duetten, Trio, Quartetten, Quintetten und Concerte gehören. Das thematische Verzeichniß der 60 im Texte angeführten
Clavierwerke Mozart's ist beigegeben. Das Ganze ist das
Werk eines gediegenen Musikkenners, geweiht durch die tiefe Verehrung des verewigten Tonheros, gewürzt durch feine Bemerkungen, mitunter Ausfälle auf Unzukömmlichkeiten, die sich überall
zum Nachtheile der Wahrheit breit machen]. — Aesthetische
Rundschau. Von A. Czeke (Wien 4.) II. Jahrg. (1867),
Nr. 3: „Mozart's Claviersonaten", von F. Kubicek. — Allgemeine Musik-Zeitung (Leipzig. 4.) XV. Jahrg. S. 385
u. ff.: Ueber die Composition Mozart's Allegro und Andante für
Clavier (v. Köchel. Nr. 533) [über eine Stelle im zweiten Theil
des Andante]. — Mozart's zweites Streichquartett in
D-moll. Donau (Wien, polit. Journ.) 1856, Abendblatt Nr. 42.
— Offertorium Johannis. Die Hamburger „Jahreszeiten"
geben im Jahre 1851 unter dem Titel: „Das Offertorium". Episode aus Mozart's Jugend (Wahrheit keine Dichtung) die
Entstehungsgeschichte des Offertoriums, zu welchem Mozart den
Text: „Inter natos mulierum, non surrexit major, etc." aus dem
Missale nahm. Mozart zählte neun Jahre, als er dieses Offertorium componirt hatte. Die Geschichte machte die Runde durch
alle Journale. — Salzburger Zeitung 1863, Nr. 141, im
Feuilleton: „Der Mönch und der Tonkünstler. Episode aus Mozart's Leben", von J. A—r. (erzählt die Entstehung des vorerwähnten Offertoriums Joannis Baptistae). — Ueber die zahlreichen übrigen Compositionen Mozart's findet man historische, kritische und ästhetische Nachweise in Otto Jahn's „Mozart", der
in dem dem 4. Bande angehängten Register, S. 811—815, einen
trefflichen Wegweiser zu diesem Zwecke gibt.

Das Requiem.

a) Selbstständige Schriften über die Echtheit dieses Werkes.
Weber, Gottfried) Ergebnisse der bisherigen Forschungen über
die Echtheit des Mozart'schen Requiem (Mainz 1826, im Verlage

der Hofmusikhandlung von B. Schott's Söhnen, XXIV u. 96 S.
gr. 8., mit einer Notenbeilage) [wie schon der Titel andeutet,
eine Zusammenfassung der ganzen Polemik über diesen Gegen-
stand]. — Ergebnisse über die weiteren Forschungen über die
Echtheit des Mozart'schen Requiem (Mainz 1826, Schott). —
Stadler (Maximilian Abbé), Vertheidigung der Echtheit des
Mozart'schen Requiem (Wien 1826, Tendler, gr. 8.). — Der-
selbe, Nachtrag zur Vertheidigung der Echtheit des Mozart'schen
Requiem. Allen Verehrern Mozart's gewidmet von .... (Wien
1827, Tendler u. v. Mannstein 18 S. gr. 8.) — — Derselbe.
Zweiter und letzter Nachtrag zur Vertheidigung der Echtheit des
Mozart'schen Requiem, sammt Nachbericht über die Ausgabe dieses
Requiem durch Herrn André in Offenbach, nebst Ehrenrettung
Mozart's und vier fremden Briefen. Allen Verehrern Mo-
zart's gewidmet vom .... (Wien 1827, Mausberger's Druck
und Verlag, 51 S. gr. 8.) [die Briefe sind von Herrn und Frau
von Nissen, von Beethoven und einem Ungenannten]. —
Siever's (G. L. P.). Mozart und Süßmayer, ein neues
Plagiat, Ersterem zur Last gelegt und eine neue Vermuthung, die
Entstehung des Requiems betreffend (Mainz 1829, im Verlage
der Hofmusikhandlung von B. Schott's Söhnen, XL und 77 S.
gr. 8.). [S. I—XII Vorwort; XIII—XL Nachtrag (zum Vorwort
S. 1 bis 77: Mozart und Süßmayer); wahrhaftig Schade um
das viele bedruckte Papier. Uebrigens hat diese abgeschmackte
Fehde über die Autorschaft des „Requiem' ungeheure Reclame
gemacht für dieses Meisterwerk, das vielleicht sonst nicht so popu-
lär geworden wäre]. — Mosel (J. F. Edler v.): Ueber die
Original-Partitur des Requiem von W. A. Mozart. Seinen
Verehrern gewidmet durch — — (Wien 1839, A. Strauß's sel.
Witwe, 33 S. gr. 8.) [diese besitzt die k. k. Hofbibliothek, und
diese Schrift Mosel's hat allen weiteren Diatriben über die
Echtheit des Requiem ein Ende gemacht]. — b) in Zeitschriften
zerstreute Aufsätze (chronologisch geordnet). Pappe (J. J. C.)
Lesefrüchte vom Felde der neuesten Literatur u. s. w. (Hamburg 8.,
1827. 4. Bd, 28. Stück. S. 433; „Die Entstehung von Mozart's
Requiem und ein Brief desselben". [Es ist die Darstellung, wie
J. A. Schlosser in seiner Biographie Mozart's sie gibt;

der Brief, wahrscheinlich aus Prag 1790, fehlt bei N o h l.] —
H a m m o n i a (Unterhaltungsblatt, 4.) 1827. Nr. 64, Sp. 547:
„Noch ein Wort über das Mozart'sche Requiem" [weist die
Lächerlichkeit des Streites über die Echtheit des Requiems nach];
die Notiz ist einer biographischen Nachricht über Benedict S c h a k
in Nr. 30 der allgemeinen musicalischen Zeitung entnommen;
S c h a k war ein Freund, Vertrauter und Hausgenosse M o z a r t'š].
— W i e n e r Z e i t s c h r i f t für Kunst, Literatur, Theater und
Mode. Herausgegeben von Johann S c h i c k h, 1828, S. 703
und 714: „Das Mozart'sche Requiem" [gegen die Behauptungen
Gottfried W e b e r'š in Darmstadt, welcher der Erste war, der die
Echtheit des Mozart'schen Requiem anzweifelte]. — A l l g e m e i n e
W i e n e r M u s i k z e i t u n g. Redigirt von August S c h m i d t,
IV. Jahrg., (1844) S. 439: „Offenes Sendschreiben an die
geehrte Redaction der Wiener Musik-Zeitung" von ihrem Mitarbei=
ter Alois F u c h s [bringt Berichtigungen der von einem gewissen
G. P r i n z in die Welt gesetzten Unrichtigkeiten über M o z a r t'š
Requiem]; — dieselbe S. 448: „Berichtigung über M o z a r t'š Re=
quiem, als Beantwortung des offenen Sendschreibens des Herrn
Mitarbeiters Alois Fuchs", von G. P r i n z. — F r a n c k l (Lud=
wig August), Sonntagsblätter (Wien, 8.) 1844, S. 560: „Zur
Geschichte des Requiem von Mozart". — R h e i n i s c h e B l ä t =
t e r für Unterhaltung u. s. w. Beiblatt zum Mainzer Journal
(Mainz, 4.) 1850, Nr. 179, S. 714: „Mozart's Requiem" [ent=
hält interessante Mittheilungen über den Besteller des Requiems,
den Grafen W a l l s e g g, über M o z a r t'š eigensten Antheil an
dem Werke und über jenes, was S ü ß m a y e r ergänzt, hinzuge=
fügt, instrumentirt hat]. — J a h n (Otto), W. A. Mozart (Leip=
zig 1856—1859, Breitkopf und Härtel, 8.) Bd. IV (1859),
S. 565—568; 679—739. — R e c e n s i o n e n und Mittheilungen
über Theater und Musik (Wien, 4.). X. Jahrgang (1864), S. 753:
„Mozart's Requiem. Nachlese zu den Forschungen über dessen
Entstehen. Von L. v. K ö c h e l [wichtig zur Geschichte dieses Ton=
werkes, das eine Literatur aufzuweisen hat, wie wohl kaum ein
zweites). — F ü r F r e u n d e der Tonkunst. Von C. J. K r i e=
b i t z s c h (Leipzig 1867, Merseburger 8.), enthält unter Anderem
auch einen Aufsatz, betitelt: „Das Requiem von Mozart". —

167

c) **Parallelen.** Der Wanderer (Wiener Blatt, 4.) 1820. Nr. 329: „Mozart's Requiem und Michael Angelo's jüngstes Gericht" von Kollmann [eine geistreiche Parallele]. — Recensionen und Mittheilungen über Theater und Musik (Wien, 4.) X. Jahrgang (1864), S. 321: „Das Cherubinische und das Mozart'sche Requiem". Eine vergleichende Betrachtung von Otto Gumprecht. — Hiller's Verehrung für Mozart's Requiem — und Hiller war ein Mann, der es verstand — ging so weit, daß er weder die Abschrift der Partitur von fremder Hand, noch den Druck derselben mochte, sondern das Ganze sich eigenhändig abschrieb und auf den Titel mit zollhohen Buchstaben die Worte setzte: Opus summum viri summi W. A. Mozart.

VII.

Mozart's Briefe.

Nachweise, wo dieselben abgedruckt sind, und Nachrichten über einige Briefe, die
in Nohl's Sammlung der Briefe Mozart's fehlen, oder die sonst bemerkenswerth sind. Jene Briefe, die in Journalen abgedruckt stehen, aber auch von
Nohl in seine Sammlung aufgenommen wurden, blieben unberücksichtigt.

Mozart's Briefe. Nach den Originalen herausgegeben von
Ludwig Nohl. Mit einem Facsimile (Salzburg 1865. Mayr'sche
Buchhandlung, 8., XV und 498 S.) [von S. 483 bis 498 ein
ausführliches, die Benützung des Werkchens mächtig förderndes
Personen- und Sachenregister. Vergl, darüber: Zarncke's Cen-
tralblatt 1866, Sp. 711]. — Nissen's Biographie Mozart's
beruht vornehmlich auf dem Briefwechsel Mozart's mit seinem
Vater. Die dort abgedruckten Briefe sind — so weit sie von
Mozart Sohn geschrieben sind — in Nohl's Werk: „Mozart's
Briefe" sämmtlich und mit Ausfüllung der vielen, in Nissen's
Biographie durch Gedankenstriche (—) bezeichneten Lücken aufge-
nommen. — Jahn (Otto), W. A. Mozart, 4 Bde. (Leipzig
1856 bis 1859, Breitkopf und Härtel, 8.) [Nicht nur, daß im
Texte dieses unvergleichlichen Werkes zahlreiche Belegstellen aus
Mozart's Briefen und ganze Auszüge in den Anmerkungen vor-
kommen, so enthält noch der erste Band in Beilage V: „Briefe
und Nachschriften Wolfgang's an Mutter und Schwester aus
den Jahren 1770—1775"; in Beilage VI: „Briefe zwischen
Leopold und Wolfgang Mozart und Pater Martini; der zweite
Band in Beilage XI: Auszüge aus Briefen Wolfgang's an
das Bäsle"; der dritte Band in Beilage XIX: „Briefe Mo-
zart's an seine Frau aus den Jahren 1789 und 1790"; in
Beilage XX: „Brief Mozart's an Puchberg"; in Beilage
XXI: „Brief Mozart's an einen Baron v. P. über seine Art

beim Schreiben und Ausarbeiten"; dieser Brief, wie Otto Jahn
mit großer Wahrscheinlichkeit nachweist, ist vielfach interpolirt,
wurde aber unzählige Male in dieser Fassung als Mozart's
authentisches Schreiben abgedruckt.] — Wolfgang Amadeus
Mozart. Sein Leben und Wirken (von Marx) [Stuttgart 1858,
Köhler'sche Verlagshandlung. 8.] S. 86: „Brief Mozart's an
seinen Vater, ddo. Augsburg 24. October 1777" (fehlt in Nohl's
Sammlung der Briefe Mozart's); ebenda S. 103: „Brief
Mozart's an den Vater, ddo. Wien 26. December 1782" (fehlt
gleichfalls bei Nohl). — Bote für Tirol und Vorarlberg (Innsbrucker amtliches Blatt) 1856, Nr. 203: „Ein seltener Brief von
W. A. Mozart"; [Dieser Brief, der mit den Worten anfängt:
„Hier erhalten Sie, lieber guter Herr Baron, die Partituren
zurück" — — und mit den Worten schließt: „Vivat, mein guter,
Treuer...: Amen!" dessen Abfassung in das Jahr 1790 und
während Mozart's Aufenthaltes in Prag gesetzt wird, ist
eben der oben bei Jahn in Beilage XXI mitgetheilte. Der
Brief wurde zuerst von der Rheinischen Morgenzeitung „Charis",
1853, Nr. 59, veröffentlicht und machte dann die Runde durch
mehrere Journale.] — Dasselbe Blatt 1856, Nr. 287. S. 1629:
„Brief an Haydn, ddo. 1. September 1785" [das Original, wie
es nach Nissen (S. 487), Nohl (S. 431) mittheilt, ist italienisch. Der „Tirolerbote" gibt den Brief in deutscher Sprache.
ohne zu bemerken, daß er übersetzt sei]. — Frankfurter Konversationsblatt (4.) 1842, Nr. 95, S. 378: „Einige noch
ungedruckte Briefe Mozart's. Bevorwortet von F. W. [der hier
abgedruckte Brief aus dem Jahre 1788 ist in Nohl's Sammlung, S. 442 abgedruckt; hier geschieht des Briefes ob des von
F. (Witthauer) vorausgeschickten Vorwortes Erwähnung]. —
Gazzetta musicale di Milano 1856, Nr. 31, 32, 33,
34 e 35: „Lettere di Mozart e di suo padre" (enthält Briefe
Mozart's, ddo. Parigi il 1. marzo 1778; — ddo. il 20 Luglio
1781 (aus Wien); — ddo. Vienna il 27 gennaio 1782; — und
ddo. Vienna 31. gennaio 1782. welche alle in Nohl's Sammlung fehlen). — Neujahrsgeschenk an die Zürcherische Jugend, von der allgemeinen Musik-Gesellschaft in Zürch auf das
Jahr 1833 (Zürch, Orel Füßli und Comp., 4.), S. 6—9: „Brief

Mozart's an Baron van Swieten", Herbst 1790, von Prag aus
[es ist eben der schon oben erwähnte, bei Jahn in der Beilage
XXI abgedruckte Brief, der in vielen Stellen, Satzwendungen
u. s. w. von der von Jahn mitgetheilten Fassung abweicht, ein
Umstand, der stark für seine Unechtheit spricht]. — Orpheus.
Musikalisches Album für das Jahr 1842. Herausgegeben von
August Schmidt (Wien, Volke, Taschenb. 8.), III. Jahrgang
(1842) [daselbst befindet sich in der Anmerkung auf S. 242, ein
Brief Mozart's an die Baronin von Waldstätten, geborne
von Scheffer, ddo. 15. Februar 1783. Vergl. darüber Otto
Jahn's Mozart, Bd. III. S. 56, Anmerkung 38]. — Pappe
(J. J. C.), Lesefrüchte vom Felde der neuesten Literatur, gesammelt, herausgegeben und verlegt (Hamburg, 8.), Jahrg. 1825,
4. Band, 19. Stück: „Ein früher nicht im Drucke erschienenes Schreiben Mozart's" [der Brief ist ohne Datum und beantwortet die
an Mozart gestellte Frage über die Art und Weise, wie er
componire]; — dieselben, 1827, 4. Band, 28. Stück, S. 433:
„Die Entstehung von Mozart's Requiem und ein Brief Mozart's".
— Sonntagsblatt. Beilage zur Neuen Salzburger Zeitung
1856, Nr. 2: „Ein Aktenstück von Mozart" [es ist Mozart's
an den Magistrat der Stadt Wien gerichtete Bitte, dem Capell=
meister Hoffmann an der Domkirche zur Aushilfe adjungirt
zu werden. Das Aktenstück ist undatirt, doch offenbar aus Mozart's letzter Lebenszeit; es fand sich in Mendelssohn=
Bartholdy's Nachlaß]; — dasselbe 1856, Nr. 41: „Ein Brief
von Mozart's Vater". [Der Brief ist aus Salzburg im Jahre
1782 geschrieben und an eine vornehme Dame in Wien gerichtet.
Er ist voller Klagen über einen Sohn, der bald darauf Werke wie
„Don Juan", „Die Zauberflöte", „Die Hochzeit des Figaro" und
„Das Requiem" componirte!] — Allgemeine Theater=Chro=
nik. Organ für das Gesammtinteresse der deutschen Bühnen.
Von Victor Kölbel, 1856, Nr. 19—21, enthält S. 74, einen
Brief Mozart's an seine Frau, ddo. Frankfurt 25. September
1790, der in Nohl's Sammlung fehlt; hingegen ist der zweite
ddo. 30. September, in Nohl's Sammlung (S. 461) vollständi=
ger. — Allgemeine Theater=Zeitung, redigirt von Adolph
Bäuerle (Wien, gr. 4.) 33. Jahrgang (1840), Nr. 94 und 95;

„Ein bisher nicht veröffentlichter Brief Mozart's"; — dieselbe
Jahrg. 1856, Nr. 173: „Ein Schreiben Mozart's [es ist aus dem
Jahre 1764 und das Dedicationsschreiben Mozart's, mit wel-
chem er einige Sonaten der Prinzessin Victoria von Frankreich
übersendet]. — Tiroler Bote 1865, Nr. 281, S. 1167, unter
den daselbst in der Rubrik „Literatur" mitgetheilten Mozartianis
befindet sich ein Brief Mozart's ddo. 21. Juli 1784, der in
Nohl's Sammlung fehlt. Das Original befindet sich in der
Berliner Staatsbibliothek. — Allgemeine Wiener Musik-
Zeitung. Von Aug. Schmidt (Wien, 4.) III. Jahrg. (1843).
Nr. 104: „Ein bisher noch ungedruckter Brief W. A. Mozart's",
mitgetheilt von Alois Fuchs [der Brief ist an seine Schwester
Marianne gerichtet und trägt das Datum: Vienne ce 13 Febr
1782. Sonderbarer Weise ist dieser Abdruck sehr verstümmelt und
sind höchst bezeichnende Stellen ausgelassen, z. B. die folgende:
„Dann gehe ich zu meiner lieben Constanz — allwo uns das
Vergnügen, uns zu sehen, durch die bitteren Reden ihrer Mutter
mehrentheils verbittert wird — welches ich meinem Vater im
nächsten Briefe erklären werde — und daher gehört der Wunsch,
daß ich sie so bald möglich befreien und erretten möchte." In
Nohl's Sammlung ist der Brief, wie es den Anschein hat, un-
verstümmelt abgedruckt]; — dieselbe, 1846, Nr. 12: „Ein bisher
noch ungedruckter Brief W. A. Mozart's [Der Brief, von einem
Herrn L. C. Seydler aus Graz mitgetheilt, ist insoferne bemerkenswerth, als Mozart darin seine Adresse in der Raubenstein-
gasse genau angibt und dadurch jeden Zweifel über einen Gegenstand löst, über den gestritten worden. Leider ist Mozart's
Brief undatirt.] — Ein Brief Mozart's, ddo. 9. April 1789,
der gleichfalls in Nohl's Sammlung fehlt, wurde im Jahre 1865
um den festen Preis von 150 fl. zum Kaufe angeboten. —
Facsimilia Mozart'scher Briefe. Ein Facsimile von Mozart's
Brief, ddo. Wien 21. März 1785 (in Nohl, S. 429): enthält
Dr. F. S. Gaßner's Zeitschrift für Deutschlands Musikvereine
und Dilettanten, Bd. II. S. 160. Andere Facsimilien von Mozart's Briefen und Notenschrift finden sich in Nissen's, Otto
Jahn's und mehreren anderen Biographien Mozart's.

VIII.

Reliquien.

a) Mozart's Autographe überhaupt und Nachrichten über neu aufgefundene Autographe Mozart's.

Die Funde sind chronologisch nach den Quellen, welche davon Nachricht geben, geordnet.

Wiener allgemeine Musik-Zeitung. Von August Schmidt (4º.) 1845, Nr. 95, S. 379: „Nachricht von einem nicht vollendeten Credo von W. A. Mozart", von L. C. Seydler [es ist das zweite Credo zu der von Mozart im März 1780 in Salzburg geschriebenen C-Messe]. — Blätter für Musik, Theater und Kunst. Von Zellner (Wien, 4º.) 1856, Nr. 15: „Mozartiana" [Anregung Hiller's, daß Mozart's Manuscripte gesammelt, von der kaiserlich österr. Regierung angekauft und in der Hofbibliothek hinterlegt würden, um sie so vor dem Schicksale der Handschriften anderer großer Meister, die in aller Welt zerstreut sind, zu bewahren. Wie bekannt, ist dieser fromme Wunsch Wunsch geblieben]; — dieselben, Nr. 19: „Ein unbekanntes Manuscript Mozart's" [August Gathy gibt davon Nachricht, es ist eine Festmesse und die 29 Foliobogen starke Partitur von Mozart's eigener Hand. Das Werk fällt nach dem Ausspruche des Capellmeisters Drobisch in Augsburg in Mozart's früheste Jugendzeit]. — Brünner Zeitung 1856, Nr. 44: „Eine Reliquie Mozart's" [es ist die angefangene, aber nicht vollendete Composition eines Horn-Concertes, welche Mozart's Sohn Carl einem Cavalier in Prag im Jahre 1856 zugeschickt hat]. — Salzburger Landes-

Zeitung 1856, Nr. 37, S. 147: Mittheilung, daß der Besitzer des Hauses auf dem Fürstenwall 3 b in Magdeburg, Kaufmann E., im Besitze des Stammbuches eines verstorbenen, ihm nahe verwandten Musikers ist, in welches des Letzteren Freund, Mozart, bei seiner Abreise von Leipzig nach Wien ihm zur Erinnerung eigenhändig eine Fuge geschrieben, welche vielleicht die einzige, noch nicht bekannte Melodie Mozart's enthält, indem wohl der Freund dem Freunde jedenfalls ein Original als Reminiscenz hinterlassen hat, und das Stammbuch als Familienerbstück nicht aus den Händen gegeben worden ist. — Folgende Mozart-Autographe bot im Jahre 1856 in ihrem Kataloge XXVIII die Buchhandlung J. A. Stargardt in Berlin zum Verkaufe aus: „C-dur-Sonate Nr. 57", aus den 70ger Jahren; — „Sopran-Rondo, B-dur Nr. 14"; — „Allegro für Harmoniemusik, G-dur, ³/₂, Nr. 35 C"; — „D-dur-Marsch, 1799"; — „B-dur, Nr. 10, Tenor-Arie". Auf dem Stücke steht von Mozart's Hand: Aria per il Sig^{re} Raff di Amadeo Wolfgango Mozart, impr. Mannheim li 27. di Febro 1778. Mit vielen darin angebrachten Correcturen. — Theater-Zeitung 1857 Nr. 253, S. 1039: „Musikalischer Fund" [Nachricht von dem Auffinden eines längst verloren geglaubten Andante, welches Mozart für den Pariser Musikdirector Le Gros zu der Pariser Symphonie aus dem Jahre 1778 (D-dur) nachcomponirt. Es fand sich in Stuttgart im Jahre 1857 unter einem Vorrathe alter Musikalien jene Symphonie mit ausgeschriebenen Stimmen, mit einem von der gedruckten Partitur durchaus abweichenden Andante, welches ohne Zweifel das echte erste ist, da es zu Mozart's brieflichen Angaben stimmt und den unverkennbaren Stempel Mozart'scher Arbeit trägt]. — Salzburger Zeitung 1860, Nr. 198: Herr von Köchel bringt die Mittheilung, ein bisher nirgends verzeichnetes Autograph Mozart's der italienischen Bravour-Arie für Sopran: „Fra cento affanni e cento", von M. im Jahre 1770 in Mailand geschrieben, entdeckt zu haben. Es befindet sich in der kön. Hof- und Staatsbibliothek in München. Köchel nahm diese Arie auch in sein thematisches Verzeichniß der Werke Mozart's unter Nr. 88 auf. — Zellner's Blätter für Theater, Musik u. s. w. (Wien 4° 1864, Nr. 62: „Ein Notenheft Mozart's", in welchem sich außer einigen Uebungsstücken, geschrieben

von der Hand des Vaters Mozart, zehn bis zwölf von Amadeus
Wolfgang selbst geschriebene Blätter befinden, enthaltend:
„Allegro, C-dur", zwei Seiten, comp. Brüssel 14. October 1763;
— „Menuette, D-dur", comp. 30. November 1763 in Paris; —
„Arie, F-dur", componirt 16. Juli 1762; — „Menuetskizze", comp.
11. Mai 1762; — „Ein Etuden= oder Sonatensatz", comp. 1762,
in welchem besonders der außerordentliche vielnotige (fast durch-
gehend $1/_{32}$ Noten), noch durch Tempo (Allegro vivace) beschleunigte
Satz auffällt. Auf diesem Hefte befand sich die Titelaufschrift: „Ce
livre appartient a Maria Anne Mozart, 1759". Gefunden wurde
es vom Herrn Dessauer in der Umgebung von Karlsbad und
befindet sich zur Zeit als Schenkung der Großfürstin Helene von
Rußland im Mozarteum zu Salzburg. [Vergleiche darüber auch die
Presse (Wiener Journal) 1864, Nr. 208, Abendblatt.] — Fremden-Blatt 1864, Nr. 207.] — Baierische Zeitung (München,
4⁰.) 1864, Morgenblatt Nr. 34, S. 115, theilt aus einem Ver-
kaufs-Kataloge der Buchhandlung Stargardt Folgendes mit:
„Für Liebhaber in Österreich möchte von besonderem Interesse sein:
„Apollo und Hyacinthus", eine lateinische Komödie für die Universität zu Salzburg. Auf dem Titel der Partitur steht von
Mozart's Hand: di Wolfgango Mozart producta 13. May 1767"
162 Quer-Folioseiten, noch nicht im Stiche erschienen; ferner eine
Symphonie für 2 Violinen, 2 Bratschen, 2 Oboen, 2 Hörner und
Baß mit der Aufschrift von Mozart's Hand: „di Wolfgango Mozart (à Olmütz) à Vienne 1767"; — das berühmte Clavierconcert
mit Orchesterbegleitung vom 11. December 1784 zur Krönung des
Kaisers Leopold II. in Frankfurt a. M. aufgeführt. — Recensionen und Mittheilungen über Theater und Musik (Wien,
J. Löwenthal, 4⁰.) XI. Jahrgang (1865), Nr. 22, S. 339: „Echt
oder unecht" [betrifft die C-moll-Sonate Mozart's Op. 47 (Berlin,
bei Bach), und wird durch eine eingehende Kritik Herrn v. Köchel's
Vermuthung, daß diese Sonate nicht von Mozart herrühre, von
einem anonymen C—y nachgewiesen; — dieselben, Nr. 24, S. 372:
„Zwei unter Mozart's Namen herausgekommene Claviersonaten"
[betrifft ebenfalls die „C-moll-Sonate", Op. 47, und eine zweite
viersätzige in B-dur, für deren erste Anton Eberl, für die zweite
Eberhard Müller als Verfasser sich herausstellt]. — Die Presse

(Wiener politisches Journal) 1865, Nr. 31, erzählt in der Rubrik „Kleine Provinznachrichten", daß zu Libeschitz in Böhmen noch jetzt (1865) eine hochbetagte Dame lebe, die in ihrer Jugend, als eine der ersten Gesangscelebritäten Prags, das Glück hatte, dem großen Meister Mozart eine seiner Compositionen vorzusingen und, dafür aus dessen Hand eine geschriebene Claviersonate zum Andenken erhielt, welche sie immer als einen wahren Schatz aufbewahrt. Ob diese Sonate noch ungedruckt, ist nicht bemerkt. — Neues Fremden-Blatt (Wien, 4⁰.) 1866, Nr. 230: Nachricht von dem Auffinden des berühmten, von Mozart componirten „Galimathias musicum", einer Sammlung von 13 (nicht 17) kurzen Piécen, welche M. im Alter von zehn Jahren schrieb. Das Autograph befindet sich in den Händen der Frau Bredow-Wagenitz in Paris und wurde von Karl Poisot aufgefunden. Dieser 1866 als neu gemeldete Fund ist nichts weniger als das, denn Ritter von Köchel in seinem schon 1862 erschienenen thematischen Katalog der Werke Mozart's bringt unter Nr. 32 dieses Tonstück und nennt bereits damals den Freiherrn Bredow-Wagenitz als Besitzer des Autographes. — Fremden-Blatt von Gustav Heine (Wien, 4⁰) 1866. Nr. 226: Nachricht von einem Autograph Mozart's, das sich im Jahre 1866 im Nachlasse von Farrence gefunden. Es ist ein Original-Manuscript Mozart's, eine Phantasie für Clavier, Streichquartett, zwei Oboen, Hörner und Fagotte aus Mozart's Knabenjahren; — dasselbe, 1867, Nr. 224 [Nachricht von dem Funde mehrerer noch unbekannter Compositionen Mozart's aus München-hofen in Bayern. In einer bedeutenden Sammlung von Kammermusikalien fand man nämlich unter andern zwei Fagottconcerte, eines in C-dur, das andere in B-dur, und dann eine Composition für Fagott und Cello in B-dur]. — Deutsche Roman-Zeitung (Berlin, Otto Janke. 4⁰.) V. Jahrg. (1868), Bd. I, Sp. 639, berichtet von einem neuen Werke Mozart's, dessen Partitur und Clavierauszug von Julius André in Offenbach demnächst erscheinen soll. André besitzt das Autograph dieser Bravour-Arie, welche Mozart am 4. März 1788, also in seiner besten Zeit, für seine Schwägerin, Madame Lange, geb. Aloisia Weber, componirt hat. Die Arie ist im hohen Sopran, im Umfange vom eingestrichenen bis zum dreigestrichenen D, mit Begleitung von Streichquartett, 2 Oboen, 2 Fagotten und 2 Hörnern gesetzt; Herr v. Köchel, der noch keine Ausgabe dieser Arie in seinem bereits 1862 erschienenen thematischen Kataloge der Werke Mozart's verzeichnen konnte, führt diese Arie unter Nr. 538 auf. — Im Nürnberger Korrespondenten stand — den Jahrgang habe ich leider nicht vorgemerkt — eine Correspondenz aus Stuttgart über ein von Mozart gedichtetes und componirtes Lied auf seine Nase. Mozart schrieb es bei Geburt seines ältesten Sohnes Karl für seine Frau Constanze. Der Correspondent berichtet darüber: „Es ist ein äußerst liebliches, in dem unerreichbar gemüthlichen Humor, der nur Mozart eigen war, gehaltenes Tonstück. Ein alter berühmter Musiker Sachsens, der Musikdirektor Geibler in Zschoppau, fand das Original-Manuscript zufällig bei einem Bekannten in Böhmen auf dem einsamsten Lande, den er eines Sommers auf einer Reise besuchte, und hat nun dasselbe, als eines der interessantesten Blätter zu dem Ehrenkranze, der dem großen Meister Beethoven in einem vom Hofrath Schilling herauszugebenden Album geflochten werden soll, in die Hände des Vollenders desselben gelegt. Wer in mehreren seiner Biographien die Briefe, welche Mozart, wenn er auf Reisen war, an seine Gattin schrieb, gelesen hat, wird sich erinnern, daß in einem derselben auch einmal die Rede von einer „Nase" ist, welche das Kind nicht habe, aber mit welcher gleichwohl die Mutter den Kleinen unter tausend Küssen vom Vater einschlummern solle" [in Nohl's Sammlung der Briefe Mozart's fehlt ein Brief mit obiger Stelle.] Nun ist das vielfach und oft komisch genug gedeutete Räthsel gelöst, und die „Nase", welche der auch im Kleinen Große meinte, wieder da und bald in Aller Händen. Der, wie gesagt, von Mozart ebenfalls gedichtete Text des Liedes lautet wie folgt:

„Schlaf, süßer Knabe! sanft und mild,
Du deines Vaters Ebenbild.
Das bist du, doch dein Vater spricht,
Du habest seine Nase nicht,
  Nun eben jetzt erst war er hier,
    Und sah dir in's Gesicht
  Und sprach: „Wie viel hat er von mir,
    Nur meine Nase nicht!" --

„Mich däucht es selbst, sie ist zu klein.
Doch muß es seine Nase sein;
Denn wenn's nicht seine Nase wär',
Wo hätt'st du denn die Nase her? —
Schlaf, Knabe! was dein Vater spricht,
Das meint er nur im Scherz.
Hab' immer seine Nase nicht,
Nur habe du sein Herz!" —

b) Andere Gegenstände, die Mozart besaß, benützte, oder die sonst zu ihm in irgend einer Beziehung stehen.

Salzburger Zeitung 1862, Nr. 153 u. 156: „Systema=
tischer Katalog über sämmtliche, im Mozarteums = Archive zu
Salzburg befindliche Autographe und sonstige Reliquien W. A.
Mozart's", von Karl Mohses. — Gräffer (Franz), Wiener
Dosenstücke; nämlich: Physiognomien, Conversationsbildchen, Auf=
tritte, Genrescenen, Caricaturen und Dieses und Jenes. Wien und
die Wiener betreffend (Wien 1852, J. F. Greß, 8⁰.), S. 29: „Die
Mozart=Sammlung des Herrn Fuchs" [höchst interessant; was ist
aus dieser Sammlung geworden?].

Mozart's Claviere. Presse (Wiener politisches Blatt) 1856
Nr. 185: „Mozart's Reiseclavier" [Der verstorbene Diakovárer
Chorregent Jacob Haibl erbte das Clavier von seinem Schwager
W. A. Mozart. Nach Haibl's Tode verließ dessen Gattin, eine
geborne Weber, Diakovár und das Spinet gelangte in den Besitz
des Domherrn Johann von Marizovich, eines Verehrers von
Mozart. Letzterer schenkte dasselbe im Beisein des Titularbischofs
von Diakovár, des Domprobsten Karl von Pavich, dem Herrn
J. N. Hummel, in dessen Besitz die kostbare Reliquie sich bis
1856 befand. — Ist es dasselbe, das Mozart's Sohn 1856 dem
Mozarteum schenkte?] — Didaskalia (Frankfurt a. M., 4⁰.)
1856, Nr. 255: „Mozart's Clavier" [dasselbe — ein von dem vor=
genannten Reiseclavier verschiedenes — befand sich im genannten
Jahre auf der Herrschaft Breitenburg des großherz. oldenburg'schen
Hofchefs. Grafen Friedrich August von Ranzau [vergl. auch
Wiener Courier (ein Localblatt) 1856, Nr. 246: „Ueber Mo=

zart's Clavier"; — Intelligenzblatt zur Salzburger Landes-Zeitung 1856, Nr. 64: „Mozart's Reiseclavier"].

Mozart's Geigen. Salzburger Landes-Zeitung 1856, Nr. 199: Nachricht über zwei Geigen, welche Mozart's Eigenthum waren, und zwar eine kleine Halbgeige, auf der Mozart als Knabe den ersten Violinunterricht erhielt, und eine von Jacob Steiner im Jahre 1659 verfertigte Geige, deren sich Mozart zum Solo- und Quartettspiele bediente. Sie waren beide im Jahre 1856 verkäuflich und befanden sich damals in Salzburg.

Mozart's Trinkglas. Dasselbe befindet sich im Besitze der Innsbrucker Liedertafel, welcher damit ein Geschenk gemacht wurde.

Mozart's Uhr. Brünner Zeitung 1856, Nr. 55: „Mozart's Uhr". [Mozart erhielt im Jahre 1771 für seine Serenade „Ascanio in Alba" von der Kaiserin Maria Theresia eine mit Diamanten besetzte Uhr. Diese Uhr kam später in den Besitz des Kaufmanns Joseph Strebl in Mödling bei Wien, bei dem Mozart öfter ein Glas Wein trank. Diese Uhr blieb lange im Besitze der Familie Strebl, bis ein Enkel desselben, der in Ofen lebte, in gerichtliche Execution gerieth und die Uhr verkauft wurde. Dieß geschah im Sommer 1855. Im Jahre 1856 befand sich das Kleinod im Besitze des Pesther Kunsthändlers Jos. Wagner. — Nachrichten über diese Uhr bringt auch die Neue Wiener Musik-Zeitung. Von F. Glöggl, IV. Jahrg. (1855), Nr. 51, S. 205: „Eine Reliquie Mozart's", und die Ungarische Post (Pesther polit. Blatt) 1855, Nr. 149, im Feuilleton: „Eine Reliquie Mozart's".[

Mozart's Taschenkalender. Neue freie Presse 1868, Nr. 1260 Abendblatt. [Eine der jüngsten Reliquien Mozart's, in deren Besitz das Mozarteum gelangte, ist ein französischer Taschenkalender aus dem Jahre 1764, den Mozart an seinem achten Geburtstage zum Andenken erhalten haben dürfte. Von der Handschrift des Vaters ist angegeben, daß dieser Kalender von der Gräfin von Eyck dem jungen Mozart geschenkt worden. Der Kalender war bis er in den Besitz des Mozarteums überging, im Besitze eines Herrn Mühlreiter.]

Authographe. Der Humorist. Von M. G. Saphir (Wien. 4°.) V. Jahrg. (1841), Nr. 69: „Bruchstück eines Lustspiels von

Wolfgang Amadeus Mozart" [das Lustspiel heißt: „Die Liebes=
Probe" und ist auf drei Acte angelegt. Das Original=Manuscript
befindet sich im Besitze von Breitkopf und Härtel in Leipzig
Otto Jahn in seiner Mozartbiographie theilt dasselbe und andere
komische Einfälle Mozart's mit im zweiten Bande, Beilage XI:
Mozart's Briefe an sein Bäsle, S. 515]. — Der Aufmerksame
(Gratzer Unterhaltungsblatt, 4°.) 1856, Nr. 65, S. 254: „Aus
einer Autographen=Mappe" [die Echtheit des Autographs, das
einige Tacte aus einer Composition enthält, ist durch Mozart's
Sohn Carl anerkannt. „Der Aufmerksame" theilt diese Tacte mit.]
— Der Maler Friedrich Amerling besitzt eine Reliquie Mozart's
und zwar ein Blatt aus dem Tagebuche des unsterblichen Meisters,
worin dieser seinen Schmerz über den Tod seines Freundes Sig=
mund Barisan, Primarius im allgemeinen Krankenhause, aus=
spricht. Das Blatt ist aus dem Jahre 1787. — Ueber die Auto=
graphe der Compositionen Mozart's siehe Abtheilg. XVII. Die
Besitzer der Mozart'schen Autographe.

IX.

Mozart's Bildnisse

in Oel, Kupfer- und Stahlstich, Lithographie, Holzschnitt; Apotheosen und bildlich dargestellte Scenen aus seinem Leben.

Oel- und Miniaturbilder. 1. Das französische Journal „Le Pays" gibt im Jahre 1857 Nachricht von einem noch unbekannten Porträt Mozart's, das aus dem Jahre 1763 herrührt. Escudier beschreibt das Bild folgendermaßen! „Mozart als Kind sitzt vor einem Clavier im Salon des Schlosses von La Roche-Guyon in der Normandie. Mozart spielt oder singt und wird von dem Opernsänger Jeliotte auf der Guitarre begleitet. Der Prinz von Beauvau im carmoisinrothen Oberkleide, mit dem blauen Großkreuze geschmückt, sitzt hinter dem jungen Musicus und liest mit zerstreutem Blicke ein Papier, das er in der linken Hand hält. Der Ritter von La Laurency, ein dem Prinzen von Conti zugetheilter Edelmann, steht im schwarzen Sammtkleide hinter Mozart's Stuhl. Der Prinz von Conti spricht mit Herrn v. Trudaine; es ist derselbe, für welchen der Maler David sein berühmtes Bild, der „Tod des Sokrates", gemalt hat. Mademoiselle Bagarotty steht vor einer Gruppe von Damen, die aus der Marschallin von Mirepoix, Frau von Biervelle, der Marschallin von Luxembourg und dem Fräulein von Bouffleurs, späteren Herzogin von Lauzun, besteht. Der Prinz von Henin bereitet den Thee, während sein aufmerksames Ohr den Tönen Mozart's lauscht. In einer anderen Gruppe erblickt

man Dupont de Velfe, Bruder des Herrn v. Argental;
die Gräfinnen Egmont, Mutter und Tochter, ein geborenes Fräulein v. Richelieu, und Präsident Henault sitzen am Kamin.
Vor einem reich besetzten Tische sieht man die Gräfin von Bouffleurs, ihr zur Seite den Grafen von Chabot, nachmaligen
Herzog von Rohan, im Gespräche mit dem Grafen von Jar-
nac. Der Marschall von Beauvau schenkt dem Amtmann von
Chabrillant ein Glas Wein ein. Meyrand, der berühmte
Geometer, steht seitwärts. Das Bild ist voll Ausdruck und Leben.
Mozart trägt einen apfelgrünen Seidenrock und kurze Beinklei-
der. Seine kurzen Füße berühren nicht den Boden. Das Gesicht
ist rosig und frisch, der Blick ausdrucksvoll, die kleine gepuderte
Perrücke verleiht dem Gesichte Mozart's einen fast komisch wir-
kenden pedantischen Ausdruck. Das Bild gehörte damals (1857)
dem Herzoge von Rohan-Chabot und befand sich in dessen
Gallerie im Schlosse zu Reuil [vergl. Jahn, II. 274]. — 2. Im
Jahre 1849 ließ C. A. André in Frankfurt a. M. ein Bild
Mozart's in seinem Musiksaale feierlich aufstellen. Dieses Bild,
das als das ähnlichste des verewigten Meisters der Töne gilt, ist
von J. H. Tischbein aus Mainz gemalt, stammt aus dem Nachlasse des Musikers Stuzl, der bei dem letzten Churfürsten von
Mainz, Erthal, als Hofgeiger angestellt war. Das Bild wurde
von Tischbein während eines längeren Aufenthaltes Mozart's
in Mannheim, also wahrscheinlich im Jahre 1777 oder 1778, gemalt. Mozart machte bekanntlich damals Ausflüge in die Um-
gegend nach Mainz, Kirchheimbolanden u. s. w. [Reichs-Zeitung.
Redigirt von Dr. Karl André, 1849, Nr. 246.] — 3. Familien-
bild in Oel. Der kleine Mozart spielt mit seiner Schwester
Marianna zu vier Händen, der Vater, die Violine in den Händen haltend, hört zu. Die Mutter ist in einem Bilde, das im
Rahmen an der Wand hängt, dargestellt. Gemalt in Salzburg
von La Croce. 1778. Befindet sich im Mozarteum in Salzburg.
4. Mozart, gemalt von seinem Schwager, dem k. k. Hof-Schau-
spieler Lange. Nicht ganz vollendet. Eine schlechte Lithographie
davon bei Nissen. Das Original war lange im Besitze von
Mozart's älterem Sohne Carl und kam dann in's Mozarteum.
— 5. Miniaturbildniß auf Elfenbein, Mozart in seinem 14. Jahre

darstellend (in Italien gemalt), im Mozarteum. — 6. Mozart
in Verona, im Jahre 1770 gemalt. Name des Malers unbekannt.
Im Besitze des liebenswürdigen Musikgelehrten Dr. L. v. Sonnleithner in Wien, dem die Musikliteratur und vornehmlich auch
jene Mozart's manchen werthvollen Beitrag zu verdanken hat. —
7. Mozart in Lebensgröße in seinem achten Jahre. Er
steht da im steifen bauschigen Hofkleide, mit seidenen Strümpfen,
Schnallenschuhen, einem kleinen Degen an der Seite, chapeau bas,
die rechte Hand zwischen der Spitzenkrause der Manschetten, die
linke in die Seite gestemmt, das gepuderte Haupt dem Beschauer
zugewendet. Das Bild ließ Mozart's Vater Leopold malen,
nachdem der Wunderknabe nach seinem ersten Auftreten am Hofe
der Kaiserin Maria Theresia im September 1762, mit einem
vollständigen Hofanzuge, wie ihn damals die Erzherzoge trugen,
beschenkt worden war, in welcher Gallatracht er später auch nach
Hofe fuhr. Das Gemälde befand sich noch im Jahre 1832 im
Besitze der Witwe Mozart's. In wessen Hände es nach deren
Tode gelangte, ist nicht bekannt.

Die Familie Mozart (meist Nachbildungen des vorerwähnten
Oelbildes). 8. Die Familie Mozart. Erinnerungsblatt an das
Mozart-Säcularfest 1856. Das Originalgemälde aus dem Nach-
lasse der Witwe Mozart im Besitze des Mozarteum-Directors
Herrn Taux in Salzburg. Lith. von F. Leybold. Gedruckt bei
I. Höfelichs Witwe, Verlag von G. Baldi in Salzburg (Höhe
10 Zoll, Breite 12 Zoll). — 9. Die Familie Mozart. Wolfgang Amadeus M. und seine Schwester Marianna sitzen
am Fortepiano und spielen, neben ihnen sitzt der Vater Leopold
Mozart, mit der Violine in der Hand, in horchender Stellung;
im Hintergrunde an der Wand hängt ein Medaillon mit dem
Porträt der Mutter Mozart's. Nach einem großen, nach der
Natur gemalten Oelbilde, das ein Erbstück der Familie Mozart
ist, gestochen von Blasius Höfel. Der innere Raum des Kupfer-
stiches beträgt 17 Zoll Länge, 13 Zoll Breite, die Porträte messen
etwa $1^3/_4$ Zoll. — 10. W. A. Mozart. Seinen Verehrern zu dessen
hundertjähriger Geburtsfeier am 27. Jänner 1856 gewidmet von
Blasius Höfel, Verfasser und Verleger. Gemalt von de la
Croce in Salzburg 1779. In Stahl gestochen von B. Höfel

in Salzburg 1856. Druck von A. Weterroth in Salzburg (Höhe 16 Zoll, Breite 19 Zoll). Das Originalgemälde befindet sich im Archive des Mozarteums in Salzburg. — 11. Unterschrift: Familie Mozart. (Lith.) Gedr. von Jof. Locrois in München. [Es ist das bekannte Bild, Mozart und seine Schwester am Clavier sitzend und spielend, der Vater daneben sitzend, Violine und Bogen auf die Pianofortedecke stützend und horchend, Mozart's Mutter hängt in einem umrahmten Bilde an der Wand. [Im Anhang von Nissen's „Biographie Mozart's".] — 12. Wolfgang Ama- däus Mozart als Kind. Holzschnitt ohne Angabe des Zeich- ners und Xylographen. Mozart sitzt und spielt Clavier, seine Schwester steht neben dem Piano im Hintergrunde und singt. Der Vater Leopold spielt hinter Mozart's Stuhl, sein Spiel be- gleitend, Violine. (Nach Carmontelle's Bild) in den Prager „Erinnerungen" 1857, S. 152; — in Hallberger's „Illu- strirte Welt" 1857. S. 40 und noch öfter. — 13. Gemalt von L. Carmontelle, gestochen von de la Fosse (Paris 1764, Fol.) [stellt Mozart im Alter von sieben Jahren, Vater und Schwe- ster musicirend, dar]. — 14. Unterschrift: Léopold Mozart, Père de Marianne Mozart, virtuose, âgée de onze ans et de J G. Wolfgaug Mozart, compositeur et maitre de Mu- sique, âgé de sept ans. C. de Carmontelle del., Delafosse sculp. 1764. Héliographie Durand. (1368, 8.), auch im Werke: Les musiciens célèbres depuis le seizième siècle jusqu'à nos jours par Félix Clément. — 15. Mozart, Vater und Schwester am Clavier in einer Säulenhalle, nach einer Zeichnung von Carmon- telle 1764. Lithographie von Schieferdecker (Leipzig, Kunst- Comptoir. Fol.). — 16. Mozart mit Vater und Schwester am Clavier (München, Grammer, Lithographie, Qu. Fol.).

Einzelbildnisse Mozart's in 8., 4., Folio nach der alphabetischen Ordnung der Kupferstecher, Litho- oder Xylographen. 17. Stich von Allais (8.) — 18. Gestochen von Benedetti zu London nach dem Gemälde von J. F. Rigaud im Jahre 1796 (London, Theobald Monzani, Fol.). — 19. Gestochen von Verka, auf dem Titelblatte der C-dur-Symphonie, für's Clavier arrangirt von Wenzl in Prag (Leipzig, bei Hofmeister, 12.). — 20. Unter- schrift: Mozart. Blaschke sc. (8.) [auch im VIII. Bande von

Hormayr's „Oesterr. Plutarch"]. — 21. Stich von Bollinger
(Zwickau, Gebrüder Schumann, 4). — 22. Schnorr del., W.
Böhm sc. (4.). — 23. Amadeus Mozart. Boor-Höfel'sche
Guillochirung [auch in „Oesterreich's Ehrenspiegel"]. — 24. Lithographie von Gabr. Decker (Wien 1830, Neumann, Fol.), en face
— 25. Lithographie von Chalupka (Artist.-typographische Anstalt von Karl Bellmann in Prag. Mit Facsimile des Namenszuges (4). — 26. Lithographie von Clarot (Wien, gedruckt bei
Häusle, 4.), auch in Mozart's Biograpie von Schlosser. —
27. Gestochen von W. Dörbek (Leipzig, Fleischer, 8.). — 28. Gestochen von C. G. Endner 1801 (8.). — 29. Gestochen von J.
C. G. Fritsch, Brustbild (ein Titelbild in Folio) [auf dem Titelblatte der Leipziger Ausgabe von Mozart's sämmtlichen Werken;
auch auf dem Titelblatte einer Cantate zu Mozart's Ehren]. —
30. Lithographie von J. N. Geiger in Wien (im Jahre 1840).
Nach einer Federzeichnung, nebst Facsimile seiner Unterschrift und
seines Namenszuges. — 31. Unterschrift: Portrait de Wolfrang
(sic) Mozart. Dessin de M. Coppin. Gerard sc. [ein äußerst
liebliches Bildniß; auch im „Musée des familles" 1852, p. 164.
— 32. J. v. Grassi p. 1785, Gottschick sc. 1792 (4), selten
— 33. Gest. von Gottschick 1811 (8) — 34. Lithographie von
Haßfeld (bei André in Offenbach, 4.). — 35. Lithographie von
A. (Hfd. (Haßfeld) (Mannheim, bei Heckl, 4.). — 36. Wolfgang
Amadeus Mozart. Xyl. Astlt. v. Helm. Mozart stehend, die
Linke ten vor einem Piano befindlichen Stuhl am oberen Rande
der Lehne erfassend, die rechte Hand den unter dem linken Arm
gehaltenen Hut ergreifend. Auf dem Notenpulte sieht man ein
Notenheft mit der Aufschrift: Don Giovanni, Finale. Gut ausgeführtes, ähnliches Bildniß in ganzer Figur in der Zeitschrift
Illustrirte Welt (Stuttgart, Hallberger) 1865, S. 421: Gehört
zu B. v. Woisky's Erzählung: „Ein Tag aus Mozart's Leben".
37. Lith. von R. Hoffmann (Wien, Paterno, Fol.) Kniestück.
38. Holzschnitt-Porträt Mozart's von J. Jackson im Londoner
„The Penny Magazine", January 26, 1833, p. 32 [unbedingt besser
als das Carricaturbildniß im Gubiß'schen Volkskalender. Da
schickt ein in vielen Tausenden verbreitetes Volksbuch das Bildniß
des als Mensch so liebenswürdigen, als Componist unerreichten

Genius in solcher Mißform in die Welt!]. — 39. Gestochen in
Stahl von Knolle (Wolfenbüttel, Holle, 4.). — 40. Gestochen von
Kohl (Wien 1793, 8.) [mit dem Notenblatte „An Chloe". Nach-
stich davon vom Jahre 1799 in Gerber's Lexikon]. — 41. Wolfgang Amadeus Mozart, geb. 27. Januar 1756 zu Salzburg
nach dem Originalgemälde von Tischbein im Besitze des Herrn C.
A. André in Frankfurt a. M. Holzschnitt X. A. v. Eduard Kretzschmar sc. Unterhalb umfangen das Bildniß die Embleme des Ruh-
mes. — 42. Lithographie von Kriehuber (Augsburg, bei Schlosser, 4.). — 43. Lithogr. von Kunike (Wien, im Selbstverlag.
Fol.) [mit der falschen Angabe des Sterbejahres, nämlich 1792
anstatt 1791]. — 44. Lithographie von Lancedelly (Wien,
1825, lithogr. Institut, 4.) — 45. Lithographie von La Ruelle
(Leipzig, E. H. Mayer, Fol.). — 46 Lithographie nach Lehmann
im lithographischen Institute von Baerentzen, verlegt von Horne-
mann und Erslew in Kopenhagen. [Vergl. darüber: Neue Wiener
Musik-Zeitung von F. Glöggl, IV. Jahrgang (1855), Nr. 23:
„Die zwei neuesten Porträte Mozart's"]. — 47. D. Stock del.
1789, E. Mandel sc. 1858 (4.), davon auch Exemplare vor der
Schrift. — 48. Stich von J. G. Mansfeld le jeune, nach
einem Basrelief-Porträt Mozart's von dem Bildhauer Posch
bei Lebzeiten Mozart's im Jahre 1781 verfertigt. Dieses authentische Bildniß M.'s wurde als das einzige von zuverlässiger Aehnlichkeit im Jahre 1789 von J. G. Mansfeld le jeune in dem
selben Format (8.) in Kupfer gestochen (Viennae, apud Artaria
Société). Dieser Stich war nach Mozart's Tode bald vergriffen
und wurde daher von Kohl nachgestochen; von diesem Nachstiche
existiren aber nur wenige Exemplare. Das Original-Medaillon
von Posch kam später in den Besitz des Bankbeamten J. Küß,
und dieser machte dem Mozarteum in Salzburg damit ein Geschenk. Der Mansfeld'sche Originalstich zeigt ein offenes Clavier, auf dem musikalische Instrumente und ein Notenblatt liegen.
Unterhalb der Horazische Spruch: Dignum laude virum Musa vetat
mori. — 49. Unterschrift: Mozart. Stahlst. von Carl Mayer's
Kunstanstalt. Nbg. Zur Rechten des Medaillons die Muse des
Drama's mit der halbaufgewickelten Rolle, auf welcher die Titel
seiner Opern: „Figaro's Hochzeit", „Zauberflöte", „Don Juan"

zu lesen sind; zur Linken die Musica, deren Leier auf einem Piedestal steht, welchem die Worte Symphonia, Missa eingemeißelt
sind. Oberhalb sind zwei Scenen, rechts aus dem „Don Juan",
links aus der „Zauberflöte" zu sehen. Darüber musikalische Instrumente und über Allem die Sphynx der schöpferischen Natur. —
50. Stahlstich von Carl Mayer's Kunstanstalt in Nürnberg (4.),
in dem im Verlage von Hoffmann in Stuttgart erscheinenden
„Buch der Welt", Jahrg. 1844. — 51. Stahlstich von Karl
Mayer (Schubert und Niemeyer in Hamburg und Itzehoe, 8.).
52. Porträt mit Randzeichnungen: „Scenen aus „Don Juan".
Entworfen von Kretschmar, Stahlstich von Karl Mayer (Dresden, R. Schäfer, 4) — 53. Gestochen von F. Mehl, von R.
Schein gezeichnet. Mit Jos. Haydn und Beethoven auf
einem Blatte (Wien 1843, gr. Fol.). — 54. Gestochen von J.
Müller nach dem Gemälde von J. W. Schmidt (Fol.) — 55.
Gemalt von F. W. Müller, gestochen von F. Müller (Gotha,
bei Hennings, 8). — 56. Gestochen von Rabholz (Wien 1796,
8.). — 57. Gest. von Joh. Neidl. Farbendruck (Wien, bei Artaria
u. Comp., 4.). — 58. Gest. von Nettling (Erfurt 1803, 8.) [vor
dem Werke: „Mozart's Geist", von Arnold]. — 59. Holzschnitt
von A(ugust) N(eumann) mit Neumann's Monogramm: An.
[ein von der üblichen Auffassung des Mozartkopfes abweichendes,
aber sehr fesselndes Antlitz]. — 60. Gestochen von Quenedey
in Paris (Fol.) in der Histoire d'Allemagne. Mit Linienrahmen.
London direxit. — 61. Gestochen von N*** (8.), ohne nähere
Angaben. — 62. Gestochen von Rados (8.). — 63. Gestochen
von N. Rahn (8.). — 64. Gestochen von Roßmäßler. Medaillon. Monument, von trauernden Genien umgeben (Quer-Fol.) [auf
dem Titelblatte des Clavierauszuges von „Cosi fan tutte"]. —
65. Unterschrift: W. A. Mozart. Nach dem Familienbilde im
Mozarteum in Salzburg. A. Schultheiß (sc.) [auch im I. Theile
von O. Jahn's „Mozart"]. — 66. Unterschrift: W. A. Mozart. Nach
dem in Verona 1770 gemalten Bilde, im Besitze des Dr. v.
Sonnleithner in Wien [siehe Nr. 6], gest. von L. Sichling
[auch im IV. Theile von Jahn's „Mozart". Es stellt den vierzehnjährigen Mozart dar nach einem Gemälde, das die Verehrer des Wunderknaben Mozart in Verona im Jahre 1770 in

Oel malen ließen. Das Bild wurde in Lebensgröße ausgeführt und zeigt Mozart am Clavier sitzend. Durch die von Dr. L. v. Sonnleithner veranlaßten Nachforschungen des k. k. Sections-rathes W. Löcking wurde es wieder aufgefunden und ist im Be-sitze des Ersteren. Ueber die Auffindung selbst geben Zellner's Blätter für Musik, Theater und Kunst", Jahrg. 1857, S. 82 näheren Bericht]. — 67. Unterschrift: W. A. Mozart. Gemalt von Tischbein, gestochen von L. Sichling [auch im III. Theile von O. Jahn's „Mozart"]. — 68. Gemalt von Tischbein, gestochen von C. Siedentopf. Druck von H. Siedentopf Sohn (Fol.) — 69. Porträt, vom Kupferstecher Tazel gestochen (Wien 1856). — 70. Gestochen von Ambr. Tardieu in Paris (4.). — 71. Gestochen von Thäter nach dem Relief von Posch (Leipzig, Breitkopf, 8.), auch bei der im Jahre 1840 erschienenen Partitur-Ausgabe des „Don Juan". — 72. Unterschrift: W. A. Mozart. Nach dem Medaillon von Posch im Mozarteum zu Salzburg. Gestochen von H. Walde auch im I. Theile von O. Jahn's „Mozart". — 73. Lithogr. von Waldow nach Grevedon (Berlin, Schlesinger, Fol.). — 74. Stich von D. Weiß (8.). — 74 a. H. E. Winter del. 1815. (Lith., Fol., sehr selten).

Einzelbildnisse Mozart's in Stich, Lithographie oder Holzschnitt, ohne Angabe des Zeichners, Stechers, Lithographen oder Xyla-graphen. 75) Gest. als Büste o. A. d. Z. u. St. (Wien, bei Artaria, Fol.). — 76) Gest. im kleinsten (Medaillon-) Format, etwa in der Größe eines Pfennings. O. A. d. Z. u. St. — 77) Stahlstich o. A. d. Z. u. St (Offenbach, J. André, 4º.). — 78) Stich, o. A. d. Z. u. St. (bei August Schall in Breslau, 8º.). — 79) Stich, o. A. d. Z. u. St. (Berlin, bei Rocca, 8º.). — 80) Gestochen, o. A. d. Z. u. St. (Leipzig, bei Breitkopf und Härtel, 4º.). — 81) Gestochen, o. A. d. Z. u. St. (Erfurt, bei Suppus, 4º.) — 82). Stahlstich, o. A. d. Z. u. St., in der von J. Mayer in Hildburghausen [Bibliogr. Institut] herausgegebe-nen „Walhalla, eine Gallerie der Bildnisse der Zierden des Men-schengeschlechtes . . .", auch in dessen „Conversations-Lexikon für die gebildeten Stände" (4º.). — 83) Gestochen, Titelblatt der Mozart'schen Clavierwerke bei Breitkopf in Leipzig (12º.). — 84) Unterschrift: Mozart. Stahlstich, ohne Angabe des Zeichners und Stechers (8⁰.), auch im Werke: „Les musiciens célèbres depuis le seizième siècle jusqu'à nos jours" par **Félix Clement**. — 85) Auf einem Blatte in Medaillon mit beigefügter Biographie in französischer Sprache; in dem Werke „Iconographie instructive" (Paris, bei Rignaux). — 86) Stich, als Schattenriß, ohne Angabe des Zeichners und Stechers (Speyer, bei Voßler, 8⁰.). — 87) Stich, als Schattenriß, ohne Angabe des Zeichners und Stechers (Wien, bei Hofmeister, 8⁰.). — 88) Lithographie ohne Angabe des Zeichners und Lithographen (Breslau, bei Förster 4⁰.). — 89) Lithographie o. A. d. 3. u. L. (Leipzig, Lorck, kl. Fol.). — 90) Lithographie o. A. d. 3. u. L. (Wien, Neumann, 4⁰.). — 91) Lithographie o. A d. 3. u. L. (Paris, bei Janet und Comp., Fol.). — 92) Lithographie o. A. d. 3. u. L. (Paris, bei Schle-singer, Fol.). — 93) Unterschrift: Mozart (facsimilirt). Lithographie o. A. d. 3. u. L., im Anhange zu **Nissen's** „Biographie Mozart's". Nach einem Bilde seines Schwagers, des Schauspielers **Lange**. — 94) Unterschrift: Mozart als Knabe von sieben Jahr (sic). Lithographie o. A. d. 3. u. L., im Anhange zu **Nissen's** „Biographie Mozart's". — 95) Unterschrift: W. A. Mozart. Steindruck ohne Angabe des Zeichners, der Kopf in lichtem Umriß auf schwarzem Ovalgrunde mit blauer, von einem weißen Strich gehobener Einrahmung. — 96) Unterschrift: Wolfgang Gottlieb Mozart. Holzschnitt ohne Angabe des Zeichners und Xylographen; in der von **Gustav Heckenast** in Pest herausgegebenen „Sonn-tags=Zeitung", II. Jahrg. (1856), Nr. 4, S. 25. — 97) Holz-schnitt in **Gubitz'** Volkskalender. Ohne Ang. d. 3. u. X. [mehr Caricatur als Porträt]. — 98) Mozart's Büste von **Knauer**. Abbildung derselben, von entsprechenden Emblemen umgeben, im Holzschnitt, ohne Angabe des Xylographen, in der Leipziger Illu-strirten Zeitung, Nr. 956, 16. Februar 1856, S. 125.

Apotheosen, Gedenkblätter und Gruppenbildnisse. 99) Mozart's Apotheose. Erinnerungsblatt an das Mozart=Säcu-lar=Fest 1856, gezeichnet von Prof. **Peter Joh. Nep. Geiger** und in Kupfer gestochen von **Leopold Schmied** in Wien. 21 Zoll Höhe, 16 Zoll Breite, ohne Papierrand (Verlag von **Greger Baldi** in Salzburg). Preis: 8 fl., 5 fl., 3 fl. [In der Mitte des Bildes ist **Mozart**, an einer Orgel sitzend, in begei=

stertes Schaffen versunken, dargestellt, die Züge verklärt von dem Ausdrucke milder Hoheit und ernsten Sinnens. Den unteren Theil der Randzeichnung nimmt die Allegorie der Symphonie= und Quartett=Musik ein, dargestellt durch vier singende Engel mit verschlungenen Armen, deren Haltung und Gesichtsausdruck von prägnanter Charakteristik sind. Ueber denselben sieht man eine reichbekränzte Leier. Links erscheinen die hervorragendsten Gestalten aus den Opern: „Zauberflöte" und „Don Juan", von Rosen= gewinden umrankt, Tamino auf der Flöte blasend, und Pamina seinen Tönen lauschend, hinter beiden der Vogelfänger Papageno mit Käfig und Pfeife; ober diesen stürzt Don Juan in die Tiefe hinab, verfolgt von der Erscheinung des steinernen Gastes und drei Dämonen mit Fackeln und Schlangen. Rechts ist die ernst= erhabene Motette: „misericordias Domini", versinnlicht durch eine arme verwaiste Familie, welche die bittenden Hände zum Aller= barmer erhebt. Darüber das „Requiem", dargestellt durch eine trauernde Gestalt, welche, einen Dornenkranz in der Rechten haltend, sich an ein Castrum doloris lehnt; ober derselben schwebt ein Engel, der darauf hinweist, daß das auf Erden Abgestorbene und Verwelkte jenseits wieder zu neuem Leben erblüht. In der Mitte des Bildes oben ist Mozart's „Ave verum corpus" als Gesang der Engel versinnlicht, welche vor dem Lamme Gottes mit dem Kreuze knieen und es anbeten. All' diese Episoden sind durch pittoreske reiche Blumengewinde und Arabesken verschlungen und verbunden, und entwickeln sich frei und eurhythmisch eine aus der andern. Die von dem Künstler vorgeführten Gestalten sind von so edler Schönheit der Linien und Formen, daß sie den Beschauer harmonisch wie Mozart'sche Musik anmuthen]. — 100) W. A. Mozart's Verherrlichung. Stahlstich; nach der Composition des Professors Führich gestochen in Mannheim von Schuler. Bildweite: 14 Zoll Höhe, 11 Zoll Breite. Es stellt dar Mozart, sehr ähnlich porträtirt, auf einem Folianten sitzend und sinnend, etwa im Begriffe, das Gefühlte aufzuzeichnen. Ihm zur Seite steht der Genius mit seiner Himmelsflamme und Euterpe setzt ihm den Lorbeerkranz auf. Ober ihm sitzt die Repräsentantin der älteren Tonkunst, die h. Cäcilia an der Orgel, von der sie eben ihre Finger abzieht, um auf die Klänge aus dem berühmten Requiem des späteren Tonfürsten zu horchen, die von dem vorbeiziehenden Leichenzuge zu ihr emportönen und sie mit Bewunderung und Entzücken zu erfüllen scheinen. Auf der entgegengesetzten Seite erblickt man durch eine Bogenöffnung eine Gesellschaft, die sich in einem Garten bei heiterer Mondnacht mit Musik unterhält; es ist wohl eine der herrlichen „Serenaden" des großen Meisters, welche sie ausführt. Die Hauptpersonen der Opern „Figaro's Hochzeit", „Entführung aus dem Serail", „Zauberflöte" und „Don Juan" bilden zu beiden Seiten die umgebende Verzierung. Ganz oben weisen drei singende Engel auf die himmlische Abkunft der Musik und zwei andere verscheuchen die Thorheit und das Laster, um anzuzeigen, daß das wahrhaft Schöne die Kraft in sich hat, Geist und Herz zu veredeln. Eine Gruppe von Kindern, welche verschiedene Musikinstrumente spielt, schließt unten das Ganze. Einen lithographirten Umriß dieses schönen Blattes enthält Gaßner's „Zeitschrift für Deutschlands Musik-Vereine und Dilettanten" im I. Bande als Titelblatt und den Text dazu S. 376. — 101) Gedenkblatt. Mozart, umgeben von Darstellungen seiner Verdienste und Schöpfungen, Entwurf und Lithographie von Burger (Berlin, bei Sola und Comp.). — 102) Auf dem Bilde des Malers W. Lindenschmitt: „Ruhmeshalle der deutschen Musik" (1740—1867) befindet sich in der Mitte neben Händel, Bach, Gluck, Haydn und Beethoven auch Mozart. Die Firma Bruckmann in München hat von diesem Bilde auch Photographien veranstaltet. — 103) Lithographie von Kriehuber mit Haydn und Beethoven auf einem Blatte (Wien 1839. Fol.) [nicht im Handel erschienen]. — 104) Mozart mit Beethoven auf einem Blatte. Lithographie in Folio (Hannover, bei Bachmann). — 105) Auf einem Kleinoctav-Blatte zugleich mit Alexander I., Katharina II., Thiers, Guizot, Beethoven (eine Gruppirung, daß Gott erbarm'!) Stahlstich von Carl Mayer's Kunstanstalt in Nürnberg, im „Neuen Plutarch", der in Wien, Pest und Leipzig bei Hartleben erschienen ist. — 106) Tableau mit fünf anderen Köpfen, gezeichnet von A. Brasch und G. Kühn, gestochen von A. Neumann (Leipzig, bei Gumprecht, Fol.). — 107) Mozart in einer Gruppe von acht Componisten. Lithographie in Folio (Berlin, bei Kuhn). — 108) Tableau mit drei zehn Köpfen von J. Lehmann (Verlag von Rud. Violet in Berlin).

Scenen aus Mozart's Leben in Kupfer-, Stahlstich und Holzschnitt. 109) Mozart à Vienne. Il exécute pour la première fois devant une assemblée des Seigneurs et d'Artistes son opéra „Don Juan." Gemalt von E. Hamman, gestochen von Alfred Cornilliet (Länge des Stiches ohne Papierrand 34 Zoll und hoch 24 Zoll. 32 fl. B. B.) [vergleiche darüber das „Frankfurter Konversationsblatt" 1858, Nr. 100, S. 383]. — 110) Beethoven chez Mozart. Peint par H. Merle, gravé par P. Allais (Paris, gr. Qu.-Fol.), Seitenstück zum Bilde Hamman's von Cornilliet. — 111) Mozart e la Cavalieri. A. Borckmann pinx. F. Randel sc. Verlag der Kunstanstalt des österr. Lloyd in Triest (gr. 4°.). — 112) Mozart, in Berlin angelangt, eilt, als er hört, daß im Opernhause seine „Entführung aus dem Serail" aufgeführt wird, im Reiserocke dahin. Er folgt der Aufführung mit der gespanntesten Aufmerksamkeit. Da greift — entweder in Folge einer Unrichtigkeit in der Partitur, oder aber in Folge einer Verbesserung (?) — die zweite Violine bei den oft wiederholten Worten: „Nur ein feiger Tropf verzagt", Dis statt D. Mozart kann sich nun nicht länger halten; er rief fast ganz laut in seiner freilich nicht verzierten Sprache: „Verdammt, wollt Ihr D greifen!" Alles sah sich um. Alsbald wurde er von einigen Musikern erkannt, und nun ging es wie ein Lauffeuer durch das Orchester und von diesem auf die Bühne: Mozart ist da! Diesen Moment hat der Künstler erfaßt und auf einer figurenreichen Platte geschabt. Mozart's Figur ist am wenigsten gelungen. Das Blatt befindet sich im XXI. Neujahrsgeschenk an die Zürcherische Jugend von der allgemeinen Musikgesellschaft in Zürich auf das Jahr 1831. — 113) Mozart, im Prinz de Ligne'schen Schlosse auf dem Kahlenberge, mit der Composition der Zauberflöte beschäftigt (Wien 1856, bei Neumann). — 114) Mozart's erstes Auftreten in Paris. Höhe 13 Zoll, Breite 16 Zoll. Lithographie von Anton Ziegler. Druck von Höfelich's Witwe in Wien. [Stellt den Moment dar, wo der jugendliche Künstler mit seinem Vater in einen Salon eintritt, bevor noch die Gesellschaft versammelt ist, und während der Vater die Gemälde betrachtet, auf dem Piano phantasirt. Die Gesellschaft tritt gerade ein und bewundert das junge Genie. Die Randvignetten bilden Scenen aus Mozart's Leben]. — 115) Mozart bei der Composition des Don Juan. Composition von Theodor Mintrop, Lithographie von E. Volkers [im Düsseldorfer Album für 185.]. — 116) Mozart am Dominikaner-Chore in Wien. Oelfarbendruck, 17½ Zoll hoch, 27¼ Zoll breit. Auf Leinwand gespannt und gepreßt (Olmütz 1864, Hölzel). — 117) Mozart und Schikaneder. Holzschnitt Cloß und Ruffs X. A. Jahrmargl sc. [in der Hamburger Unterhaltungsschrift „Omnibus" 1862, Nr. 7]. — 118) Mozart im Bergwerk von Wieliczka. E. H (elm's) Xyl. Anstalt. Rechts Mozart im Bergwerkmantel in der Antonius-Capelle des Schachtes, die Violine spielend, im Vorderunde links Lange mit seiner Gattin Aloisia (Mozart's erste Liebe). Im Hintergrunde sieht man einige Mann der Bergcapelle. In Hallberger's „Illustrirte Welt" 1865, S. 453 [gehört zu Woisky's Novelle: „Ein Tag aus dem Leben Mozart's"]. — 119) Maria Theresia und Mozart. Holzsch., Zeichnung von H(erbert) K(önig). Im „Bazar", XI. Jahrg (1865) Nr. 4. — 120) u. 121) Mozart in Wien und Mozart's Tod. Zwei Generebilder in Photographie und in Visitkartenformat (Wien 1864, Jos. Bermann). — Ueberdieß befinden sich im neuen Opernhause zu Wien Büste, Bildnisse und scenische Darstellungen aus seinen Opern, von verschiedenen Meistern und an mehreren entsprechenden Stellen, wie auch in anderen Theatern.

X.

Statuetten, Büsten, Medaillons in Gyps und Wachs, Medaillen und Denkmünzen.

1. Statuette in Bronze. 22 Zoll hoch, von Preleuthner in Wien im Jahre 1842 verfertigt. Diese Statuette in
gleicher Größe ist auch in Gypsmasse nachgebildet. — 2. Statuette aus Gypsmasse, 7 Zoll hoch, gleichfalls von Preleuthner in Wien verfertigt. — 3. Verkleinerte Copien — 32 Zoll
hoch — des Schwanthaler'schen Standbildes in Salzburg,
aus Gyps, in Wien verfertigt. — 4. Kleine Biscuit=Büste,
11¼ Centimeter hoch, verkleinerte Nachbildung der Hütter'schen,
in der k. k. Porzellanfabrik — wie Nr. 6 — gemacht (1 fl. 30 kr. CM.)
— 5. Gypsbüste, von Prokop in Wien, 15 Zoll hoch (Preis
seiner Zeit 2 fl. CM.). — 6. Büste aus unglasirtem (sogenanntem Biscuit=) Porzellan, nach Strasser's Wachsmodell, in
der k. k. Porzellanfabrik in Wien von Hütter, Höhe 15 Zoll
(Preis seiner Zeit 25 fl. CM., schon selten). — 7. Büste, nach
dem Leben modellirt von Posch in Wien, wornach J. G.
Mannsfeld le jeune im Jahre 1789 den ob der zuverlässigen
Aehnlichkeit sehr gesuchten Kupferstich (Nr. 48) geliefert hat. —
8. Gypsbüste, etwa 25 Zoll hoch, in Wien um das Jahr 1800
gemacht Der Meister ist unbekannt. — 9. Medaillon=Porträt Mozart's von Gyps. Nach dem in Buchsbaum geschnittenen, von Bildhauer Posch, bei Lebzeiten Mozart's im Jahre
1781 gearbeiteten Porträt gemacht. — 10. Gyps=Medaillon
von E. Eichler in Berlin, zwei Zoll im Durchmesser, unter
Glas in Goldrahmen. — 11. Wachsreliefbild von Johann
Schmidt, nicht volle 16 Centimetres hoch, 11 Centimetres breit.

13

Es sind auch Gypsformen davon vorhanden. Das Wachsreliefbild ist Eigenthum des Herrn Dr. August S ch m i d t in Wien.

Medaillen und Denkmünzen.

1. A v e r s : Brustbild von der rechten Seite, von A. G u i -
l e m a r d. Umschrift: WOLFGANG GOTTLIEB MOZART. Unten
am Rand: GEB. 1756, GEST. 1791 R e v e r s : Eine aufrechtstehende
Muse mit der Lyra, bei ihr ein geflügelter Knabe mit einer ge-
raden Trompete. Umschrift: HERRSCHER DER SEELEN. DURCH
MELODISCHE DENKKRAFT. Unten : F. STUCHHARDT F.ecit.
Größe 1 Zoll, 5 Linien, Gewicht $1\frac{1}{16}$ Loth in Silber. — 2. A v e r s :
Belorberter Kopf. Umschrift : WOLFGANG AMADEUS MOZART.
Unten: BAEREND. F. (B a e r e n d, Medailleur in Dresden.) R e -
v e r s : Orpheus auf einem Felsen sitzend, mit der Lyra. Ein
stehender Löwe horcht dem Spiele zu. Umschrift: AUDITUS SA-
XIS INTELLECTUSQ. FERAR. SENSIBVS. Größe 1 Zoll,
9 Linien, Gewicht $2\frac{1}{2}$ Loth in Silber. — 3. A v e r s : Brustbild
von der rechten Seite. Umschrift: ZUR SAECULARFEIER DER
GEBVRT MOZARTS DIE STADT WIEN MDCCCLVI. Am
Rande: C. RADNITZKY. R e v e r s : Engelchen auf Wolken, die
Laute spielend, über ihm eine Menge Engelsköpfchen. Am Rande
in Noten „das Motiv der Ouverture der Zauberflöte", Größe
1 Zoll, 8 Linien. In Bronce und in Silber [10 fl]. Ihr Ertrag
mit jenem des Festconcerts war zur Errichtung des Mozarts-
denkmals auf dessen Grabstätte bestimmt, das nach dem Entwurfe
Hanns Gasser's ausgeführt ward. Die Abbildung dieser Me-
daille befindet sich in der Illustrirten Zeitung (Leipzig, J. J.
Weber). Nr. 659, 16. Februar, S. 125, auch als Titelbild in
Karl Santner's „Musikalischem Gedenkbuch" (Wien und Leipzig, 1856). — 4. A v e r s : Brustbild von der linken Seite. Umschrift: WOLFG. AMADEVS MOZART G. D. 27. IVNI 1756
IN SALZBVRG. G. D. 2. DEC. 1792(sic) IN WIEN. Unten :
O. STEINBOCK. R e v e r s : Die heil. Cäcilia auf der Orgel spie-
lend. Umschrift: ZVM ANDENKEN DES HVNDERTJÄHRI-
GEN MOZARTGEBVRTS - FESTES IN SALZBVRG. Unten
auf einem Bande : d. 7. 8. 9. Sept. 1856. Größe 1 Zoll 2 L. Bronze.
Das auf dieser Medaille angegebene Sterbedatum 2. Dec. 1792

ist falſch, da Mozart am 5. December 1791 ſtarb]. — 5. Avers: Bruſtbild. Umſchrift: WOLFGANG—MOZART. Unten: CAQUÉ F. Revers; NATUS — SALISBURGI | IN GERMANIA | AN. M.DCCLVI | OBIIT | AN. M.DCC.XCI. Bronze-Medaille aus der Münchener-Serie, von Dürand [ſiehe, Ampach, Bd. II. Nr. 9817]. — 6. Avers: Mozart's Bruſtbild im Profil, nach einem Kupferſtich aus dem Jahre 1792 gearbeitet, mit der Auf-ſchrift: WOLFG. AMAD. MOZART, Daneben „Zeitlich vollendet". Revers: Auf einem Würfel, als Sinnbild der Feſtigkeit und Dauer, liegt das „Requiem", unten herum einige der bekannte-teſten Werke Mozart's, als: „Don Juan", „Cosi fan tutte", „Figaro", „Zauberflöte", u. ſ. w. Die herabhängende Papierrolle enthält die Schlußſtelle von Nr. 50 der Oper „Weibertreue" mit den Worten: „So ſind ſie Alle", hier aber auf die oben nicht ge-nannten Werke Mozart's bezogen. Unter dem Abſchnitte ſtehen die Worte: „Ewig blühend". Weiter zurück ſind in einem mit Immergrün geſchmückten Felſen Geburts- und Sterbedatum notirt und über denſelben auf den Bogenlinien das „Tuba mirum" angedeutet. Die Medaille iſt von der Größe eines Thalers und gibt es Exemplare in Silber. Ausgeführt von Wilhelm Doell in Karlsruhe. [Allgemeine Wiener Muſik-Zeitung 1843, Nr. 88, S. 371, Mittheilung von Alois Fuchs. — Zeitſchrift für Deutſch-lands Muſik-Vereine und Dilettanten, von Gaßner, Bd. III, S. 135 und 321, daſelbſt die Abbildung.] — 7. Avers: Kopf von der linken Seite. Umſchrift: I. C. WOLFG. AMAD. MO-ZART GEB. D. 27. IAN. 1756. Am Arme: VOIGT. Revers: Eine mit einem Lorbeerzweige durchflochtene Lyra. Umſchrift: ZUR HEIMAT DER TOENE. Unter der Lyra: D. 5. DEC. 1791. [Ampach. Bd. II. Nr. 9818.] — Noch beſtehen 8. eine Denk-münze mit Mozart's Bildniß von dem Münzgraveur Krüger in Dresden — und 9. eine kleine ſilberne Denkmünze mit Mo-zart's Bildniß von der Größe eines Zwanzigers. Auf der Rück-ſeite ſind muſikaliſche Embleme angebracht. Beſtimmte Beſchreibun-gen dieſer letzteren zwei Stücke konnte ich nicht erhalten. Genaue Angaben von fünf der obigen verdanke ich der freundlichen Güte des Münz- und Antiken-Cabinets-Directors Joſef Ritter von Bergmann.

XI.

Denkmäler und Erinnerungszeichen, Mozart zu Ehren errichtet.

a) **Denkmal in Salzburg.** Mielichhofer (Ludwig). Das Mozartdenkmal in Salzburg und dessen Enthüllungsfeier im September 1842. Denkschrift (Salzburg 1843, 8.). — Gaßner (J. S.), Zeitschrift für Deutschlands Musikvereine und Dilettanten (Carlsruhe, 8.), Bd. II. (1842), S. 361—416: „Die Enthüllungs- feier des Mozartdenkmals in Salzburg am 4. September 1842" [mit einem Verzeichniß Derjenigen, die bei den musikalischen Pro- ductionen mitgewirkt haben; mit Abbildung der Statue und der Basreliefs]. — Die Idee, Mozart ein Denkmal in Salzburg zu errichten, wurde im Jahre 1835 angeregt. Die Salzburger Zeitung vom 12. August 1835 enthält den ersten Aufruf von Julius Schilling; im September des folgenden Jahres wurde der eigentliche größere Aufruf erlassen, in Folge dessen die ein- gelangten Beiträge die Summe von etwa 25,000 fl. erreichten. Der Guß der Statue war am 22. Mai 1841 vollendet, die feier- liche Enthüllung fand am 4. September 1842 und den folgenden Tagen Statt. Die Statue stellt Mozart im Costüme seiner Zeit dar, das von dem darübergeworfenen Mantel größtentheils bedeckt wird. Der Kopf ist nach dem Dome zu links, die Augen sind himmelwärts gewendet, der linke Fuß ruht auf einem Fels- stück. Die rechte Hand hält den Griffel, die linke zeigt das schönste Blatt seines gottbegeisterten Schwanengesanges. Zu sei- nen Füßen liegt der Lorbeerkranz. Das Gesicht gibt die charak- teristischen Gesichtszüge Mozart's in idealer Verklärung und den Ausdruck von milder Hoheit und frommer Begeisterung in meisterhafter Darstellung. Auf den vier Feldern des mittleren Marmorwürfels des Piedestals sieht man erzgegossene Reliefs — Allegorien, die des großen Meisters Schaffen und Wirken bezeichnen. Das vordere Relief stellt die Kirchenmusik dar; ein himmelwärts schwebender Engel mit der Orgel, das linke Seitenfeld enthält eine Gruppe von drei Figuren. die Concertmusik bedeutend; auf der Rückseite zeigt sich ein Adler, welcher mit der Leier emporfliegt, das Symbol des Dichterfluges des hohen Genius; das rechte Seitenbild repräsentirt die dramatische Tonkunst, wo vor Lyra und Maske die Personification der romantischen Musik der classischen Muse die Hand reicht. Als Inschrift trägt das Monument nur einfach den Namen: MOZART. Das Modell ist von Schwanthaler, der Erzguß von Stiglmaier. Otto Jahn bemerkt über dieses Denkmal (Bd. IV S. 742 und 743): „man kann leider nicht sagen, daß Schwanthaler's Erzstatue ».... der allgemeinen Vorstellung von Mozart's genialer Künstlernatur und liebenswürdiger Persönlichkeit den würdigsten und idealen Ausdruck verliehen habe.“ — Außer verschiedenen Ansichten des Denkmales in Lithographie und Holzschnitt ist auch ein schöner Kupferstich von Amsler bekannt. — Als für das Mozartdenkmal bereits 21,000 fl. beisammen waren, und man eben Anstalten zum Baue desselben machen wollte, unterbrach eine sonderbare Idee der Frau Etatsräthin v. Nissen, früher Mozart's Gattin, dieselben. Die verehrte Dame sprach nämlich den Wunsch aus, man möge von dem Gelde ein Conservatorium in Salzburg erbauen und ihren Sohn erster Ehe, Herrn W. A. Mozart, zum Director machen. Das Comité sah sich über diese Idee in die Situation versetzt zu warten, bis Frau von Nissen das Zeitliche gesegnet haben werde. [Musikalischer Anzeiger, herausgegeben von Castelli (Wien, 8.) 1838, S. 186.]

b) **Mozartdenkmal in Wien.** (Augsburger) Allgemeine Zeitung 1857, Beilage zu Nr. 117. (27. April): „Das Mozartdenkmal in Wien“ (von Kertbény). — Neue freie Presse (Wiener Journal) 1865, Nr. 321: „Mozart-Monument“ [ein kleiner Beitrag zur Geschichte der Entstehung des Mozart zu Ehren auf dem

St. Marxer Friedhofe errichteten Denkmals, durch den irrige Ansichten über die Urheber desselben berichtigt werden]. — Wiener
Zeitung 1859, Nr. 280, im Feuilleton: „Am Kamin . . . Vor
Mozart's Denkmal", von Hieronymus Lorm [Worte voll Weihe
und Bedeutsamkeit]. — Im Jahre 1859 ließ der Wiener Gemein-
derath Mozart's vergessenes Grab auf dem St. Marxer Friedhofe
mit einem Denkmal schmücken. Es zeigt uns die auf einem Granitsockel ruhende Broncestatue der trauernden Muse, welche gesenkten
Blickes die verstummte Lyra auf das Grab des großen Tondichters
gleiten läßt, während sie das „Requiem" festhält. Der Granitsockel
ist mit vier lorbeerumwundenen Fackelträgern geziert. Auf dem
Sockel unterhalb der en face-Seite der Muse ist Mozart's Por-
trätmedaillon angebracht. Auf den anderen Seiten befinden sich die
Inschriften: „W. A. Mozart, geb. 27. Jänner 1756, gest. 5.
December 1791", dann das Sadtwappen Wiens und „Gewidmet
von der Stadt Wien 1859". Die Muse hält mit der linken Hand
die mit einem Kranze umschlungenen Werke Mozart's fest, von
denen bezeichnet sind: „Don Juan", „Zauberflöte", „Figaro",
„Idomeneo" und die „Symphonien". Das 14 Fuß hohe Denkmal
ist so geschickt aufgestellt, daß es den Höhenpunkt des Friedhofes
einnimmt; es ist ein Werk des Wiener Bildhauers Hans Gasser,
in neuester Zeit (Herbst 1868) auf das frechste verstümmelt worden.

c) Denkmal in Weimar. Im Garten zu Tiefurt bei Weimar
ließ im Jahre 1799 die damalige verwitwete Herzogin Amalie
von Sachsen-Weimar Mozart zu Ehren ein Denkmal aus
gebranntem Thon aufstellen. Es stellt einen Altar vor, auf welchem
eine Lyra aufrecht steht, an deren beiden Seiten die tragische und
die komische Muse angelehnt stehen. Die Aufschrift des Altars
lautet: Mozart und den Musen. Das Denkmal ist von
Klauer gearbeitet. [Journal des Luxus und der Moden, 1799,
November; A. Musik-Zeitung, II, S. 239 u. 420.]

d) Denkmal in Roveredo. Abbildung eines Monumentes, das
Mozart zu Ehren ein Herr Bridi in seinem Garten zu Roveredo
errichtet (o. Ang. d. J. u. St.). Bridi, Bankier in Roveredo, hatte
sich als junger Mann in Wien aufgehalten und war mit Mozart
befreundet. Nach dessen Tode hatte er in dem in seinem Garten
errichteten Tempel der Harmonie Mozart, qui a sola natura

music doctus musicae est artis princeps, in einer Grotte ein Denkmal errichtet, mit der Inschrift: „Herrscher der Seelen durch melodische Denkkraft", welche Inschrift Guillemard in die auf Mozart geprägte Medaille aufgenommen hat. [Siehe S. 194: Medaillen und Denkmünzen, Nr. 1.].

e) Denkmäler in Graz. Kaufmann Deyerkauf in Graz hat, im Jahre 1792 in seinem Garten Mozart ein Denkmal errichtet. Es stellt vor Mozart's Bildniß, um welches Genien und die Musen umherstehen, die Göttin der Ewigkeit krönt Mozart's Büste und Minerva mit dem Speere schmettert den Neid zu Boden. Die Buchstaben M. T. I. A. M. bedeuten: Mirabilia Tua In Aeternum Manebunt. Die mit ihrem Speere den Neid niederstechende Minerva ist eine Anspielung auf Salieri, von dem im Volke sogar der Glaube ging, daß er Mozart vergiftet hatte. — In Mariagrün, einem Belustigungsorte bei Graz, befindet sich neben der Büste Haydn's auch jene Mozart's aufgestellt. An dem Säulenfuße der Büste Mozart's stehen die Worte:

Gross, erhaben, unerreichbar und unvergesslich.

A. Mozart.

An jenem Haydn's:

Immer neu, originell und unerschöpflich.

J. Haydn.

[Erneuerte vaterländische Blätter (Wien, 4°.) 1819, S. 135: „Monument für Mozart und Haydn".]

f) Der Mozartschrank in Prag. In ebenso erhebender als passender Weise wird das Andenken Mozart's in Prag lebendig erhalten. Der Prager Musikverein hat nämlich im Jahre 1838 in sinniger Weise das folgende Denkmal Mozart zu Ehren errichtet. Es wurde der Ankauf von Mozart's sämmtlichen Werken, und zwar als Orchester-Compositionen im Partitursatz in der größt= möglichst erreichbaren Vollständigkeit und deren entsprechende Auf= stellung in der kaiserlichen Bibliothek daselbst beschlossen. Das Publicum erhält auf diese Weise den ungehinderten Nußgenuß dieser Meisterwerke, sozusagen das Eigenthum derselben, während das aus diesem Anlaß beigestellte plastische Denkmal der Prager Stadtgemeinde vorbehalten bleibt. Zur Aufstellung dieses plastischen Denkmals wurde in der Bibliothek die Hauptwand eines großen

Saales eingeräumt. Die Mitte der Wand trägt unter auf unsterblichen Ruhm deutenden Symbolen auf dunklem Grunde in goldener
Lapidarschrift folgende Inschrift:

Wolfg. Amadei Mozart
Opera aeterna indolis amphioniae monumenta publico
usui consecravere Musicae artes cultores bohemi Anno
MDCCCXXXVII.

Vor dieser Wand sieht Mozart's wohlgetroffene, vom Bildhauer
Emanuel Max gearbeitete, mit einem goldenen Lorbeerkranz ge-
schmückte Büste in kolossaler Form auf einem fünf Schuh hohen
Piedestal, auf welchem man in goldenen Lettern folgende Aufschrift liest:

Wolfg. Amadeus Mozart
natus Salisburgi
VI. Cal. Februar. Anni 1756
Ad coelestes Harmonias revocatus
Viennae Nonis Decembri Anni 1791.

In den rechts und links der Büste befindlichen Glasschränken be-
finden sich Mozart's Werke. Zugleich war die Absicht, durch liberale
Beiträge und den Ertrag von gelegentlich zu veranstaltenden
Akademien und Concerten ansehnliche Compositionspreise für
Böhmens Tonsetzer auszuschreiben, welche den Namen: „Mozart-
Preise" führen sollten. [Frankfurter Konversationsblatt
1838, Nr. 11, in der Rubrik: „Tabletten".]

g) Einer in München in dem Hause zum Sonneneck, wo Mozart
den „Idomeneo" componirte, errichteten Denktafel wurde bereits
S. 140 u. 141 im Abschnitte; IV. Mozart's Wohnungen
u. s. w. gedacht; und ebenso eines älteren Denkmals auf seinem
Grabe auf S. 149 im Abschnitte; V. Mozart's Sterben,
Tod und Grab. — Schließlich sei noch bemerkt, daß in
Wien auf der Wieden, die dritte Seitengasse, welche rechts in die
Favoritenstraße mündet, früher Platzgasse genannt, von der Commune
mit den Namen Mozartgasse belegt worden ist.

XII.

Mozart in der Dichtung, im Drama, Roman, in der Novelle und Erzählung.

Nur Persönlichkeiten, die in das Herzblut eines Volkes gedrungen, werden dann Stoff zu neuen künstlerischen Gestaltungen, sei es im Wege der plastischen, darstellenden oder dichtenden Kunst. Einzelne von diesen Persönlichkeiten stellen sich dann als förmliche Lieblinge der Muse dar, denn sie werden immer wieder, in den verschiedensten Formen und von allerlei Gesichtspuncten und mit einer besonderen Vorliebe behandelt. Es gewinnt der so Behandelte oft einen Charakter, der vielleicht dem wirklichen viel näher kommt, als es jener ist, der sich aus der strenggeschichtlichen Biographie ergibt. Es ist dies zwar nicht immer der Fall, aber bei den Lieblingen der Nation trifft es doch zumeist zu, daß die Dichtung der Wahrheit näher kommt als die Geschichte, wenigstens ist dieß so bei Kaiser Joseph II., König Friedrich II., bei Goethe, Lord Byron, und dieß behielte auch für Mozart Geltung, wenn nicht Jahn über ihn ein Werk geliefert hätte, worin sich mit der Kunst der Darstellung und dem Ernste der Geschichte die Anmuth der Poesie und die Bewunderung des unbefangenen Gemüthes innig verbunden haben, um ein treues Conterfei des Tonheros zu liefern. Gewiß aber ist es, daß Mozart der Dichtung in allen Formen reichen Stoff und mitunter zu ganz anmuthigen Gestaltungen geliefert hat. Es folgt hier eine ziemlich reiche Lese, die, wenn vielleicht auch nicht vollständig, jedoch das Verdienst hat, der erste derartige Strauß zu sein, in welchem auch nicht ein nur einigermaßen duftendes Blümlein fehlen dürfte. Manches scheint aus mündlicher Ueberlieferung in die Dichtung übergegangen und noch einer näheren Prüfung werth zu sein.

Mozart im Drama. Elmar (K.), Die Mozartgeige. Dramatisches Charakterbild in 3 Akten. Musik von F. v. Suppé. Wurde im Theater an der Wien gegeben. — Hoffbauer (Joseph Dr.), Mozart, ein dramatisches Gedicht (Graß 1823). — „Kunst und Leben", fünfactiges Schauspiel von Ille, wurde am 5. December 1862 zur Feier von Mozart's Sterbetag an der Hofbühne zu München gegeben. Das Stück behandelt Mozart's Schicksale während der letzten zehn Jahre seines Lebens. [Deutsche allgemeine Zeitung (Leipzig) 1862, Nr. 292, Beil.] — Schaden (A. v.), Mozart's Tod, ein Original-Trauerspiel (Augsburg 1825, 8⁰.). — Mozart's Gedächtniß. Dichtung mit passenden Stücken aus sämmtlichen Werken Mozart's. Dichtung und Arrangement von der Gattin des unglücklichen Dichters Stieglitz. Das Ganze wurde am 15. September 1837 in München in einem Intermezzo-Theater mit trefflichen Tableaux und einer glänzenden Schluß-Apotheose gegeben. — Mozart. Künstlerlebensbild in vier Acten von Wohlmuth. Zur Mozartfeier in Dresden am 26. Jänner 1856 und später auch noch auf anderen Bühnen aufgeführt. — Apotheose Mozart's. Melodram. Musik von Franz v. Suppé, Text von Weil (Hilaria 17. April 1868). (Selbstverlag des Vereins „Hilaria". Gedruckt bei Joseph Stöckhölzer v. Hirschfeld in Wien, 4⁰.. 4 S.), — Lorbeerkranz, gewunden um das Künstlerhaupt Mozart's zur Gedächtnißfeier seiner hundertjährigen Geburt. Dramatisch bearbeitet von J. M. (Salzburg). — In Puschkin's Nachlaß fand sich ein Gedichtfragment, betitelt: „Mozart und Salieri". Es besteht aus zwei Scenen. Es zählt zu den gelungensten Erzeugnissen des nordischen Dichters. Eine deutsche Uebersetzung brachte, wenn ich nicht irre, die Berliner politische Zeitung „Die Zeit" im Juli 1850.

Mozart im Roman, in der Novelle und Erzählung. Mozart. Ein Künstlerleben. Culturhistorischer Roman von Heribert Rau, in sechs Bänden (Frankfurt a. M. 1858, Meidinger Sohn u. Comp.). — Breier (Eduard). Die Zauberflöte, komischer Roman, 2 Bde. (Prag 185., Kober, 16⁰.), auch in Kober's „Album, Bibliothek deutscher Original-Romane". — Mörike (Eduard), Mozart auf der Reise nach Prag. Novelle (Stuttgart 1856, Cotta) [eine der reizendsten Dichtungen dieses erst im Herbste seines Lebens anerkannten und recht gewürdigten Dichters. Auch in Zeitschriften nachgedruckt]. — Argus, von Oettinger (Hamburg, schm. 4⁰.) II. Jahrg. (1838), Nr. 253: „Ein Abend in Trianon. 1775". von Oettinger [Mozart's Empfang durch die Königin Maria Antoinette, novellistisch behandelt]. — Der Aufmerksame (Grazer Unterhaltungsblatt, 4⁰.) 1856, Nr. 31, 32 u. 33: „Mozart in Graz". Eine Humoreske von Th. [das Ganze ist auf den Scherz eines Spaßvogels gebaut, der vorgab, Papiere gefunden zu haben, nach denen es sich herausstellt, daß Mozart auch in Graz gewesen, was nicht der Fall war]. Bahnhof (Wiener Blatt, 4⁰.) 1856, Nr. 24 u. 25, im Feuilleton: „Die letzten Stunden eines Tondichters". Arabeske von Ferdinand Waldau [behandelt in novellistischer Form Mozart's Tod; nachgedruckt im Blatte: „Der Bote von der Eger und Biela", IX. Jahrg. (1856), Nr. 16]. — Bazar (Berliner Muster- und Moden-Zeitung), V. Bd. (1857), Nr. 5: „Mozart's Geige" [Erzählung von einer Geige, auf der Mozart bei einem Curiositätenhändler, Namens Ruttler, in Wien wenige Tage vor seinem Tode gespielt, bei dem er auch etwas von seinem Requiem geschrieben, und zu dessen Tochter Gabriele er Pathe bei der Taufe gewesen und 100 fl. geschenkt. Die Violine soll später um 4000 fl. verkauft worden sein(?). Es ist aus der ganzen Darstellung dieser Erzählung nicht zu entnehmen was daran wahr, was Dichtung, ob alles wahr oder alles erdichtet ist]; — dasselbe Blatt, 1865, Beilage Nr. 4: „Maria Theresia und Mozart", von Julius Rodenberg [novellistische Behandlung von Mozart's erstem Erscheinen am kaiserlichen Hofe zu Wien]. — Berliner Figaro. Redigirt von L. W. Krause (4⁰). IX. Jahrg. (1839), Nr. 125 u. 126: „Mozart's erste Reise nach Paris", von Fétis [mehr novellistisch als geschichtlich]. — Die Biene (Wochenblatt zur Unterhaltung und Belehrung). Herausgegeben von J. N. Enders (Neutitschein, 4⁰.) 1854, Nr. 39 und 40: „Die Dose des großen Mozart", Novelle von Ferrante; — dasselbe Blatt, VI. Jahrg. (1856). Nr. 2: „Mozart in Italien", Künstler-Novellette von B. L. [behandelt Mozart's Besuch bei Maestro

Guarini und seiner Tochter; öfter nachgedruckt]. — **Blätter für Theater Musik u. s. w.** Herausgegeben von **Zellner**, II. Jahrg. (1856), Nr. 9 u. 10: „Mozart und Saint-Germain bei Kaiser Joseph", von Moriz Bermann [oft nachgedruckt, z. B. im Oesterr. Bürgerblatt (Linz, 4º.) 1857, Nr. 23; — im Sonntagsblatt. Beiblatt zur Neuen Salzburger Zeitung 1856, Nr. 52]. — **Cäcilia**, 1826, Nr. 13: „Aus dem Nachlasse eines jungen Künstlers" Novelle von L. Rellstab [bezieht sich auf Mozart's Requiem]. — **Didaskalia**, Blätter für Geist u. s. w. (Frankfurt a. M. 4º.) 1858, Nr. 205—212: „W. A. Mozart". Novellistische Darstellung. — **Europa**, Chronik der gebildeten Welt (Leipzig, schm. 4º.) 1858, Nr. 29: „Mozart und Kaiser Joseph" [Episode aus Heribert Rau's Roman „Mozart"] — **Frankfurter Konversationsblatt** (4º.) 1856. Nr. 40—46: „Mozart in Mainz". Anekdote, mitgetheilt von Dr. C. — **Fremden-Blatt.** Von Gustav Heine (Wien, 4º.) 1865, Nr. 336, 1. Beilage: „Das Mozartweiberl im Kahlenbergerdörfel" [erzählt in novellistischer Weise die Entstehung der Composition des Liedes vom Veilchen]. — **Von Haus zu Haus** (Unterhaltungsblatt, Kober in Prag, 4º.) 1860, Nr. 23, S. 292: „Mozart und Schikaneder", von Schmidt-Weissenfels [wahrscheinlich mit dem gleichnamigen Aufsatze im Hamburger Blatte „Omnibus" 1863, S. 82, identisch]. **Der Humorist.** Von M. G. Saphir (Wien, 4º.) IV. Jahrg. (1840), Nr. vom 20. April: „Don Giovanni" [der Schauplatz dieser Novellette ist München]. — **Illustrirtes Familienbuch** zur Unterhaltung und Belehrung häuslicher Kreise. Herausgegeben vom Oesterr. Lloyd (Triest, gr. 4º.) IX. Band, S. 339: „Pamina", von A. R. v. Perger [novellistische Episode aus Mozart's Leben]. — **Die Illustrirte Welt.** Blätter aus Natur und Leben, Wissenschaft und Kunst u. s. w. (Stuttgart, Eduard Hallberger, schm. 4º.) XIII. Jahrg. (1865), S. 418 u. 450: „Ein Tag aus dem Leben Mozart's", Novelle von B. v. Woisky. — **Orpheus.** Musikalisches Album für das Jahr 1841, herausgegeben von Aug. Schmidt (Wien, Friedr. Volke, br. 8º.) II. Jahrg. S. 273 u. f.: „Mozart und seine Freundin", Novelle von Leopold Schefer [vergl. darüber O. Jahn's „Mozart", III. Theil, S. 153, Anmerk. 32, u. S. 175. Anm. 23]. — **Salon.** Blätter für Kunst,

Literatur, Theater u. s. w. Redacteur J. Karl Hickel (Prag, 4º.) 1852, Nr. 27 u. f.: „Die Dose des großen Mozart", Novelle von Ferdinand [scheint identisch zu sein mit der oben im Blatte „Die Biene" erwähnten Novelle gleichen Titels von Ferrante, nur ist hier der Autorname germanisirt.]. — Sonntags-Blatt für Ernst und heitere Laune. Zugabe zum Münchener Tagblatt 1853, Nr. 12: „Mozart. Eine räthselhafte Geschichte". — Intelligenzblatt zur Salzburger Landes-Zeitung 1856, Nr 79, S. 162: „Die Bauern-Symphonie". — Sonntagsblatt Beilage zur Neuen Salzburger Zeitung 1857, Nr. 3 u. 4: „Der steinern-Gast und der Steindruck" [Geschichte von Sennefelder's Erfindung des Steindruckes, wozu Mozart's Aufführung des „Don Juan" in München die Veranlassung wurde]. — Wiener allgemeine Theater-Zeitung. Von Adolph Bäuerle, 43. Jahrg. (1850) Nr. 148 u. f.: „Mozart's Requiem". Nach dem Englischen aus Frasers Magazine. — Dieselbe, LII. Jahrg. (1858), Nr. 279: „Zur goldenen Schlange. Eine Novembergeschichte aus dem Jahre 1791" von S—s. — Der Wanderer (Wiener politisches Blatt) 186.; „Mozart". von Mirani. — Wanderer (Wiener Journal, 4º.) 36. Jahrg. (1849), Nr. 6: „Mozart's Veilchen", ein Märchen. — Der Wanderersmann. Ein Volkskalender für das Jahr 1865. Herausgegeben von Ludwig Bowitsch (Wien, Pichler's Wittwe u. Sohn, 8º.) S. 9: „Der erste und letzte Gang Mozart's in Wien", historisches Genrebild von Moriz Bermann [ein Machwerk, in welchem wieder erdichtete Lebensereignisse berühmter Menschen als historische bezeichnet werden]. — Wiener Elegante (ein Wiener Modenblatt, 4º.) 1856, Nr. 8, S. 61: „Mozart's Schwanengesang" [die schon erwähnte Geschichte mit dem Raritätenkrämer Ruttler]. — Das von Johann Friedrich Kayser herausgegebene „Mozart-Album", enthält in der ersten Abtheilung folgende mehr oder minder novellenartig behandelte Stoffe, zusammengefaßt unter dem Collectivtitel: „Mozartiana": „Don Ranuzio Biscroma", — „Die Entführung aus dem Auge Gottes", — „Liebes Mandel, wo ist's Bandel?" — „Don Giovanni", — „Cosi fan tutte", — „Le nozze di Figaro", — „Die Zauberflöte", — „Die Bauern-Symphonie", — „Das Requiem", „Die Pirole", — „Zwei Operndichter", — „Sophia Haibel". — Gazzetta musicale di Milano 1856, Nr. 24, im „Appendice: II. violino di Butler (sic) e il Requiem di Mozart". — L'Italia musicale. Giornale di letteratura, belle arti, teatri e varietà (Milano, kl. Fol.) Anno IX (1857), No. 1 e 3: „Mozart e la sua messa di Requiem". — Colet (Louise), Enfances célèbres (Paris 185., Hachette, 8º.). enthält auch in novelliſtiſcher Form unter dem Titel: „Enfance d'un grand musicien" die Kind-heitsgeſchichte Mozart's. — L'Entreacte" (Pariſer Theater-Blatt) 1838, Nr. 218: „Artiste et Voleur" [die Geſchichte mit Allegri's Miserere, das Mozart nach einmaligem Hören zu Hauſe aus dem Gedächtniſſe nachſchrieb]. — Petit Courier des Dames (Pariſer Modenblatt, ſchm. 4º.) XXXV. Jahrg. (1846), Nummer vom 16. Februar: „Le violon de Mozart" [die öfter erzählte Legende mit Mozart's Violinſpiel bei Trödler Ruttler]. — Ueberdieß enthält der Pariſer „Entreacte" in mehreren Jahrgängen eine Reihe von novelliſtiſchen Bluetten Mozart betreffend. — Dalibor (čechiſches, in Prag erſchei-nendes Muſikblatt, 4º.). Redigirt von Emanuel Meliš, 1860, Nr. 29 u. f.: „Gluck a Mozart". Dva obrazy ze života podává Karel Adamek; — daſſelbe Blatt, 1862, Nr. 15—18 „Mla-distvy houslista". Povidka od E. A. Z. [betrifft Mozart].

XIII.

Gedichte an Mozart

a) Selbstständig herausgegebene, b) in Zeitschriften zerstreute, in alphabetischer Ordnung der Autoren, c) von anonymen Autoren.

Hier braucht wohl kaum erst bemerkt zu werden, daß nur die Blumenlese aus einem reichen poetischen Liederfrühling geboten wird.

a) **Selbstständig herausgegeben.** Bayer (Joseph), Prolog zur 100jährigen Feier des Geburtsfestes Mozart's am 27. Jänner 1856 (deutsch und böhmisch). — Gruber (Karl Anton von), An Mozart's Geist. Eine Hymne (Wien 1823). — Stieglitz (Heinrich), Mozart's Gedächtnißfeier. Gedicht von — (zum Vortheile des Mozartdenkmals in Salzburg) (München 1837, bei Georg Franz, gr. 8°., 23 S.) — Prometheus' Wiederkehr. Zur Feier des 50. Jahrestages des Todes W. A. Mozart's (Wien 1841). — Prolog zur Feier von Mozart's Geburtstag (Linz 1854). — Mein Mozartfest. Gedicht (Wien 1856). — Vision zu Mozart's hundertjährigem Geburtsfeste (Prag 1856). — Mozart's guter Morgen und gute Nacht (Hannover, Hahn, Fol.).

b) **In Zeitschriften zerstreute Dichtungen nach der alphabetischen Ordnung der Autornamen.** Abendblatt zur Neuen Münchener Zeitung 1856, Nr. 23: „Prolog zur hundertjährigen Geburtsfeier Mozart's am 27. Jänner 1856", von Friedrich Beck; — dasselbe, Nr. 193: „Festcantate zum Salzburger Mozartfeste", von Friedrich Beck. [Sie wurde von Franz Lachner für fünfstimmigen Männerchor mit Instrumentalbegleitung in Musik gesetzt und am

Abend des 6. September 1856 vor dem Standbilde Mozart's in Salzburg gesungen. Auch im Frankfurter Konversations-blatt 1856, Nr. 201, abgedruckt]. — Mozart's Geist und der Jünger". Gedicht von Christian Grafen von Benzel-Sternau. [Auch in J. Großer's Lebensbeschreibung Mozart's, S. 93. Mozart's Geist ruft dem Jünger zu, der sich beklagt, daß ihm nichts mehr zu schaffen übrig geblieben:

„Die Klage mag den Genius nicht rühren,

Es sprengte alte Kraft sich neue Thüren,

Nur das ist Wunderart."] —

Kölnische Zeitung 1856, Nr. 31, im Feuilleton: Mozart's Wiege den 27. Jänner 1756", von L. Bischoff [Gedicht]. — „Mozart bei der Composition des Don Juan", Gedicht von Eduard Brauer [im Düsseldorfer Album für 185.] — Mozart's Denkmal. Vier Sonette von Carlopago [Ziegler], sie waren in der Schiff'schen, später Witthauer'schen „Wiener Zeitschrift" abgedruckt. — „Mozart's Grab". Gedicht von Prof. Durand. Vorgetragen bei dem großen, zu Mozart's Gedächtniß abgehaltenen Musikfeste in Frankfurt a. M. am 5. Jänner 1838 — Frankfurter Konversationsblatt 1856, Nr. 22, S. 888: „Parallellinien" [Gedicht], von Karl Enslin. [„Der Mozart und der Goethe, aus philiströser Nacht, schufen sie Morgenröthe und glühende Tagespracht", in solcher Weise wird in 7 Strophen die Parallele zwischen Mozart und Goethe gezogen.] — Morgenblatt für gebildete Leser (Stuttgart, 4°.) 1856, Nr. 4: „Mozart's Sendung", von J. G. Fischer [Gedicht]. — Mozart's Nachtigall. Gedicht von Ludwig August Frankl; oft in Journalen abgedruckt; auch in der Gelegenheitsschrift: „Mozart's Sterbehaus" (Wien 1856, Jof. Bermann, 8°.) [in den Sonntagsblättern 1846, S. 607] — Zum fünften December. Gedicht von L. A. Frankl, zu dem von Ludwig Löwe im Jahre 1841 veranstalteten Mozartfeste gedichtet, bei welchem auch Grillparzer, Castelli, Franz von Braunau Poetisches, auf Mozart Bezügliches lasen. Frankl's Gedicht steht in den „Sonntagsblättern" abgedruckt. — Illustrirte Novellen-Zeitung (Wien, 4°.) Jahrg. 1853, Nr. 98: „Mozart und der Zopf", von J. L. Harisch [Gedicht]. — Frankfurter Konversationsblatt 1856 Nr. 24: „Requiem. Zum hundertjährigen Gedächtnißtage Mozart's, von Alois Henninger [Gedicht]. — „Gutenberg und Faust an Mozart zu dessen hundertjähriger Geburtsfeier". Gedicht von K. A. Kaltenbrunner im Sonntags= blatt, Beiblatt zur Neuen Salzburger Zeitung 1856, Nr. 36. — Frankfurter Konversationsblatt 1851, Nr. 217: „Der Knabe Mozart", von Wilhelm Kilzer [Gedicht]; — dasselbe, 1853, Nr. 31: „Gedicht Mozart's zur Geburtstagsfeier", von Wilh. Kilzer. — „Mozart. Canzonen". Von Ritter von Köchel Salzburg 1856) [voll Schwung, voll Begeisterung, rhythmisch vollendet, man könnte es für ein Werk Leopold Schefer's halten] — Der Sammler (Wiener Unterhaltungsblatt, 4º.) 1824, S. 579: „Mozart's Todtenfeier". Gedicht von A. F. E. Lang= bein [anläßlich der Todtenfeier Mozart's in Berlin am 5. De= cember 1824 vorgetragen; auch in Bäuerle's „Theater=Zeitung" 1825, Nr. 2]. — Kleine Morgen=Zeitung (Breslau, 4º.) 1857, Nr. 23: „Mozart's Geburtstag". Gedicht von J. Tasker. — Abendblatt der Neuen Münchener Zeitung 1856, Nr. 215: „An Mozart", von König Ludwig [unzählige Male nachgedruckt]. — Die Biene (Reutitscheiner Unterhaltungsblatt), Jahrg. 1856, Nr. 16: „Zur Geburtsfeier Mozart's", von G. A. Freih. Maltiß. [Das Gedicht führt eigentlich den Titel: „Den Manen Mozart's" und ist der Melodie des berühmten Champagnerliedes im „Don Juan" angepaßt. Es wurde auch zum ersten Male bei einer Vor= stellung des „Don Juan" in Berlin von Blum gesungen]. — Morgenblatt für gebildete Stände (Stuttgart, Cotta, 4º.) 1837, Nr. 149: „Prolog", gedichtet von Wolfgang Menzel, gesprochen von K. Seydelmann im königl. Hoftheater zu Stutt= gart, bei der zum Besten des in Salzburg zu errichtenden Mozart= denkmals am 15. Juni 1837 gegebenen „Entführung aus dem Serail". — Bote für Tirol und Vorarlberg 1856, Nr. 252: „Mozart als Tausendkünstler". Ein humoristisches Gedicht, allen Mozart=Verehrern gewidmet von A(ugust) M(üller) [viele Male in den verschiedenen Journalen, oft ohne Angabe des Autors oder eine Chiffre, nachgedruckt. Voll frischen gesunden Humors]. — Der Aufmerksame (Graz, 4º.) 1856, Nr. 227: „Die deutsche Muse an Mozart's hundertjährigem Wiegenfeste". Festgedicht von

14

Otto Prechtler [zur Eröffnung des Festconcertes in Salzburg vorgetragen]. — Berliner Figaro. Redigirt von L. W. Krause, 10. Jahrg. (1840) Nr. 192: „Mozart's Tod", von Ferdinand Richter [Gedicht]. — Sonntagsblatt. Beiblatt zur Neuen Salzburger Zeitung 1856, Nr. 6: „Prolog zur Säcular-Geburtsfeier W. A. Mozart's zu Braunau am 27. Jänner 1856", von Moriz Schleifer. — Sonntags-Blatt. Beiblatt zur Neuen Salzburger Zeitung 1857, Nr. 25: „Huldigungsblättchen", Gedicht vom Custos Anton Schmidt — Frankfurter Konversationsblatt (4⁰.) 1856, Nr. 28 und 29: „Festprolog zur Feier des hundertjährigen Geburtstages Mozart's", von W. B. Scholz. Gesprochen von Fräulein Scherzer auf dem Hoftheater zu Darmstadt. — Sammler (Wiener Unterhaltungsblatt, 4⁰.) 1811, S. 35: „Ouverture von Mozart's Don Juan". Sonnet von F. Treitschke. — Mozart's Geist. Gedicht von Vischer [wohl von dem berühmten Aesthetiker Vischer; es ist im antiken Versmaß gehalten und liest sich wie eine schwungvolle Ode. Das Gedicht ist in einem Jahrgang der Zeitschrift „Der Sammler", S. 579, abgedruckt]. — Musikalisches Gedenkbuch. Herausgegeben von Karl Santner (Wien und Leipzig 1856, 12⁰.) I. Jahrg., S. 75: „Zur Säcularfeier Mozart's am 27. Jänner 1856". Gedicht von Joh. Nep. Vogl. — „Mozart. Festgedicht", von Wagner; vorgetragen bei dem großen, zu Mozart's Gedächtniß abgehaltenen Musikfeste in Frankfurt a. M. am 5. Jänner 1838. — Sonntagsblatt. Beiblatt zur Neuen Salzburger Zeitung 1856, Nr. 35: „Das Requiem". Gedicht von Wilhelm Weingärtner.

c) Von ungenannten Autoren. Intelligenzblatt zur Salzburger Landes-Zeitung 1856, Nr. 71: „Zu Mozart's Geburts-Säcularfeier". — Wiener Theater-Zeitung von Adolph Bäuerle, 1857, Nr. 197: „Gedicht auf Mozart's Wohnung in München, beim Sonneneck", wo später ein Schneider wohnte, welcher Wohnungswechsel von dem Humor des Dichters geschickt benützt ist. — Didaskalia (Frankfurter Unterhaltungsblatt 4⁰.) 1841, Nr. 339: W. A. Mozart. Am 5. December, am 50. Jahrestage seines Todes [Gedicht]. — „An Mozart. — „Mozart's Grab". Zwei Gedichte in der Schrift: Wolfgang Amadeus Mo-

zart. Sein Leben und Wirken (Stuttgart 1858, Köhlerische Verlagsbuchhandlung). — Auch der erste Band von Otto Jahn's
„W. A. Mozart" (Leipzig 1856, 8°.) enthält in den Beilagen des
ersten Buches unter Beilage II, S. 146—151, mehrere an Mozart
gerichtete Dichtungen in deutscher und italienischer Sprache aus
Mozart's Zeit. — Nissen's Anhang zu Mozart's Biographie enthält an 20 größere und kleinere Gedichte, mitunter
ganz vortreffliche, bei deren keinem leider der Name des Dichters
angegeben ist. — Ferner gedenkt der Autor dieses Werkes eines
Gedichtes von Franz Grillparzer, betitelt: „Beethoven", in
welchem der Dichter vor Beethoven, der „das Band der Grüfte
abgestreift", die anderen Meister im Reiche der Töne erscheinen
läßt: „da theilt plötzlich sich die Menge, und der Glanz wird
doppelt Glanz, Mozart kommt im Siegeskranz"; mit diesen Alles
sagenden Worten führt uns der Dichter den Tonheros vor, vor
dem Beethoven eben zurücktreten will.— Auch noch in einem anderem
Gedichte gedenkt der „Schiller Oesterreichs" unseres Mozart in
begeisterter Weise. Leider ist es mir — da keine Sammlung
der Dichtungen Grillparzer's besteht — nicht möglich, Genaueres
hier zu sagen.

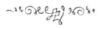

XIV.

Urtheile über Mozart. Charakteristik seiner Werke. Parallelen zwischen ihm und Anderen.

Börne über Mozart. Anläßlich einer Beurtheilung von Mozart's „Entführung aus dem Serail" schreibt Börne: „Gibt es ein übersinnliches Land, wo man in Tönen spricht — die Meister der Kunst führen euch hinauf, indem sie euch erheben; nur Mozart allein zeigt uns den Himmel, zu dem Andere emportragen müssen, in unserer Brust. Das ist's was ihn nicht allein zum Größten macht aller Tondichter, sondern zum Einzigen unter ihnen. Um Mozart'scher Musik froh zu werden, bedarf es keiner Erhebung, keiner Spannung des Gemüthes, sie strahlt Jedem, wie ein Spiegel, seine eigene und gegenwärtige Empfindung zurück nur mit edleren Zügen; es erkennt Jeder in ihr die Poesie seines Daseins. Sie ist so erhaben und doch so herablassend, so stolz und doch Jedem zugänglich, so tiefsinnig und verständlich zugleich, ehrwürdig und kindlich, stark und milde, in ihrer Bewegung so ruhig, in ihrer Ruhe so lebenvoll. Musik, wenn sie als heimatliche Sprache der Liebe und Religion sich austönt, wird so himmlisch

als bei Mozart, bei Keinem vernommen. Aber bewun=
derungswürdiger, als in jener Höhe, wo das Wort schon
im Sinne seine Verherrlichung findet, ist Mozart in der
Tiefe, wo er das gemeine Treiben adelnd, die Poesie der
Prosa, den Farbenschmelz des Schmutzes und den Wohl=
klang des Gepolters kund machte. Die Singstücke der
Constanze, der Donna Anna und das furchtbare
Auftreten des steinernen Gastes sind vielleicht minder un=
nachahmlich als Osmins Gesänge. So ein meisterhafter
Geselle, so ein verklärter Brummbär und hündischer Frauen=
wächter, wie er ergrimmt sich an dem verriegelten Gitter
abmartert, durch welches er täglich den Honig sieht, den
er nicht lecken darf, so ein erboster Kerl, der alle Welt
haßt, weil er nicht lieben kann, wird sobald nicht wieder
in Musik gesetzt. [Gesammelte Schriften von Ludw. Börne
(Wien 1868, Tendler u. Comp. 32.) Bd. IV, S. 108].
— Und ein anderes Mal thut Börne im Hinblicke auf
das Verhältniß Schikaneder's zu Mozart den
trefflichen Ausspruch: „Schikaneder hat sich durch sein
Gedicht zur „Zauberflöte" unsterblich gemacht, wie die
Mücke im Bernstein".

Goethe über Mozart. Unter dem Eindrucke des „Don
Juan" schrieb Goethe: „Mozart wäre der Mann, sei=
nen Faust zu componiren". — Und an Schiller, welcher sich
äußerte, er habe immer ein gewisses Vertrauen zur Oper
gehabt, daß aus ihr wie aus den Chören des alten Bachusfestes
das Trauerspiel in einer edleren Gestalt sich loswickeln sollte
— antwortete Goethe: „Ihre Hoffnung, die sie von der
Oper hatten, würden Sie neulich im „Don Juan" auf
einen hohen Grad erfüllt gesehen haben; dafür steht aber

auch dieses Stück ganz isolirt und durch Mozart's Tod ist alle Aussicht auf etwas Aehnliches vereitelt".

Gollmick über Mozart. Eine wahre und geistvolle Dithyrambe in Prosa auf Mozart. Nachdem Gollmick nachweist, daß Mozart vor Allem ein Psychologe war, dann ein Menschenkenner und Menschenfreund, ein Dichter, ein Mathematiker, ein Architekt, der größte Philologe aller Zeiten, ein Philosoph, ein Theologe, ein siegreicher Feldherr, schließt Gollmick seine Apotheose mit folgenden Worten: „Mozart's Muse ist die wahre Volkes- und Gottesstimme. Sie ist der Welt eine bleibende Schule, eine Kunstsonne, die durch vorüberziehende Wolken nur desto erwärmender und triumphirender wieder hervortritt. Mozart war ein Nekromant. Denn gleich Homer, der den Schatten des Ulysses heraufbeschwor, so verstand auch er die Geistersprache. Sie ertönt uns auf dem Kirchhofe, in den Posaunen des Commandeurs und in dem letzten erschütternden Finale voll Ahnungen und Schauern des Weltgerichtes." [Frankfurter Konversationsblatt (Unterhaltungsbeilage der Frankfurter OberPostamts-Zeitung, 4.) Jahrg. 1842, Nr. 181: „Rückblick auf Mozart's geistige Wirksamkeit", von C. Gollmick].

Baron Grimm über Mozart. „Ihr Bruder (nämlich Mariannens, der Schwester von Mozart), welcher im nächsten Februar sieben Jahre alt wird, ist ein so außerordentliches Phänomen, daß man Mühe zu glauben hat, was man mit seinen eigenen Augen sieht und mit seinen Ohren hört. Es ist eine Kleinigkeit für dieses Kind, mit der größten Präcision die schwierigsten Stücke mit Händen zu spielen, welche kaum die Sext greifen können; was unglaublich, das ist, ihn eine ganze Stunde aus dem Kopfe spielen und sich einer Inspiration seines Genies hingeben zu sehen, der die entzückendsten Ideen ent springen, die er mit Geschmack und ohne Verwirrung in einander zu verweben weiß. Er hat eine so große Uebung auf dem Clavier, daß, wenn man es ihm durch eine Serviette verbirgt, er auf der Serviette mit derselben Geschwindigkeit und Präcision spielt. Ich schrieb ihm ein Menuett und bat ihn, den Baß darunter zu setzen; das Kind nahm die Feder und ohne sich dem Clavier zu nähern, erfüllte er meinen Wunsch. Das Kind wird mir noch den Kopf verdrehen, wenn ich es oft höre; es macht mich begreifen, daß man sich schwer einer gewissen Verrücktheit entzieht, wenn man Zeuge solcher Wunder ist."

Haydn über Mozart. Haydn sagte einst zu Mozart's Vater: „Ich sage Ihnen vor Gott und als ehrlicher Mann, daß ich Ihren Sohn für den größten Componisten anerkenne, von dem ich immer gehört habe. Er hat Geschmack und besitzt die gründlichsten Kenntnisse in der Composition."

Jahn über Mozart. Otto Jahn's Werk über Mozart, dessen Bedeutendheit und Musterhaftigkeit schon an anderer Stelle (S. 59) anerkannt worden, ist eigentlich nur eine vierbändige Apotheose dieses Tonheros. Jedoch bezeichnend sind die Worte dieses Biographen, die er, gleichsam einen letzten Rückblick werfend auf das reiche Leben des Verewigten, dessen Studium er sich mit voller Liebe hingegeben, niederschreibt und so gleichsam in einige Sätze die Ergebnisse seiner Anschauungen über Mozart zusammenfaßt: „Mit welchem Blick und von welcher Seite wir auch Mozart anschauen mögen, immer tritt uns die echte reine Künstlernatur entgegen, in ihrem unbezwinglichen Schaffensdrang und in ihrer unerschöpflichen Schaffenskraft, erfüllt von der unversiegbaren Liebe, die keine Freude und Befriedigung kennt, als im Hervor-

bringen des Schönen, beseelt von dem Geiste der Wahr=
heit, der Allem, was er ergreift, den Odem des Lebens
einhaucht, gewissenhaft in ernster Arbeit, heiter in der Frei=
heit des Erfindens. Alles, was den Menschen berührt,
empfindet er musikalisch, und jede Empfindung gestaltet er
zum Kunstwerk; was dem musikalischen Ausdruck dienen
kann, erfaßt er mit scharfem Sinn und eignet es sich an,
damit zu schalten nach den Gesetzen seiner Kunst. Die
Universalität, welche mit Recht als Mozart's Vorzug ge=
priesen wird, beschränkt sich nicht auf die äußerliche Erschei=
nung, daß er in allen Gattungen der Tonkunst sich mit
Erfolg versucht hat, in Gesang und Instrumentalmusik, in
geistlicher und weltlicher Musik, in der ernsten und komi=
schen Oper, in Kammer= und Orchestermusik, und wie man
dies weiter verfolgen will. Schon eine solche Fruchtbarkeit
und Vielseitigkeit wäre zu bewundern, allein an Mozart
bewundern wir ein Höheres: daß ihm das ganze Gebiet
der Musik nicht ein eroberter Besitz, sondern die angeborne
Heimat war; daß jede Weise des musikalischen Ausdrucks
für ihn die nothwendige Aeußerung eines innerlich Erlebten
war; daß er in jeder Form ein im Geiste Erschautes und
im Gemüthe Empfundenes barg; daß er jede Erscheinung
mit der Fackel des Genius berührte, deren heller Funke
Jedem leuchtet, der keine Binde vor den Augen trägt.
Seine Universalität hat ihre Schranke in der Beschränkung
der menschlichen Natur überhaupt und demgemäß in seiner
Individualität, allein diese spricht sich voll und rein in
jeder einzelnen Erscheinung aus. Seine Universalität ist
nicht zu trennen von der Harmonie seiner künstlerischen
Natur, welche sein Wollen und sein Können, seine Inten=
tionen und seine Mittel nie mit einander in Conflict kom=

men ließ. Der Kern seines innersten Wesens war stets
der Mittelpunkt, von dem die künstlerische Aufgabe sich
wie nach einer natürlichen Nothwendigkeit gestalten mußte.
Was seine Sinne gewahrten, was sein Geist erfaßte, was
sein Gemüth bewegte, jede Erfahrung wandelte sich in ihm
in Musik um, die in seinem Innern lebte und webte; aus
diesem Leben schuf der Künstler nach ewigen Gesetzen und
in bewußten Bildern, wie wir das Schaffen des göttlichen
Geistes in der Natur und in der Geschichte ahnen, jene
Werke von unvergänglicher Wahrheit und Schönheit. —
Und schauen wir mit Bewunderung und Verehrung zu dem
großen Künstler auf, so ruht unser Blick mit immer gleicher Theilnahme und Liebe auf dem edlen Menschen. Wohl
erkennen wir in seinem Lebensgange, der klar und offen
vorliegt, die Fügung, die ihn auf diesem Wege sein Ziel
erreichen ließ; und hat ihn auch des Lebens Noth und
Jammer hart gedrückt, so ist ihm die höchste Freude, welche
dem Sterblichen vergönnt ist, die Freude am glücklichen
Schaffen in vollstem Maße beschieden gewesen. Auch er
war unser! sagen wir mit gerechtem Stolz, denn wo man
die höchsten und die besten Namen jeglicher Kunst und aller
Zeiten nennt, da nennt man unter den ersten Wolfgang
Amade Mozart."

Kaiser Joseph über Mozart. Dittersdorf hat eine
Unterredung aufgezeichnet, die er über Mozart mit Kaiser
Joseph hatte. Hören Sie, sagte der Kaiser, ich habe zwischen
Haydn und Mozart eine Parallele gezogen, ziehen sie auch
eine, damit ich sehe, ob sie mit meiner übereinstimmt. Ditters-
dorf. Wenn es sein muß, bitte ich Eure Majestät, mir eine
Urfrage zu erlauben. Kaiser. Auch das. Dittersdorf.
Was ziehen Euer Majestät für eine Parallele zwischen Klop-

stock's und Gellert's Werken? Kaiser. Hm — daß Beide große Dichter sind — daß man Klopstock's Gedichte öfter als ein Mal lesen müsse, um alle Schönheiten zu entschleiern — daß Gellert's Schönheiten schon beim ersten Anblicke ganz enthüllt sind. Dittersdorf. Nun haben Ihre Majestät Ihre Frage selbst beantwortet. Kaiser. Mozart wäre also Klopstock, — Haydn Gellert. Dittersdorf. So halte ich dafür. Kaiser. Ich kann nichts einwenden. Dittersdorf. Darf ich so kühn sein, um die Parallele Euer Majestät zu fragen? Kaiser. Ich vergleiche Mozart's Compositionen mit einer goldenen Tabatiere, die in Paris gearbeitet, und Haydn's mit einer, die in London gearbeitet! Beide schön, die erste ihrer vielen geschmackvollen Verzierungen, die zweite ihrer Simplicität und ausnehmend schönen Politur wegen. Auch hierin sind wir fast einerlei Meinung.

Dr. Franz Lorenz über Mozart. Treffend characterisirt Dr. Franz Lorenz die Lage Mozart's, der sich, nachdem er bereits seinen „Don Juan" geschrieben, noch immer kümmerlich mit Elementarunterricht am Clavier durchbringen muß!! „Wessen Phantasie," schreibt Lorenz, „etwa einer Nachhilfe bedarf, um die dem Autor des „Don Juan" vom Geschicke angethane Schmach ganz zu begreifen, der stelle sich Raphael vor, wie er, um nicht zu verhungern, nachdem er bereits den Vatican mit seinen Fresken geschmückt, Anfängern die gezeichneten Augen, Nasen und Ohren corrigirt; oder Goethe, nachdem er schon den „Faust" gedichtet, als Schulmeister mit Elementarunterricht sein Brot suchen."

Wolfgang Menzel über Mozart.

Mozart's Genius.

Sprach nur in wundervollen Tönen aus,
Was heimlich sich bewegt im innern Meer
Der menschlichen Gefühle. Nur durch eines,
Das über alle andren mächtig herrscht,
Bezwang er die empörten Leidenschaften
Und hielt mit zartem Zügel sie zurück.
Wie Amor einst das schnaubende Gespann
Des Meergotts. Liebe war sein Talisman,
Das innerste Geheimniß seiner Kunst,
Die Seele seiner Töne, — — — — —
Drum unvergänglich, wie der Herzen Frühling
Stets wiederkehrt den werdenden Geschlechtern,
Wird Mozart blüh'n in unverwelktem Reiz,
So lang ein zärtlich Auge heimlich weinen,
Ein lächelnd holder Mund sich öffnen wird
Zum Kuß und zum Gesange, ewig neu
In seinen schönen Melodien lebt
Der liebevolle Meister des Gesangs.
Wie unaufhaltsam durch das Thal der Welt
Der Strom der Liebe junge Wellen rollt,
Wird auch von ihm der tönereiche Schwan
Weithin getragen zur Unsterblichkeit. —

Mosel, ein gewiegter Musikkenner, characterisirt Mozart
wie folgt: „Mozart besaß ein äußerst tiefes, leicht zu
erregendes Gefühl; eine lebhafte, feurige, jedoch immer
durch richtige Beurtheilung geregelte Phantasie; einen Reich=
thum an Melodie, die sich nicht nur in die Hauptstimmen,
sondern selbst in die Begleitung ergoß; eine Fülle der
Harmonie, die jene Melodien bald in siegender Kraft um=
gab und oft die höchste Kunde des Contrapunctes unter
anscheinender Leichtigkeit verbarg; Verstand und Plan in
der Anlage; Geschmack und Ordnung in der Ausführung.

Die Vereinigung dieser Eigenschaften ist es, welche seine unsterblichen, alle Fächer der Tonkunst mit gleicher Vortrefflichkeit durchkreisenden Werke characterisiren und den Laien entzücken, während sie dem Kenner hundertfältigen Stoff zur Bewunderung bieten."

Oulibicheff über **Mozart.** Zu der Schilderung Mozart's, wie Mörike sie in seiner reizenden Novelle: „Mozart's Reise nach Prag" entwarf, gehört noch gleichsam als ergänzender Anhang, was Oulibicheff im „Leben Mozart's" sagt: „Wenn der Neid einmal, wenn er nichts Anderes findet", schreibt Oulibicheff, „die Sitten und den Character seiner Opfer angreift, so wird er Keinen finden, der ganz unverwundbar wäre. Mozart sucht nach der Arbeit Zerstreuung; sein Herz war den Verlockungen der Liebe nicht unzugänglich; er liebte das mousirende Getränk, das die Nerven des Musikers und des Dichters anregt. Seinen Freunden stets offene Börse, deren Wahl eine bessere hätte sein können, war, wie nicht zu leugnen, oft leer und beinahe immer leicht. Er entlehnte nach allen Seiten und oft zu wucherischen Zinsen. Weit weniger als alles dieß hätte hingereicht, um einen Menschen ganz schwarz zu machen, um ihn als Trunkenbold, Wüstling und zügellosen Verschwender hinzustellen. Der Haß suchte also dem Publicum sein trübes Mikroskop herzuleihen, in welches dasselbe aus Neugierde blickte. . . . Man glaubte: die Einen, weil sie es gern glaubten, die Anderen, weil sie leichtgläubig waren; die Mehrzahl aber, weil ihnen die Sache nicht werth dünkte, aufgeklärt zu werden. Eben auf diese Gleichgiltigkeit speculirten die Verleumder und durch sie gelangten sie ans Ziel. Ihr Sieg über Mozart war vollständig, und zwar so, daß seine Spuren selbst theilweise bei der Nachwelt haften geblieben

und wie ich fürchte, unverwischbar geworden sind. Ver=
gebens wird der Biograph die Thatsachen sprechen lassen,
vergebens wird er sagen, daß ein Mensch, der so jung
starb und dessen Werke allein eine ganze musikalische Biblio=
thek zu füllen im Stande wären, wenig Zeit seinem Ver=
gnügen habe widmen können; daß ein Gatte, der seine Frau
leidenschaftlich liebte und von dieser stets geliebt wurde,
der in einer neunjährigen Ehe sechs Kinder zeugte, kein
Wüstling von Gewerbe sein konnte; daß ein von Jeder=
mann gesuchter Künstler, der jeden Tag in der ausge=
wähltesten Gesellschaft Zutritt hatte, nicht die Gewohnheit
haben konnte, sich täglich zu berauschen. Im Gegentheile,
wenn man sich über etwas zu wundern hat, so mag es
darüber sein, daß ein Familienvater, dessen Einkommen
kaum dem Erwerbe eines mittleren Gewerbsmannes gleich=
kam, der bei keiner Art von Ausgabe knickerte der seinen
Freunden ohne Aussicht auf Wiedererstattung lieh, und zu
all dem noch so viel erübrigen konnte, um seinem alten
Vater Ersparnisse von zwanzig und dreißig Ducaten zu schicken,
daß dieser Mann, sage ich, bei seinem Tode nicht mehr Schulden
als die elende Summe von 3000 Gulden hinterließ.''

Reichart über **Mozart.** Reichart meint: ,,Haydn
habe ein schönes Gartenhaus angelegt, Mozart habe darauf
einen Palast erbauet, Beethoven aber noch einen Thurm
darauf gesetzt, und wer noch höher bauen wolle, der werde
den Hals brechen.''

Rossini über **Mozart.** In einem ,,An Guelfo'' überschrie=
benen Briefe Rossini's kommt folgende Stelle über Mo=
zart's ,,Don Juan'' vor: ,,Guelfo, lebe ich noch ohne zu träu=
men, oder sind meine Sinne durch eine Trunkenheit bestrickt,
von der ich bisher keine Ahnung gehabt. Ich war gestern in der

Oper. Mozart's „Don Juan" wurde gegeben. Endlich! Endlich! Aber wie ward mir, als ich die Musik gehört. Bisher hatte ich von dem Wesen der theatralischen Musik nur einen verworrenen Begriff. Göttlicher Mozart, welch' ein Genius hat dich begeistert! Du sprichst in das Innerste des Herzens mit Tönen, die keine Worte bedür= fen, und malst Leidenschaften mit einem Feuer, gegen das die Gewalt der Rede nicht aufkommt. Ich liebte mit „Don Juan", ich war berauscht mit ihm; ich weinte mit Donna Anna, raste mit Donna Elvira und tän= delte, als Zerline sang. Doch als der Geist erschien, da umfingen mich die Schauer der Geisterwelt, und Guelfo, ich schäme mich nicht — das Mark gefror mir in den Beinen. Guelfo, nimm dein Lob zurück; nein, ich bin kein Tondichter — Guelfo, gib mir dies Lob nicht eher, bis Mozart's Genius mich geküßt hat. Dein Joachim."
— Ein andermal wieder, als nämlich Rossini eines Tages Madame Viardot, nachdem sie das Originalmanu= script von Mozart's „Don Juan" gekauft, besuchte, ver= langte er das Manuscript dieser seiner Lieblingsoper zu sehen, indem er hinzufügte: „ich will mich vor dieser hei= ligen Reliquie beugen". Nachdem er mehrere Blätter der Original=Partitur umgewendet und tiefsinnend seinen Blick darauf hatte ruhen lassen, sagte er zu Viardot, während er seine Hand über Mozart's Schriftzüge ausbreitete: „Das ist der Größte, das ist der Meister Aller, das ist der Einzige, der eben so viel Wissenschaft als Genie und eben so viel Genie als Wissenschaft besaß".

Madame George Sand über Mozart. „Hier ist er! der Meister der Meister. Er ist weder ein Italiener, noch ein

Deutscher. Er ist von allen Zeiten und allen Ländern, wie die Logik, die Poesie und die Wahrheit. Er kann alle Leidenschaften sprechen lassen, alle Gefühle in der ihnen eigenthümlichen Sprache. Er sucht niemals Euch in Staunen zu versetzen, er entzückt Euch ohne Unterlaß. Aus Nichts in seinen Werken ist die Arbeit herauszufühlen. Er ist gelehrt und sein Wissen ist nicht wahrzunehmen. Er hat ein brennendes Herz, aber er hat auch einen richtigen Geist, einen klaren Sinn und einen ruhigen Blick. Er ist groß, er ist schön, er ist einfach wie die Natur."

Viardot über Mozart. "Haben Sie vergessen, vor wem Rossini das Knie beugte? — Ah, Sie erbleichen; Sie sind besiegt! — Aber Mozart ist nicht ein Mann, er ist eine Legion! — Sagen Sie lieber, wie Marc-Antonius in Cäsar: willst du Cäsar preisen? nenne ihn Cäsar und bleibe dabei. Nennen Sie ihn Mozart..... Aber ich will meinen Sieg nicht mißbrauchen; beachten Sie nur wie leicht er mir sein würde, selbst gegen Cimarosa: den "Horatiern" würde ich "Idomeneo", der "heimlichen Ehe" die "Hochzeit des Figaro" entgegen stellen; es bliebe mir noch "Don Juan", dem bis zur Stunde noch kein Werk in keiner Scene entgegengesetzt werden konnte, diese Oper aller Opern, die jedes Genre in sich schließt, von der burlesken Komödie an bis zum tragischen Entsetzen. Es würde mir noch jenes Spielzeug der Liebe und Lust, "Cosi fan tutte", und diese wunderbare "Zauberflöte" bleiben, und das "Requiem" und die "Symphonien" und die "Quartette" und die "Concerte" und die "Sonaten" — und diese ganze immense Arbeit von mehr als 600 einzelnen Werken in einem Leben von 36 Jahren hervorgebracht. Ach, wenn Mozart nicht eben so bescheiden als groß gewesen wäre, wenn er nicht begriffen hätte, daß das Genie wie die Schönheit eine Gabe des Himmels ist, er hätte zur Devise das Wort jenes, ich weiß nicht welches eitlen spanischen Poeten nehmen können, der eine aufgehende Sonne mitten unter die Sterne malte und stolz sagte: me surgente quid istae? .... Lassen Sie mich wiederholen, was ich jüngst in einer Parallele zwischen der Musik und der Malerei sagte: die beiden großen Strömungen der Musik, der deutsche Strom und der italienische Strom, haben gegen das Ende des vorigen Jahrhunderts ihre Wässer in einen gemeinsamen See vermengt. Dieser See ist Mozart. Mozart ist weder die deutsche noch die italienische Musik; er ist die Musik überhaupt. Mozart ist Mozart, wie Allah Allah ist".

Der Aufruf zum Mozartdenkmal enthält folgende Characteristik Mozart's: „Wenn irgend einem Künstler der Kranz der Unsterblichkeit gebührt, so ist es Wolfgang Amadeus Mozart; der größte Tonsetzer, der in Kirchen- und Kammer-, in Concert- und Opernstyl Unerreichtes leistete; der in Anordnung und Ausführung gleich vortrefflich war; der in seinen Werken, wie Keiner vor und nach ihm, die Ergötzung des Laien mit der Befriedigung des Kenners zu verbinden wußte und so die Musik auf den höchsten Gipfel erhob, den sie ihrer Natur und ihren Grenzen nach zu erreichen vermochte; auf jenen Gipfel, über welchen hinaus Originalität zur Bizarrerie, Melodie zum Singsang, Gediegenheit zur Pedanterie, Kraft zum Getöse, Kunstfertigkeit zur Seiltänzerei wird".

Noch mögen die Aussprüche zweier Ungenannten folgen, deren einer lautet: Shakespeare und Mozart sind die einzigen Künstler, welche Geister, die sich wirklich als Geister geriren, auftreten zu lassen im Stande

waren. — Das Zweite, eben so einfach als wahr, künstlerisch
schön und mit wenig Worten Alles sagend, besteht aus fol=
genden Versen auf Mozart:

> Gigantisch wohl an Pracht und Würde,
> Baut manches Wunder die Natur;
> Doch ihrer Werke schönste Zierde,
> Des Menschen Seele ist es nur.

> Sie lehrt uns denken und empfinden,
> Bewundern einer Gottheit Kraft,
> Sie lehrt uns jene Gaben finden,
> Wodurch der Mensch selbst Wunder schafft.

> Und wundervoll war Mozart's Gabe,
> Und ewig bleibt, was er uns gab,
> Die Wunder gehen nicht zu Grabe,
> Sie streift kein Frost der Zeiten ab.

An Mozart:

Wodurch gibt sich der Genius kund? Wodurch sich der Schöpfer
    Kund gibt in der Natur, in dem unendlichen All.
Klar ist der Aether und doch von unermeßlicher Tiefe,
    Offen dem Aug', dem Verstand bleibt er doch ewig geheim.

Eine meisterhafte, in wenigen Seiten zusammengefaßte
und für jeden Menschenkenner als zutreffend erscheinende
Characteristik Mozart's des Menschen (nicht des Künstlers),
des Menschen, der aber ein Kunstgenie in des Wortes
reinster Bedeutung ist, gibt Mörike in einer reizenden
Novelle: „Mozart auf der Reise nach Prag", welche noch
durch Oulibicheff's auf S. 220 und 221 mitgetheilten
Worte verstärktes Gewicht erhalten.

Nachricht über einige besonders bemerkenswerthe, die
Characteristik Mozart's des Künstlers und Menschen
nach ihren verschiedenen Richtungen betreffende, hie und
da zerstreute Aufsätze. Oulibicheff (Alexander), Mo=

15

zart's Opern. Kritische Erläuterungen. Aus dem französischen Originale übersetzt von C. Koßmaly (Leipzig
1848, Breitkopf und Härtel). — Brünner Zeitung
1864, Nr. 149, 151 u. 153: „Musikalische Briefe XVIII,
XIX und XX, eine Charakteristik Mozart's". — Europa,
Chronik der gebildeten Welt. Von Gustav Kühne (Leipzig, schm. 4.) 1856, Nr. 5: „Zu Mozart's hundertjähriger Jubelfeier". Von F. Gustav Kühne [eine Commen-
tirung der Opern Mozart's auf Grundlage der Ansichten
Oulibicheff's]. — Illustrirte Zeitung (Leipzig,
J. J. Weber, Fol.) Nr. 656, 26. Jänner 1856, S. 73:
„Erinnerung an Mozart"; — dieselbe Nr. 693, 11. Ok-
tober 1856, S. 240: „Erinnerung an Mozart"; — die-
selbe, Jahrgang 1862, Nr. 1012, S. 367: „Briefe von
Jenseits. Wolfgang Amadeus Mozart an Dr. Ludwig
Nohl"; — dieselbe, Jahrgang 1864, Nr. 1075: „Briefe
von Jenseits, III. Mozart an Nohl". — Krakauer
Zeitung 1862, Nr. 23 und 24, im Feuilleton: „Ueber
die Wiederherstellung der Orchesterstimmung aus Mozart's
Zeit" [einzelner Andeutungen wegen über die Methode des
Satzes, welche Mozart befolgte, bemerkenswerth]. —
Kühne (Gustav von), Deutsche Charactere (Leipzig 1864,
Denicke, 8.) 2. Bd., oder G. Kühne's „Gesammelte
Werke", 5. Band, enthält eine Characteristik Mozart's
[mit geistvollen Seitenblicken auf das Verhältniß der Musik
zur Politik, wobei es heißt: „Glück in der Musik, vorwie-
gend musikalische Bedeutsamkeit haben nur Völker, die politisch verunglückten. Politisch mächtige Nationen, wie die
englische, sind musikalisch unmächtige", was denn doch etwas
paradox klingen mag]. — Lorenz (Franz Dr.), W. A.
Mozart als Clavier-Componist (Breslau 1866, Verlag

von F. E. C. Leuckart [Constantin Sander], gr. 8., 63 S.
und 7 Seiten Thematisches Verzeichniß der im Texte angeführten Mozart'schen Clavierwerke). [Das thematische Verzeichniß umfaßt 17 Sonaten, 13 Duetten, 7 Trios, 2 Quartette, 1 Quintett und 20 Concerte, zusammen 60 Tonstücke.] — Morgenblatt zur Bayerischen Zeitung (München. 4.) 1863, Nr. 105 u. f.: „Aus Dr. Nohl's musik-
geschichtlichen Vorträgen. 1. Mozart's dramatische Meisterwerke". — Neue Wiener Musik-Zeitung (4.), von
Franz Glöggl, IX. Jahrgang (1860), Nr. 33 bis 35:
„Mozart als sittlicher Character". — Nohl (Ludwig),
Der Geist der Tonkunst (Frankfurt a. M. 1861, J. D.
Sauerländer, 8.) S. 87—98: „Mozart's Zeit"; S. 119
bis 136: „Einzelne Werke Mozart's". — Recensionen und Mittheilungen über bildende Kunst (Wien, J. Löwenthal, 4.) VIII. Jahrgang (1862), Erstes Halbjahr,
S. 308 und 323: „Die dramatische Musik seit Mozart"
[die erste Hälfte dieses Aufsatzes ist nur eine Characteristik
der Opern Mozart's]. — Sonntags-Blatt. Bei-
blatt zur neuen Salzburger Zeitung, 1856, Nr. 7: „Wolfgang Amadeus Mozart und sein Verhältniß zur Tonkunst";
— dasselbe Blatt. 1857. Nr. 26: „Mozart" [Bericht
über ein Gespräch des Kaisers Joseph II. mit Dittersdorf über Mozart, aus Memoiren über Kaiser
Joseph genommen. Das Gespräch zwischen Kaiser Joseph II. und Dittersdorf, welches S. 217 u. 218 unter
den Urtheilen über Mozart angeführt wird, ist von diesem wesentlich verschieden]. — Wiener allgemeine
Musik-Zeitung. Von August Schmidt, IV. Jahrg.
(1844). Nr. 115, S. 460: „Mozart's Opern" [einige
Bemerkungen des Dr. von Sonnleithner im Auszuge

15*

aus deſſen in der „Cäcilia" abgedruckten Auffatze]; —
dieſelbe, V. Jahrgang (1845), Nr. 12: „Mozartodie",
von A. F. Draxler [unter dieſem ſonderbaren Titel
bietet der durch ſeine wunderlichen Artikel ſeiner Zeit bekannte Autor eine Characteriſtik Mozart's]; — dieſelbe
VII. Jahrgang (1847), Nr. 33: „Ueber die Inſtrumentirung
der Recitative in den Mozart'ſchen Opern", von Otto Nicolai; — Nr. 58 und 59: „Antwort auf die Erwiederung des Herrn P. T. J F. Schmidt in Berlin, betreffend die von ihm inſtrumentirten Recitative der Mozart'ſchen Opern", von Otto Nicolai. — Neue Wiener Muſik-Zeitung. Herausgegeben v. F. Glöggl
4.), IV. Jahrg. (1855), Nr. 42—47: „Ein amerikani-
ſcher Journal-Ausſpruch über die Zukunft der Muſik
Mozart's".

Parallele zwiſchen Mozart und Haydn.

Wenn wir Haydn und Mozart zuſammenſtellen, ſo zeigt ſich
uns eine heilige Einheit in der individuelſten Mannigfaltigkeit
und die verſchiedenen Verhältniſſe Beider ſtören das Fortſchreiten
der Geiſter nicht; wenn ſchon wir in der Beſtimmung des Schick-
ſals Beider auf merkliche Verſchiedenheiten ſtoßen. — Muſik der
Väter weckte den Tonſinn der Söhne.

Mozart war der Sohn eines muſikaliſchen Vaters. Haydn
weckten die Geſänge und Accorde der ländlichen Zither ſeiner
Eltern. — Der Sohn des Muſikers, deſſen Genie früher gepflegt,
ſich früher entwickelte, hatte mit weniger Hinderniſſen zu käm-
pfen, als der Sohn des Rademachers, er ſchritt früher zur Vollendung und wurde aber auch früher vollendet. — Mozart's
Genius wurde früh unter den gefälligen Muſen des fröhlichen
Wiens gepflegt, ſonnte ſich in Hesperiens üppigen Gefilden.

Haydn lebte auch in Wien, aber ſeine Jugend verwundeten
nur die Dornen, während Mozart auf ihren Roſen gewiegt
wurde. Nach Italien kam Haydn nie. So ernſt wie ſein ganzes

Leben, führte ihn auch sein Schicksal in das Land des tiefsinnig-
sten Ernstes — nach England, — dennoch behielten beide Genien
ihre Originalität und wirkten wohlthätig auf den Genius ihrer
Umgebung.

Mozart zeigte in seinen früheren Compositionen einen dü-
steren Ernst, strengen Contrapunct, und es wäre ein zweiter Se-
bastian Bach aus ihm geworden, hätten ihn Wiens gefällige
Musen nicht umgeben, Italiens Zaubermelodien mit ihren Blu-
menketten nicht umwunden. Aber dabei wirkte seine Kraft wohlthätig auf die Anmuth seiner Umgebungen, theilte sich ihnen mit
und so ward Mozart Schöpfer jenes neuen Styls, der italienische Anmuth mit deutscher Kraft verbindet. — Haydn's frühere
Compositionen sind leicht, melodisch tändelnd, denn er hörte
nichts als gefällige Musik und Porpora war ein Italiener. Mit
diesem heiteren Genius, mit dieser melodischen Seele reiste er
nach England. Die Grazie seiner gefälligen Melodien umwand
den düstern Ernst der englischen Musik, ebnete ihr rauhes Wesen
und so ward er, wie Mozart im Süden, im Norden der Schöpfer eines neuen Styls, der die Anmuth des Südens mit der
Kraft des Nordens vereinigte; — Mozart gab der Anmuth des
Südens die Kraft des Nordens. — Dem ungeachtet wuchsen
beide Blüthen auf einem Stamme des ästhetisch Schönen. Beide
Künstler verbinden Kraft mit Anmuth, um Beider Stirnen flicht
sich der Doppelkranz des Schönen an sich und der Nationen, deren
Geschmack sie bildeten. In beiden war vereint vorhanden, was
sie einzeln zu geben schienen.

Mozart wird wegen seiner tiefen gründlichen Harmonien
geschätzt, — Haydn wegen seiner Natürlichkeit und Grazie.
Dennoch sind beide in der Harmonie gleich groß, gleich stark und
kräftig. — Mozart suchte seine Melodien mit der Kraft der
Harmonien zu bekleiden; Haydn versteckt seine tiefen Harmonien
unter Rosen und Myrthengewinden seiner Melodien. — Mozart
dringt unaufhaltsam durch Tonströme, kämpfend wie der jugendliche Held; Haydn wandelt gemächlich wie der ruhige Weise auf
Blumengefilden der erquickenden Ruhestätte zu. — Mozart
erscheint plötzlich, prächtig und groß, majestätisch wie der Blitz

over die Sonne, wenn sie unerwartet aus dem Wolkendunkel hervortritt. —

Haydn bereitet vor wie ein heiterer Frühlingstag aus sanftem Morgenlicht. Er schafft sich erst ringsumher den Himmel, in dem sich seine Erwählten freuen sollen, wenn Mozart, wie ein Sohn des Lichtes, plötzlich, unerwartet unter die Sterblichen tritt und sie mit allmächtigem Arm im unaufhaltsamen Fluge hoch zum Olymp emporreißt. — Haydn's Genius sucht die Breite, Mozart's Höhe und Tiefe. — Haydn führt uns aus uns heraus, Mozart versenkt uns tiefer in uns selbst und hebt uns über uns, daher malt Haydn auch immer mehr objective Anschauungen und Mozart die subjectiven Gefühle. Zum Beleg: Haydn's Malereien in den Oratorien die „Schöpfung" und die „Jahreszeiten" und Mozart's in seiner „Zauberflöte", „Titus" und sein Seelengemälde des verklärten und vollendeten Geistes im „Requiem." — Aber beide Genien stehen gleich kraftvoll, gleich anmuthig da und wandeln so unter den Schatten, wie sie von uns ausgegangen sind. — Mozart starb in seiner schönsten Blüthenzeit und sein Geist schuf ein vollendetes Meisterwerk des höchsten Ernstes. Haydn ging als lebenssatter Greis von hinnen und schuf als solcher — ein Jüngling im Geiste, eine neue Schöpfung und einen neuen Frühling, einen glühenden Sommer (in den Jahreszeiten) im Winter seines Erdenlebens. — Mozart behauptete in seinem letzten Werke den Character, der sich in seinen früheren ausspricht, gegen sonst in tiefer Harmonie. — Haydn nahm Abschied wie er kam; denn seine letzten Producte des vollendeten Greises athmen die Fülle und Anmuth des Jünglings. — Jeder von Beiden behauptet seine Originalität; aber beide sind die Schöpfer eines guten Geschmacks. — In einem anderen Vergleiche Haydn's und Mozart's heißt es treffend: „Bei Mozart ist mehr Leben und Handlung, Haydn ist gedankenreicher. Bei Haydn ist das Gefühl, bei Mozart die Leidenschaft vorherrschend. Wenn Mozart freudig jubelt, wenn er uns mit erhabenem Entzücken, mit Angst, Entsetzen und Geisterschauer ergreift, oder mit dem Tone der Schwermuth und Verzweiflung unser Herz bluten macht, erfüllt uns Haydn mit zufriedener Heiterkeit, mit süßer Wehmuth, mit Andacht und sanfter Rührung.

Kurz Mozart ist mehr episch und dramatisch, Haydn mehr romantisch und didaktisch. Schon der Gegenstand und Character der von Beiden für Gesang gewählten Dichtungen deutet diese Unterschiede an."

Parallelen zwischen Mozart und andern Künstlern. Breslauer Zeitung 1855, Beilage zu Nr. 50, S. 315 [die daselbst gegebene Schilderung der von Herrn Berndt veranstalteten Feier zu Mozart's 99. Geburtstage enthält eine geistvolle Parallele der drei Tonheroen Mozart, Haydn und Beethoven]. — Frankfurter Konversationsblatt (4.) 1857, Nr. 114: „Mozart und Haydn." [Aus der älteren englischen Zeitschrift: The polytechnic journal. Es ist das bekannte Gespräch zwischen Kaiser Joseph und Dittersdorf, in welchem Mozart und Haydn mit einander verglichen werden; auch im Omnibus (Unterhaltungsbeilage zu der Brünner Zeitung („Neuigkeiten") 1857, Nr. 39, S. 310]. — Hentl (Fr. R. v.) Gedanken über Tonkunst und Tonkünstler (Wien, 1868, Arnold Hilberg's Verlag, 8.) S. 21: „Die Mozart'sche und Beethoven'sche Melodie". — Lorenz (Franz, Dr.), Haydn, Mozart und Beethoven's Kirchenmusik und ihre katholischen und protestantischen Gegner (Breslau 1866, F. E. C. Leuckart. VIII und 96 S. gr. 8.) [begeisterte Worte eines musikalisch gründlich gebildeten Fachmannes, die nicht genug beherzigt werden können]. — Recensionen und Mittheilungen über Theater und Musik (Wien, Löwenthal, 4.) IX. Jahrg. (1863), Erstes Halbjahr, S. 292: „Die Mozart'sche und die Beethoven'sche Melodie". — Schlesische Zeitung (Breslau) 1860, Nr. 575: „Urtheile über Mozart und Beethoven" [insoferne besonders interessant, weil sie ähnlichen Auslassungen über Richard Wagner so auffallend gleichen, daß man diese von jenen abgeschrieben glauben möchte; und warum soll man's nicht glauben?]. — Wiener allgemeine Musik-Zeitung, von August Schmidt. VI. Jahrg. (1846), Nr.: 74 und 75 „Eine Ansicht über Mozart, Beethoven und Berlioz und über den Humor in der Musik", von L. M. — Mozart, Weber und Gretry. „Philarète Chasles, Etudes contemporains, théâtre, musique et ouvrages. (Paris 1867, Amyot,) p. 265; „Mozart, Weber et Gretry". —

Mozart und Rossini. Wiener Zeitschrift für Kunst, Literatur, Theater und Mode (8.), Jahrg. 1821, Nr. 48: „Mozart und Rossini"; Von G. L. P. Sieber's. Ein geistreiches und zutreffendes Epigramm — eine Xenie in Goethe-Schiller'scher Weise — ist folgendes:

Mozart und Rossini! Rossini ist gleich einer Tulpe,
Mozart der Aloe, die nur nach Jahrhunderten blüht. —

Mozart und Goethe. Bote für Tirol und Vorarlberg (Innsbruck, kl. Folio] 1856, Nr. 53, S. 289: „Mozart und Goethe" [eine geistvolle Parallele dieser beiden Fürsten der Ton- und Dichtkunst]. — Für Freunde der Tonkunst. Von C. T. Kriebitzsch (Leipzig 1867, Merseburger, 8.), enthält unter Anderem eine Parallele zwischen Mozart und Goethe. — Mozart und Raphael. Internationale Revue (Wien, gr. 8.) Jahrgang 1867, Juliheft: „Mozart und Raphael". Von Fr. R. v. Hentl [auch in dessen Schrift: „Gedanken über Tonkunst und Tonkünstler (Wien 1868. 8.) S. 79, aufgenommen]. — Oesterreichisches Bürger-Blatt (Linz, 4.) 37. Jahrg. (1855), Nr. 88, S. 450: „Mozart und Raphael". — Morgenblatt (Stuttgart, Cotta, 4.) 1867, S. 247: „Parallele zwischen Raphael und Mozart," von H. Ulrici. — Allgemeine Musik-Zeitung (Leipzig), Bd. II. S. 641 u. f.: „Raphael und Mozart", von Rochlitz. — Alberti (Stadtschulrath): „Mozart und Raphael", eine Parallele (Stettin 1856, 8.) zuerst am 28. Jänner 1856 öffentlich vorgetragen; ob auch gedruckt ist dem Autor des Mozart-Buches nicht bekannt]

XV.

Stiftungen zu Ehren Mozart's.

Das Salzburger Mozarteum. Salzburger Zeitung 1861,
Nr. 21 und 22: „Zum 105. Geburtstage W. A. Mozart's"
[Gründungsgeschichte des Mozarteums]. — Allgemeine Wiener Musik-Zeitung. Herausgegeben von Dr. Aug. Schmidt.
(Wien, 4.) III. Jahrg. (1843), Nr. 25 und 26: „Das Mozarteum
in Salzburg"; — dieselbe, V. Jahrg. (1845), Nr. 42: „Der
Dommusikverein und das Mozarteum in Salzburg". — Gartenlaube. Herausgegeben von Ernst Keil Leipzig 4.) Jahrg,
1866, S. 62: „Ein Besuch im Mozarteum".

Die Frankfurter Mozartstiftung Gaßner (F. S. Dr.). Zeitschrift
für Deutschlands Musik-Vereine und Dilettanten (Carlsruhe 8.) Bd.
I. (1841), S. 200; „Die Mozartstiftung in Frankfurt a. M." [kurze
Geschichte derselben und ihre Statuten]. — Frankfurter Konversationsblatt 1851, Nr. 279, S. 1114: „Dreizehnter Jahresbericht
des Verwaltungsausschusses der Mozartstiftung" [dieses Blatt enthält
auch die früheren und späteren Jahresberichte der Mozartstiftung].

Der Mozart-Verein. Neue Wiener Musik-Zeitung.
Redigirt von Franz Glöggl (4.) V. Jahrg. (1856), Nr. 36
und 37: „Geschichte des Mozart-Vereines. Denkschrift zur
hundertjährigen Jubelfeier Mozart's". Von C. Haushalter.

Das „Haus Mozart" zu Frankfurt. Wiener allgemeine
Musik-Zeitung, herausgegeben von August Schmidt (4.)
1845, Nr. 79: „Das „Haus Mozart" in Frankfurt am Main
Erstes Einweihungs-Concert desselben am 22. Juni 1845". [Das
„Haus Mozart" ist der Name eines schönen Hauses in Frankfurt
a. M. in einer der schönsten Straßen der Stadt, in der soge-

nannten „Zeil‘, von Karl André erbaut und dem großen Tonheros zu Ehren so genannt. Uebrigens ist das „Haus Mozart"
auch noch in anderer Hinsicht interessant, es bildet nämlich einen
Theil des alten Gasthauses „Weidenhof", den bis zum Jahre
1730 Goethe's Großvater besessen, der als junger Schneider-
geselle in Frankfurt eingewandert war. Im Leben waren Mozart und Goethe Zeitgenossen; jener 1749, dieser 1756 geboren. Beide trugen auch dieselben Vornahmen: Johann Wolfgang. Eine Tafel auf dem Hause zeigt in goldenen Lettern
den denkwürdigen Namen: „Haus Mozart."]

 Die Messenstiftung für Mozart. Neue Wiener Musik-
Zeitung, redigirt von F. Glöggl (4.) VI. Jahrgang (1857),
Nr. 42: „Requiem und Messenstiftung für W. A. Mozart. [Näheres
darüber in der Chronologie unter dem Datum 18. Juni 1857,
S. 138 dieses Buches.]

XVI.

Mozart's Verwandtschaft und Verschwägerung.

Es tauchen von Zeit zu Zeit in den öffentlichen Blättern Nachrichten über Personen auf, die bald als nahe, bald als ferne Verwandte Mozart's bezeichnet werden. Es fand aus diesem Anlasse auch zu wiederholten Malen ein Appell an den Wohlthätigkeitssinn der Zeitgenossen statt; folgten dann auch Berichtigungen, Nachweise eines näheren Verwandtschaftsgrades und vor nicht gar langer Zeit die Nachricht von einer angeblich einzigen Anverwandten Mozart's, die bald darauf als unrichtig bezeichnet und auch bewiesen wurde. Es verlohnt sich also immerhin der Mühe, nach dieser Seite hin eine Untersuchung anzustellen, welche einigermaßen die Prüfung der Ansprüche erleichtert; denn es bietet ja doch etwas Verlockendes, mit einem Manne, wie Mozart, verwandt zu sein. Diese Verwandtschaft ist nach zwei Seiten hin möglich, es können nämlich Nachkommen der Familie Mozart, oder aber Nachkommen der Familie Weber vorhanden sein, in welche Mozart eben geheiratet.

Die Familie Mozart stammt aus Augsburg, wo sich Personen dieses Namens bereits gegen das Ende des 16. Jahr-

hunderts nachweisen lassen. So z. B. gedenkt Paul von S t e t=
t e n in seiner „Kunst=, Gewerks= und Handwerks=Geschichte
der Reichsstadt Augsburg" eines Anton Mozart, der
schon zu Ende des 16. Jahrhunderts in Augsburg gelebt
und die Malerkunst mit nicht gewöhnlichem Geschick ausge=
übt hat. Es ist bekannt, daß Wolfgang Amadeus Mo=
z a r t auch und ziemlich fertig zeichnete. Es ist daher nicht
ganz unwahrscheinlich, daß die durch ihn so berühmt ge=
wordene Familie Mozart von jenem Anton Mozart
entweder in directer Linie abstamme, oder doch sonst mit
ihm verwandt sei. Mozart's Großvater Johann Georg
war Buchbinder in Augsburg. Von diesem Johann
Georg sind zwei Söhne bekannt, Joseph Ignaz und
Leopold. Dieser letztere ist Wolfgangs Vater. Joseph
Ignaz war Buchbinder in Augsburg, übte also das
Handwerk seines Vaters aus; Leopold studirte, ging
nach Salzburg, und kam dann, da er ein tüchtiger Musicus
war, als solcher in erzbischöfliche Dienste. Von diesen
beiden Brüdern, Leopold und Joseph Ignaz —
Leopold spricht zwar immer von einem Bruder Franz
Alois, im Taufbuche findet sich jedoch der Name Jo=
seph Ignaz — stammen die bisher bekannten directen
Nachkommen der Familie Mozart. Von Joseph Ig=
naz stammt die in Mozart's Leben eine liebliche Rolle
spielende Tochter Maria Anna, das in den Briefen Mo=
z a r t's öfter genannte „Bäsle", über welche wir in Otto
Jahn's „Mozart", Bd. II, S. 499—520, nähere Aus=
künfte erhalten. Des Bäsle Porträt, eine von wenig kunst=
fertiger Hand 1778 ausgeführte Bleistiftzeichnung, befindet
sich im Mozarteum zu Salzburg. Maria Anna (gebo=
ren 14. Jänner 1758, gestorben 25. Jänner 1841) hatte

Verwandtschafts- und Schwägerschafts-Tafel der Familie Mozart.

Familie Mozart.

Johann Georg Mozart,
vermält seit 1708 mit
Anna Maria Peterin,
verw. Augustin Banneger.

Johann Georg Leopold [S. 269]
geb. 14. November 1719,
† 28. Mai 1787.
Anna Maria Pertlin
† 3. Juli 1778.

Josef Ignaz,
Vater und Franz Alois
genannt,
Nachkinder in Augsburg. u. u.

Maria Anna
geb. 14. Jänner 1758,
† 25. Jänner 1841.
Maria Anna u. u.
von Dümpel in Salzburg.

Drei Söhne,
einer Buch-
binder,
einen Nachkommen
würdiger.

Johann Joachim
Leopold,
geb. 1718, † 1749.
Maria Anna
Cordula
geb. 1749, †.
Maria Anna Nep.
Walburga
geb. u. † 1750.
Johann Carl
Amadeus
geb. 1752, † 1753.
Maria Crescentia
Franziska de Paula
geb. u. † 1754.

Maria Anna [S. 291]
geb. 30. Juli 1751,
† 29. October 1826,
vm. Joh. Bapt. Reichs-
freiherr Berchthold von
Sonnenburg † 1801.

Ein Sohn u. u.
Freih. v. Berchthold,
vermält mit u. u.
Henriette v. Berchthold,
vm. Franz Forschler.

Joh. Chrys. Wolf-
gang Amadeus [S. 1]
geb. 27. Jänner 1756,
† 5. December 1791.
Constanze v. Weber
am 4. August 1782
verm. mit Mozart,
† 6. März 1842.
nachmals (seit 1809)
vermälte v. Nissen
† 1826.

Carl Mozart
[S. 284 im Texte]
geb. 1783,
† 31. Oct. 1858.

Wolfgang Amadeus
Mozart [S. 277]
geb. 26. Juli 1791,
† 29. Juli 1844.

Familie Weber.

Weber.

Fridolin
Maria Cäcilia u. u.

N. Weber.
Carl Maria v. Weber.

Josepha
vm. Hofer,
Violinspieler
nachmals
vm. Mayer.

Aloisia
† 1830,
vm. Lange,
k. k. Hof-
schauspieler
geb. 1751,
† 1821.

Constanze
[S. 286]
vm. Mozart,
nachmalige,
von Nissen
† 6. März
1842.

Sophie
vm. Haib
† 1846.

Tochter, Tochter, Sohn,
die eigentlichen
Kinder Aloisia's
mit Lange.

Tochter, Sohn,
Stiefkinder Aloi-
sia's, von Lange's
erster Frau.

Josepha.

eine gleichnamige Tochter **Maria Anna**, die sich mit einem Manne Namens Pümpel vermälte, und aus dieser Ehe sind die Nachkommen, drei Töchter, zwei Söhne, am Leben. Diese fünf Geschwister Pümpel leben zur Zeit zu Feldkirch in Vorarlberg und zwar die drei Töchter als Näherinnen, einer der Brüder als Nachtwächter, der andere als Buchbindergeselle. Sie wurden, als die Mozartfeier im J. 1856 stattfand, von Jemand aufmerksam gemacht, ihre Verwandtschaft mit Mozart geltend zu machen, und auf Grund dessen Ansprüche auf eine namhafte Unterstützung zu erheben. Die Geschwister befolgten auch diesen Rath, nur weiß Herausgeber dieses Werkes nicht, ob sie sich mit ihrem Anliegen nach Wien oder Salzburg gewendet haben. Als in Folge dessen von jener Stelle oder Corporation, an welche das Gesuch der Bittsteller gerichtet war, ein Ansuchen um genauere Nachrichten über die materiellen Verhältnisse der Geschwister, an den Gemeinde=Vorstand von Feldkirch erging, so gab dieser die Erklärung ab, daß die Geschwister sich in keiner Noth befinden, daß aber, wenn eine solche eintreten würde, die Gemeinde es sich vorbehalte, das Erforderliche für einen solchen Fall zu verfügen. (Blätter für Musik u. f. w., von Zellner, 1861, Nr. 23 u. 1862, Nr. 69, und Deutsche Allgem. Zeitung 1862, Beilage zu Nr. 193). — Des Joseph Ignaz Bruder, Leopold, der Vater unseres Mozart, hatte aus seiner Ehe mit Anna Maria Pertlin (gest. zu Paris 3. Juli 1778) sieben Kinder, von denen nur eine Tochter, gleichfalls Maria Anna, und ein Sohn Wolfgang Amadeus, die beiden musikalischen Wunderkinder, am Leben blieben. Ueber Wolfgang Amadeus gibt die ausführliche Biographie S. 1—67 nähere Aufschlüsse. Wolfgang's

Schwester Maria Anna (geb. 30. Juli 1751, gestorben 29. October 1829) war auch, wie ihr Bruder, tüchtig
musikalisch gebildet. Otto Jahn berichtet in seiner Mozart-Biographie (Bd. I, S. 133—145, in der 1. Beilage) ausführlicher über sie. Maria Anna heiratete im
Jahre 1784 Johann Baptist, Reichsfreiherrn Berchthold
zu Sonnenburg, Salzburgischen Hofrath und Pfleger
zu St. Gilgen. Ihr Gemal starb im Jahre 1801 und
die Witwe übersiedelte mit ihren Kindern nach Salzburg,
wo sie bis zu ihrem im Jahre 1829 erfolgten Tode, seit
1820 erblindet, lebte. Von einem ihrer Söhne stammt
Henriette, geborne Freiin von Berchthold-Son-
nenburg, vermälte Franz Forster (hie und da auch
Forschter geschrieben), die mit ihrem Gatten, einem k. k.
Militär-Verpflegsverwalter, zu Graz lebt. Diese Henriette
wäre somit eine Großnichte zu dem verewigten Mozart.

Maria Anna's Bruder, der berühmte Wolfgang Amadeus hat sich mit Constanze Weber
verheirathet und dadurch eine ziemlich ausgedehnte Schwägerschaft erhalten. Die Familie Weber, von welcher Constanze abstammt, war in Mannheim ansäßig.
Fridolin Weber lebte als Souffleur und Copist in
sehr ärmlichen Verhältnissen in Mannheim. In neuester
Zeit wird die nahe Verwandtschaft Fridolin Weber's mit
Karl Maria von Weber, dem Componisten des „Freischütz", zwar nicht nachgewiesen, aber doch öfter erwähnt.
Demzufolge wäre Karl Maria von Weber der
Sohn eines Bruders des Fridolin und dieser somit der
Onkel des berühmten Componisten und im Schwägerschafts-
verhältnisse zu Mozart [Zellner's Blätter für
Musik, 1864, Nr. 10; — Blätter für Krain 1864,

Nr. 7]. Fridolin Weber besaß eine ziemlich zahlreiche Familie, fünf Töchter und einen Sohn, von denen vier Töchter bekannter geworden sind: die älteste, Josepha, später an den Violinisten Hoffer und dann an den Bassisten Mayer verheiratet; Aloisia, die nachmalige Lange; Constanze, Mozart's Frau, und Sophie, an den Musicus und Componisten der komischen Oper: „Der Tiroler Wastl", Haibl, vermält. Von diesen vier Töchtern sind nun die Nachkommen zweier und zwar Constanzen's, der Gattin Mozart's, und Aloisia's, vermälten Lange, bekannt. Mozart's beide Söhne sind unvermält geblieben und bereits beide todt. Karl Mozart (geb. zu Wien im Jahre 1783) starb zu Mailand am 31. October 1858, und Wolfgang Amadeus (geb. zu Wien 26. Juli 1791) starb zu Karlsbad am 29. Juli 1844. Es bleiben somit nur noch die Nachkommen der Aloisia Lange übrig. Aloisia's Gatte Joseph Lange (geb. 1. April 1751, gest. 1821) war zweimal vermält. Zuerst 1777, mit einer Tochter des Malereidirectors in der k. k. Porzellanfabrik, Schindler, welche nach zweijähriger Ehe, erst 22 Jahre alt, starb; in zweiter Ehe mit Aloisia Weber, der Schwester von Mozart's Frau. Lange hatte aus beiden Ehen fünf Kinder, von der ersten Frau eine Tochter und einen Sohn, von der zweiten, eben von Mozart's Schwägerin Aloisia, zwei Töchter und einen Sohn. Die Tochter aus erster Ehe starb in jungen Jahren, der Sohn trat in ein öffentliches Amt. Der jüngste Sohn aus zweiter Ehe ging gleich dem Vater zur Bühne. Somit ist allem Anscheine nach die jetzt lebende Josepha Lange, da sie nur eine Tochter von Lange's Sohne aus erster Ehe ist, in kaum erwähnens=

werthem Grade mit Mozart verschwägert. Daß sie aber
nicht eine Tochter des jüngsten Sohnes Lange's aus seiner zweiten Ehe mit Aloisia Weber ist, erhellet daraus,
daß sie sich selbst die Tochter eines Kriegskanzellisten nennt,
während ja eben dieser jüngste Sohn Aloisia's und
Lange's Schauspieler war. Eben diese Josepha
Lange hat in neuester Zeit als Mozart'sche Verwandte
die allgemeine Mildthätigkeit in Anspruch genommen. (Blätter für Musik von Zellner, 1866, Nr. 60). Eine
Verwandtschafts- und Verschwägerungs-Tafel der Familien
Mozart und Weber, welche auf S. 237 dargestellt ist,
wird den Ueberblick und das Verständniß der verwandtschaftli-
chen Beziehungen beider Familien erleichtern.

XVII.

Die Besitzer der Mozart'schen Autographe.

Dieser in mannigfacher Hinsicht — namentlich aber für Autographen - Sammler — interessanten Uebersicht ist Ritter von Köchel's „Thematisches Verzeichniß der Werke Mozart's", als der in der ganzen Musikwelt seiner gediegenen Durchführung wegen allgemein anerkannte zuverlässigste Führer zu Grunde gelegt, und beziehen sich die in Klammern angeführten Zahlen auf dieses Verzeichniß. Indem die Reihe mit den öffentlichen Instituten, als Museen, Bibliotheken u. dgl. eröffnet wird, folgen die Namen der einzelnen Besitzer in alphabetischer Ordnung. Es wird in der Regel nur die Zahl der Autographe, die eine Anstalt oder der eine und andere Sammler besitzen, im Allgemeinen, und nur bei wichtigeren Autographen der Gegenstand desselben mit Namen angegeben. Von den in Ritter v. Köchel's Verzeichniß angeführten vollständigen 627 Compositionen Mozart's besitzt von öffentlichen Anstalten Autographe: *Die k. k. Hofbibliothek in Wien 6 (!) u. z. eine Fuge für Clavier (Nr. 154); — ein Quartett für Flöte, Violine, Viola und Violoncelle (Nr. 298); — ein Terzett für zwei Soprane und Baß: „Ecco quel fiero istante" (Nr. 436); — ein Terzett für drei Singstimmen. „Se lontan ben tu sei" (Nr. 438); — ein Terzett für Sopran, Tenor und Baß: „Grazie agl' inganni tuoi" (Nr. 532) und das „Requiem", Mozart's Schwanengesang (Nr. 626), welches die Bibliothek auch nur durch Vermächtniß Jos. Eybler's erhielt. — Die k. Hofbibliothek zu Berlin, 8 Autogr., darunter: „Il rè pastore", dram. Cantate in 2 Acten (Nr. 208); — Händel's Schäferspiel: „Acis und Galathea" neu instrumentirt und die Instrumentirung der Blasinstrumente von Mozart's Hand (Nr. 566), und Händel's Oratorium: „Das Alexander-Fest", neu instrumentirt. — Die kön. Hof- und Staatsbibliothek in München, 3 Autogr., sämmtlich kleinere Tonstücke (Arien und eine auch nur von des Vaters Hand). — *Die k. k. Universitäts-Bibliothek in Prag, 1 Autogr. neun Contratänze sammt Trio (Nr. 510). — *Das Wiener Musik-Vereins-Archiv, 3 Autogr., ein Quintett (Nr. 46); — ein Concert für Clavier (Nr. 466) und eine kleine Freimaurer-Cantate (Nr. 623). — *Das Museum Francisco-Carolinum in Linz, 2 Autogr., ein Lied für Sopran: „Die großmüthige Gelassenheit" (Nr. 149), und ein zweites Lied für Sopran: „Die Zufriedenheit im niedrigen Stande" (Nr. 151). — *Das Museum Carolino-Augusteum und Mozarteum in Salzburg, 6 Autogr., Menuett und Trio für Clavier, Mozart's erste Composition, in seinem fünften Jahre geschrieben (Nr. 1); — einen Antiphon: „Quaerite primum regnum Dei", vierstimmig (Nr. 86): — zwei Lieder, je für eine Singstimme mit Clavierbegl.: „Wie unglücklich bin ich nicht!" und „O heiliges Band" (Nr. 147 u. 148): — zwei Kyrie für 4 Singstimmen mit Instrumentalbegl. und Orgel. (Nr. 322 u. 323). — Das British-Museum in London: das Madrigal für 4 Singstimmen: „God is our Refuge", die einzige auf englischen Text geschriebene Composition des damals zehnjährigen Mozart [vergl.: Mozart's im Drucke erschienene Compositionen, S. 70 u. 71 3. Kyrie, Te Deum u. s. w., Nr. 20]. — Von Privaten, welche Mozart'sche Autographe besitzen, oder doch wenigstens bis vor kurzer Zeit noch besaßen, geht Allen (und zufälligerweise auch in der alphabetischen Aufreihung) voran die Familie André, welche im Ganzen 293 Autographe, also nahezu die Hälfte der bekannten Werke Mozart's (627 Nummern) besitzt. Diese vertheilen sich in der Familie folgendermaßen: A. André 7 Autographe; — August André in Offenbach 91 Autographe darunter die Oper: „La finta semplice", — die dramatische Serenade „Il sogno di Scipione", — die letzten sechs Quartette Mozart's, — die Oper „Zaide", — die Balletmusik zur Oper „Idomeneo" und die Oper „Lo sposo deluso"; — C. A. André in Frankfurt 65 Autographe, darunter die Passions-Cantate, —

die Operette „Bastien und Bastienne" — das Oratorium „La Betulia liberata", — der zweite und dritte Act der Opera buffa „La finta giardiniëra", — die Chöre und Zwischenacte zu Gebler's „Thamos", — das Oratorium „Davide penitente", — die Oper „Der Schauspieldirector", — neun autographe Fragmente und Partitur = Entwürfe zur Oper „Nozze di Figaro", und die große Oper „Clemenza di Tito"; — Gustav André in New=York 42 Autographe, darunter das in Bologna unter dem Eindrucke des Miserere von Allegri componirte „Miserere", — das Dramma in musica „Lucio Silla", und die Oper „Cosi fan tutte"; — J. André in Offenbach 11 Autographe; — Julius André in Frankfurt 47 Autographe, darunter die dramatische Serenade „Ascanio in Alba", — „l'oca di Cairo", — die Partitur der Blasinstrumente zur Oper: „Nozze di Figaro", und die große Oper „Zauberflöte"; und J. B. André in Berlin 30 Auto= graphe, darunter die Oper „Apollo und Hyacinth" und mehrere einzelne Nummern der Oper „Mitridate". — Von den übrigen Autographenbesitzern, die hier in alphabetischer Folge (die in Oesterreich befindlichen sind durch Sternlein [*] kenntlich gemacht) aufgezählt werden, haben *Artaria in Wien 2 Autographe, u. z. die für ein Orgelwerk im Müller'schen Kunstcabinete in Wien componirte Phantasie für Clavier zu vier Händen mit dem Datum 3. März 1791; und einige der 35 Cadenzen zu seinen Clavier= Concerten. — *Frau Baroni Cavalcabo in Graß (gest. 1860) 11 Autographe, und zwar einen Menuet für Clavier; — drei Sonaten für Clavier und Violine (aus den Jahren 1762 u. 1763); — 31 Menuette mit und ohne Trio (aus dem Jahre 1770 3 Autogr.); — 16 Menuette sammt Trio; — eine Missa brevis; — das Rondo eines Horn=Concerts, wovon den Autograph des vollständigen Concerts Aug. André in Offenbach besitzt, und ein Hornrondo; jedoch dürfte mit dem Besitz dieser Autographen nach dem Tode der Frau Baroni manche Veränderung eingetreten sein. — Freiherr von Bredow=Wageniß 1 Autograph (Galimathias musicum). — Mr. Caulfield in London 4 Autogr. — General= Consul Clauß in Leipzig 1 Autogr. — J. B. Cramer in London 1 Autogr. — August Cranz in Hamburg 15 Autogr. — Capell= meister Karl Eckert in Stuttgart 1 Autogr. — Mr. Ella in

London 1 Autogr. — Der kön. sächsische Hoforganist Engel in Leipzig 1 Autogr. (ein Stammbuchbl.). — Herzog Ernst von Sachsen-Coburg-Gotha 1 Autogr. — *Graf Eßterházy (1856 Gesandter in Berlin) ein Lied für eine Singstimme: „Als Luise die Briefe ihres ungetreuen Liebhabers verbrannte". — *k. k. Major von Franck in Graß die Skizze einer Sopran-Arie: „Ah spiegarti o Dio". — *Al. Fuchs ein Kyrie für 4 Singstimmen, 1 Violine und Orgel. — Fürst von Fürstenberg in Donaueschingen 3 Autogr. — Dr. Gaßner, Universitäts-Musikdirektor in Gießen, 2 Autogr. — F. A. Graßnik in Berlin 23 Autogr. — Herr Guyancourt in Amiens 1 Autogr. — Dr. Härtel in Leipzig 3 Autogr. (Freimaurerlieder). — Mr. Hamilton in London 3 Autogr. — K. F. Heckel senior in Mannheim 2 Autogr. — O. Jahn in Bonn 4 Autogr. — *L. v. Köchel in Wien 1 Autograph — *Franz Liszt in Rom 1 Autograph, eine Symphonie, eine der schönsten des Meisters. — Ludwig I., Großherzog von Hessen-Darmstadt, 1 Autogr. (der später von dem Großherzoge dem Concertmeister Schmidt geschenkt worden sein soll). — General von Lwoff in St. Petersburg 1 Autogr. — Karl Meinert in Frankfurt a. M. die Operette „Der Schauspieldirector" (seit 1865, bis dahin bei C. A. André). — Felix Mendelssohn-Bartholdy 1 Autograph. — Paul Mendelssohn-Bartholdy 1 Autogr., die „Entführung aus dem Serail". — Ferdinand Mendheim in Berlin 1 Autogr. — *Capellmeister Adolph Müller in Wien 1 Autogr., komisches Duett für Sopran und Baß: „Nun liebes Weibchen zieh'". — *Franz Niemeczek in Wien 2 Autogr., einen Canon: „Laßt uns ziehen" und ein „Rondo für Clavier". — Joseph Franz von Patruban in Wien 1 Autogr., ein Andante für Clavier aus dem Jahre 1791 und für ein Orgelwerk im Müller'schen Kunstcabinet geschrieben. — Mr. Plowden in London 7 Autogr. — *G. A. Petter in Wien 2 Autogr., Lied für eine Singstimme mit Clavierbegl.: Daphne, deine Rosenwangen", und zwei kleine Präludien für Clavier (oder Orgel). — Rhode 1 Autogr. — Capellmeister Rietz in Dresden 1 Autogr. — *Ludwig Rotter, Capellmeister in Wien, 1 Autogr., ein Adagio für Harmonica im Jahre 1780 componirt. — Schelble 1 Autograph. — *Jos. Schallhammer, penf. Hauptſchuldirector in Graß, 5 Autographe, ein Dixit und Magnificat, eine Missa brevis, beide aus dem Jahre 1774; ein Offertorium venerabili Sacramento: „Venite populi venite", aus dem Jahre 1776; eine „Missa solemnis", aus dem Jahre 1780 und eine Motette „Ave verum corpus", aus dem Jahre 1791. — Mr. Schmidt in London 1 Autogr. — *Volkmar Schurig, Muſiklehrer in Preßburg, 1 Autogr., und zwar die Oper „Le nozze di Figaro", aus welcher C. A. André neun autographe Fragmente, Julius André das Autograph der Partitur der Blas= inſtrumente beſißt [vergleiche S. 159, in der Abtheilung: „Die Hochzeit des Figaro"]. — Wilhelm Speyer in Frankfurt 2 Autographe, darunter die berühmte Compoſition zu Goethe's gleichberühmtem Gedicht: das Veilchen. — *J. B. Streicher in Wien 3 Autogr., ein Concert für Clavier; Andante mit fünf Variationen für Clavier zu vier Händen, und ein Streichquintett. — J. A. Stumpf 2 Autogr. — Capellmeiſter Taubert in Berlin 1 Autogr. — *Sigmund Thalberg in Wien 3 Autogr., das Allegro für Clavier aus dem Jahre 1762, die dritte Com= poſition, die von M. bekannt iſt; eine Sopran=Arie: „Conservati fedele", und ein Quintett aus dem Jahre 1784. — Frau Viardot= Garcia in Paris 1 Autogr., „Don Giovanni". — Richard Zeune in Berlin 2 Autogr.

Von hundertachtzig Autographen vollſtändiger Compo= ſitionen iſt es nicht bekannt, ob ſie überhaupt noch vorhanden ſind und wo ſie ſich befinden. Von unvollſtändigen Auto= graphen ſind im Ganzen 98 Stücke bekannt, wovon 58 Stücke das Mozarteum in Salzburg beſißt, 12 Stücke im Beſiße von Privaten ſich befinden, darunter bei J. Niemeczek in Wien ein Soloſtück für Clavier, 10 Tacte; bei Sigm. Thalberg in Wien ein Rondo für 2 Violinen, Viola, Violoncell, 139 Tacte; im Kloſter Göttweih ein Kyrie für 4 Singſtimmen mit Orcheſter= begl., 49 Tacte, und in der Wiener Hofbibliothek 2 Autogr., ein Fugato mit cantus firmus für zwei Violinen, Viola und Violoncell, 15 Tacte, und das Bruchſtück eines Concerts für Clarinette (?), 36 Tacte. Von den übrigen 28 Nummern der unvollſtändigen Autographe ſind die Beſißer unbekannt. Nach dieſer Ueberſicht, die während der Zeit, als der leßte Beſißer jedes Autographes feſt=

gestellt worden, bis zur Gegenwart immerhin einige Aenderungen erlitten haben mag, wie denn bei beweglichen Gegenständen in dieser Richtung hin nicht leicht absolute Genauigkeit erzielt werden kann, welche Veränderungen aber an der Berechtigung zu dem nachstehenden Schlusse nichts ändern, stellt es sich, traurig genug, heraus, daß Oesterreich den bei weitem kleinsten Theil der Autographe seines größten, ja des größten Tonsetzers, den die Geschichte der Musik bisher zu nennen vermag, besitzt. Von den Autographen der 627 als vollständig bezeichneten Compositionen sind die Besitzer von 180 unbekannt, und von 447, deren Besitzer, wenigstens bei dem größten Theile, bis vor wenigen Jahren bekannt waren, befinden sich im Besitze öffentlicher Institute oder von Privaten in Oesterreich 49, also etwa der neunte Theil. Eine auswärtige Musikverlegersfamilie hatte die Mittel gefunden, den größten Theil der Autographe eines Tonsetzers zu erstehen, von dem in Frankreich von einer kunstliebenden Frau der Autograph nur Eines Werkes — welches Werk freilich der „Don Juan" — wie ein köstlicher Juwel in Ehren gehalten und auf das kostbarste und sorgsamste aufbewahrt wird. Diese Thatsache mit Mozart's Autographen ist gewiß das giltigste Zeugniß von der Richtigkeit des alten „Kein Prophet gilt im Vaterlande".

XVIII.

Mozart's Secularfeier und andere Mozartfeste.

Mozart=Säcularfest am 6., 7., 8. und 9. September 1856 in Salzburg (Zaunrith'sche Buchdruckerei in Salzburg, 8°., 50 S.) [enthält das Gedicht „An Mozart" von König Ludwig, die Gesangstexte zu den Festconcerten und Aufführungen der Lieder= tafeln, und die ausführlichen Verzeichnisse der Mitwirkenden]. — Mozart=Säcularfest am 6., 7., 8. und 9. September 1856 in Salzburg (Zaunrith'sche Buchdruckerei in Salzburg, 8°., 10 S.) [enthält die allgemeine Festordnung, die Namen der Leiter und mitwirkenden Gesangsvereine, das Programm der zwei Festconcerte, das Programm der Gesangsaufführung der Liedertafeln, und Schluß= bemerkungen, die Mitwirkenden und geladenen Festgäste betreffend]. — Mozart's Säcularfeier seiner Geburt in Salzburg (Wien 1856). — Mozartalbum, herausgegeben von J. F. Kayser (Hamburg) [enthält Künstlernovellen von Lyser; eine „Biographie Mozart's" als Ergänzung Oulibicheff's, ebenfalls von Lyser; Charakterzüge aus Mozart's Leben und Lobgedichte, mitgetheilt von J. F. Kayser; Blüthenkranz aus Mozart's Compositionen, gewunden von J. F. Kayser; Erläuterungen zu diesem Blüthen= kranz, von Lyser; Winzer und Sänger, Operette zu Melodien aus „Idomeneo" und „Cosi fan tutte", in Nußdorf spielend, von Lyser. Das Ganze wird von maßgebender Seite als werthloses Machwerk bezeichnet.] — Immortellen=Strauß aus Mozart's Leben und Liedern. Gepflückt zu dessen hundertjährigem Geburts= tage am 27. Jänner 1856 von der Liedertafel „Frohsinn" in Linz. — Erinnerungs=Blätter an Wolfgang Amadeus Mozart's

Säcularfest im September 1856 zu Salzburg. Mit dem Facsimile und musikal. und briefl. Handschrift W. A. Mozart's (Salzburg 1856, Glonner, Fol.). — Blätter für Musik, Theater und Kunst. Von L. A. Zellner (Wien, 4°.) II. Jahrg. (1856), Nr. 6 u. 7: „Bei Gelegenheit der hundertjährigen Mozart-Feier". Von Franz Liszt [treffende geistvolle Betrachtungen über die isolirte Stellung des Genies auf Erden, namentlich aber des Musikers; auch abgedruckt im Pester Lloyd 1856, Nr. 20 im Feuilleton]; — dieselben Blätter, Nr. 9: „Die Mozart-Säcularfeier in Wien", von Zellner; Nr. 10, S. 39: „Mozart-Säcularfeier in Pest"; Nr. 11, S. 42: „Die Mozart-Feierlichkeiten in Deutschland" [kurze Skizze der Mozartfeste in 23 Städten]; — Frankfurter Konversationsblatt (4°.) 1856, Nr. 29, S. 115: „Mozartfeier in Stuttgart"; Nr. 218, 221, 222: „Mozart's Säcularfeier" [schildert die Salzburger Feste vom 7., 8., 9., 10. u. 11. September]. — Illustrirte Zeitung (Leipzig, J. J. Weber), Nr. 659, 16. Februar 1856, S. 125: „Die Mozartfeier in Deutschland" [mit folgenden Abbildungen: 1) Mozart-Medaille von Joseph Radnitzky (Avers- und Revers-Seite); 2) Mozart's Sterbehaus in Wien; 3) Mozart's Empfangszimmer in Wien; 4) Mozart's Büste von H. Knauer] — dieselbe, Nr. 693, 11. October 1856, S. 231 (irrig 321): „Die Mozartfeier in Salzburg". — Kölnische Zeitung 1856, Nr. 31, im Feuilleton: „Die Mozartfeier in Köln", von L. Bischof. — Abendblatt zur Neuen Münchener Zeitung 1856, Nr. 219, 222 u. f.: „Mozart's Säcularfest in Salzburg". — Musikalisches Gedenkbuch. Herausg. von Carl Santner (Wien und Leipzig 1856, kl. 8°.) I. Jahrgang, S. 1—72: „Rückblicke auf die bedeutenderen, zu Ehren des hundertsten Geburtstages W. A. Mozart's am 27. Jänner 1856 abgehaltenen Feste und Feierlichkeiten". — Presse (Wiener polit. Blatt) 1856, Nr. 209 u. f.: „Vom Mozartfest" [dieser Darstellung geschieht nur deßhalb hier Erwähnung weil sie, als von einem Fachmanne (Eduard Hanslick) herrührend, historisch und kritisch von Interesse ist]. — Salzburger Landes-Zeitung 1856, Nr. 27: „Die Mozart-Nachfeier der Salzburger Liedertafel". — Neue Salzburger Zeitung, VIII. Jahrgang (1856), Nr. 212—217: „Das Mozart-Säcularfest in Salzburg am 6., 7., 8. u. 9. September 1856" [ausführliche Beschreibung der

Festlichkeiten]. — Sonntags = Blatt, Beiblatt zur Neuen Salzburger Zeitung. 1856, Nr. 32: „Programm der Mozart-Säcularfeier zu Salzburg am 6., 7., 8. und 9. September 1856" [aus-
führliche Angabe der Fest-Aufführungen und dabei mitwirkenden
Vereine]. — Sonntagsblätter von L. A. Frankl (Wien, 8°.)
I. Jahrg. (1842), Nr. 36: „Salzburg und Rohrau"; Nr. 37:
„Das Mozartfest in Salzburg", von Prof. Moriz von Stuben-
r auch; ebenda Nr. 40: eine andere Schilderung von Dr. Julius
Bech er. — Allgemeine Theater = Zeitung, herausgegeben
von Adolph Bäuerle (Wien, 4°.) XVIII. Jahrgang (1825), Nr. 2:
„Mozart's Todtenfeier am 5. December 1824. Schreiben Moschele's
aus Berlin an den Redacteur der Theater-Zeitung". — Wanderer
(Wiener polit. Blatt) 1855, Nr. 576 u. 577: „Zum Verständnisse
der Mozart-Feier". — Pražské Noviny, d. i. Prager Zeitung
(kl. Fol.) 1856, Nr. 26: „Slavnost stoleté památky narozeni A.
W. Mozarta", d. i. Säcularfeier von A. W. Mozart's Geburt
[enthält das Gedicht: „Mozart v Praze", d. i. Mozart in Prag,
von J. J. K. (olar)]. — „Die Festcantate am Mozartdenkmal am Abend des 6. September (1856)" so lautet die
Unterschrift eines großen Holzschnittes ohne Angabe des Zeichners
und Xylographen, in der Leipziger Illustrirten Zeitung, Nr. 693
11. October 1856, S. 233.

XIX.

Populär gewordene Bezeichnungen Mozart'sher Compositionen.

Einzelne Tonwerke großer Musiker werden entweder in Künstlerkreisen so heimisch, oder sind durch ihren Ursprung, ihre sonstige Geschichte so interessant, daß man ihnen dieses Merkmal durch eine mit dem Werke sonst in keiner musikalischen Beziehung stehende Bezeichnung, welche endlich ganz populär wird. aufdrückt. So kennen wir z. B. von Haydn eine „Ochsenmenuette", ein „Rasirmesser-Quartett", die „Abschieds-Symphonie", das „Andante mit dem Paukenschlage" u. dgl. m.; ein nicht geringes Contingent solcher populär bezeichneter Tonstücke hat uns auch Mozart gestellt. So kennt man unter seinen Kirchenstücken die Pater-Dominicus-Messe, die Credo-Messe, die Spatzen-Messe, die Krönungs-Messe und das Pater Johannes-Offertorium. Die Pater Dominicus-Messe (Ritter v. Köchel, Nr. 66), eine Composition aus Mozart's 13. Lebensjahre (1769), ist eine Primizmesse, welche Mozart für einen ihm liebwerthen, in seinen Briefen oft liebevoll erwähnten Hausfreund, den Pater Dominicus (Hagenauer), der im Jahre 1786 Prälat des Stiftes St. Peter in Salzburg wurde, componirt hat. Der Vater selbst gab ihr diesen Namen und dieser ist ihr geblieben. — Die Credo-Messe (v. Köchel, Nr. 257), im Jahre 1776 componirt, ohne daß die nähere Veranlassung ihrer Composition bekannt wäre, hat von der eigenthümlichen Composition der 3. Nummer, nämlich des Credo, den Namen bekommen und behalten. — Die Missa brevis, aus demselben Jahre, wie die Credo-Messe, welche von Köchel unter Nr. 258 anführt, soll von einer die Spatzen imitirenden Violinfigur, welche Version jedoch noch nicht beglaubigt feststeht, die komische Bezeichnung Spatzen-Messe erhalten haben, während eine andere, im Jahre 1779 componirte Messe (v. Köchel, Nr. 317), eine der bekanntesten und die größte von Mozart componirte Messe, den Namen Krönungs-Messe führt, ohne daß die Ursache, warum sie diesen Namen hat, bekannt wäre. — Das Pater Johannes-Offertorium (von Köchel, Nr. 72), wie die Pater Dominicus-Messe, auch aus dem Jahre 1769, verdankt aber ihren Ursprung und Namen folgendem Umstande. Pater Johannes — mit seinem Zunamen von Haafy — Benedictiner des Klosters Seeon, war ein Liebling Mozart's. Wenn Mozart, damals noch ein Knabe, ins Kloster kam, sprang er auf den Pater zu, kletterte an ihm empor, streichelte ihm die Wangen und sang dazu nach einer stehenden Melodie: „Mein Hanserl, lieb's Hanserl, lieb's Hanserl". Diese Scene erregte immer große Heiterkeit und Mozart wurde mit seinem Refrain und der Melodie öfter geneckt. Als einmal P. Johannes seinen Namenstag feierte, schickte ihm Mozart das eigens zu diesem Anlasse componirte Offertorium als Angebinde. Er wählte den Text: „Inter

natos mulierum non surrexit major". Nachdem
das Offertorium mit diesem Texte anhebt, tritt mit den
Worten „Joanne Baptiste" die Melodie des „Mein
Hanserl, lieb's Hanserl" ein. Diesem liebenswürdigen Zuge
eines kindlichen Gemüthes verdankt das P. Johannes=
Offertorium seinen in der Kunstwelt gekannten Namen. —
Ein zweites, das Offertorium de Tempore (v. Köchel,
Nr. 222), eine Motette, die sich der vollen Anerkennung
des Pater Martini in Bologna erfreute, heißt auch das
Misericordias-Offertorium, von dem Anfangsworte des
Textes „Misericordias Domini". —

Unter Mozart's Kammermusikstücken sind durch ihre
Eigennamen bekannt die Fischerischen Variationen, die Haydni=
schen Quartette, das Leitgebische Quintett, das Stabler'sche
Quintett und das bekannteste von allen das Bandel=Terzett.
Unter den Fischerischen Quartetten versteht man die zwölf
Variationen für Clavier (v. Köchel, Nr. 179), ein Parade=
stück für das Pianoforte, dessen sich Mozart öfter auf
seinen Reisen, seine Bravour zu zeigen, bediente. Den Na=
men „die Fischerischen" führen sie einfach von dem Um=
stande, daß sie nach einer Menuet von Joh. Christian
Fischer, (geb. 1733, gest. 1800), Kammervirtuosen der
Königin von England, componirt worden. — Die Haydn=
schen Quartette, sechs an der Zahl, sind Streichquar=
tette (v. Köchel, Nr. 387, 421, 428, 458, 464 und
465), so genannt ob der Widmung Mozart's an Vater
Haydn. Tonwerke von seltener Musterhaftigkeit in der
Composition, hatte Mozart seine ganze Kraft daran gesetzt, um
etwas zu leisten, was ihm und seinem Meister Haydn
Ehre machen sollte. Sie stammen aus der Zeit von Mo=
zart's voller Reife (1782—1785), und das an Haydn

gerichtete Dedicationsschreiben Mozart's in italienischer Sprache trägt jenen Hauch von Bescheidenheit, wie er nur großen Geistern eigen und eben deßhalb so ungemein selten ist. — Das Leitgebische Quintett (v. Köchel, Nr. 407) verdankt seinen Namen einem Hornisten Namens Leitgeb, der sein Instrument mit Meisterschaft blies, im Uebrigen aber ein beschränkter Kopf war, den Mozart eben nicht mit Glacehandschuhen anzufassen liebte. Das Quintett ist für eine Violine, zwei Violen, ein Horn und ein Violoncell gesetzt, das Horn darin ist concertino behandelt, kann aber durch ein zweites Violoncell ersetzt werden. Den Namen gab ihm Mozart selbst, der es in seinen Briefen das „Leitgebische" nennt.—Ein Seitenstück zum Leitgebischen Quintett ist das Stadler'sche Quintett (v. Köchel, Nr. 581) für 1 Clarinette, 2 Violinen, Viola und Violoncell welches Mozart für seinen Freund Stadler, der in mehr als freundschaftlicher Weise Mozart's Herzensgüte mißbrauchte, übrigens Virtuose auf dem Clarinett war, componirte. Es wurde am 22. December 1787 im Concert für den Pensionsfond der Tonkünstler zum erstenmale gespielt. — Ein vielgenanntes Gesangstück ist das unter dem Namen „das Bandel=Terzett" bekannte. Es ist ein Terzett für Sopran, Tenor und Baß. Die Zeit seiner Composition fällt in Mozart's Honigmonate seiner Liebe. Köchel (Nr. 441) setzt es in das Jahr 1783. Die Geschichte der Entstehung dieses Tonstückes ist folgende: Constanze sollte eines Tages mit Baron Jacquin, mit dem Mozart und seine Frau befreundet waren, eine Spazierfahrt machen, und wollte ein Band anlegen, das ihr Wolfgang geschenkt. Als sie das Band bereits eine Weile vergeblich gesucht, rief sie ihrem Manne zu: „Liebes Mandl, wo is's Bandl", worauf dieser seiner Frau suchen half. Auch Jacquin suchte mit und fand das Band, wollte es aber nicht so leichten Kaufes wieder hergeben. Mozart Mann und Frau, waren von Statur klein, Jacquin war groß und hielt das Band, das die Mozart'schen Eheleute durch Springen zu erhaschen suchten, hoch in die Höhe. Aller Sprünge Mühe war hier umsonst, endlich gab der bellende zwischen Jacquin's Füße hineinfahrende Hund den Ausschlag. Jacquin lieferte das Band aus und meinte, die Scene böte Stoff zu einem komischen Terzett. Mozart ließ sich das nicht umsonst gesagt sein, machte sich den Text im Wiener Dialect, der mit Constanzen's Worten: „Liebes Mandl, wo is's Bandel" anhebt, selbst dazu und von da führt dieses komische, immer wirksame Tonstück den Namen das „Bandel-Terzett."

Unter den Orchesterstücken führen besondere Namen das Straßburger-Concert, die Haffner-Serenade, zu der sich noch ein Haffner-Marsch und eine Haffner-Symphonie gesellen, das Krönungs-Concert, die Pariser oder sogenannte französische Symphonie und die köstliche Bauern-Symphonie. Das Straßburger-Concert, für 2 Violinen, Viola, Baß, 2 Oboen und 2 Hörner, ist eine Bezeichnung, die zwei Concerte Mozart's führen (von Köchel, Nr. 207 und 216), und die wahrscheinlich von einer darin behandelten Volksmelodie der „Straßburger" ihren Namen entlehnt haben. Mozart in seinen Briefen gedenkt einmal des „Straßburger-Concertes" und ein anderes Mal „des Concertes mit dem Straßburger". — Die Haffner-Serenade (v. Köchel, Nr. 250) ist ein Orchesterstück, zur Vermählungsfeier des Salzburger Bürgers F. X. Späth mit Elisabeth Haffner, der

Tochter einer in Salzburg zu Mozart's Zeit in hohem Ansehen stehenden, durch eine großartige Stiftung noch heute pietätvoll genannten Patrizierfamilie, componirt. Die Serenade wurde am Hochzeitstage (22. Juli 1776) gespielt. Aus gleichem Anlasse entstand auch der Haffner=Marsch (v. Köchel, Nr. 249). Die Haffner=Symphonie (v. Köchel, Nr. 385) auf des Vaters Wunsch für dieselbe Familie Haffner geschrieben, ist aber jüngeren Datums, denn ihre Composition fällt in das Jahr 1782. — Auch um den Titel eines Krönungs=Concertes streiten sich zwei in den Instrumenten gleich besetzte Orchesterstücke (v. Köchel, Nr. 459 und 537), und zwar ersteres, da auf dem Titel der alten André'schen Ausgabe des Con= certes die Notiz sich findet: „Ce concert a eté exécuté par l'auteur à Francofourt sur le Main à l'occasion du couronnement de l'Empereur Léopold II"; das zweite weil es von demselben festgestellt ist, daß es Mozart im Jahre 1790 in Frankfurt a. M. während den Krönungs= feierlichkeiten gespielt hat. — Ehe wir jedoch der zwei letzten Symphonien Ursprung angeben, ist noch des Ke= gelstatt=Trio's (v. Köchel, Nr. 498) zu gedenken, das Mozart für Franziska v. Jacquin, die Schwe= ster Gottfried's v. Jacquin, geschrieben und das seinen Namen davon hat, weil es Mozart während des Kegel= schiebens componirt haben soll. — Die französische Symphonie (Symphonie Nr. 297 bei Köchel) oder auch die Pariser=Symphonie genannt, hat ihren Namen, weil der Ort ihrer Composition und ersten Aufführung — am 3. Juli 1778 — Paris ist. Mozart schrieb sie während seines mehrmonatlichen Aufenthaltes in Paris, wo sie am Frohnleichnamstage im Concert spiruel mit großem Bei=

falle gegeben wurde. — Den Schluß dieser unter popu=
lären oder doch besonderen Bezeichnungen bekannten Com=
positionen Mozart's bildet das unter dem Namen: „Ein
musikalischer Spaß", auch „Bauern=Sympho=
nie", „die Dorfmusikanten" bekannte Sextett (von
Köchel, Nr. 522). Es ist ein für Saitenquartett und
zwei Hörner in vier Sätzen geschriebenes Stück. In der
Abtheilung XII. Mozart in der Dichtung, S. 262,
wird einer kleinen Erzählung: „die Bauern=Symphonie",
gedacht, welche die Entstehung dieses Tonstückes zum Ge=
genstande hat. In diesem „musikalischen Spaß" werden
ebensowohl die ungeschickten Componisten, als die unge=
schickten Spieler verspottet; „die letzten handgreiflich, wie
wenn die Hörner im Menuett, gerade wo sie Solo ein=
treten, in lauter falschen Tönen sich ergehen, oder wenn
die erste Violine zum Schluß der langen Cadenz, in der
eine Reihe kleiner banaler Kunststückchen zusammenhanglos
an einander gereiht ist, sich in die Höhe versteigt und be=
harrlich um einen halben Ton zu hoch greift; am übermü=
thigsten zum Schluß, wo in die F-dur=Fanfaren der Hör=
ner jedes der Saiteninstrumente aus einer andern Tonart
derb hineinstreicht. Mit den halben Tönen nehmen die
Leute es gar nicht genau, bequeme Terzen werden fortge=
führt, auch wo sie nicht mehr passen; aber mitunter, wenn
eine Stimme scheinbar zu früh kommt, oder man einige
Tacte lang nur Begleitung hört, daß die Hauptstimme sich
zu verpausiren scheint, oder wenn man im entscheidenden
Moment einen Ton hört, der infam falsch klingt, lehrt die
Fortsetzung, daß kein Fehler passirt, sondern der Zuhörer
getäuscht ist, wobei man nicht selten zweifelhaft ist, ob nicht
der vorgebliche Componist persiflirt werden soll. Dieß
17

geschieht unverholen in der ganzen Anlage und Behandlung der Sätze, die nach dem üblichen Muster zugeschnitten
sind. Wendungen und Figuren, wie sie damals üblich
waren, auch mitunter eine frappante Modulation, zeigen
aber eine völlige Unfähigkeit, einen eigentlichen Gedanken
zu fassen und durchzuführen; mit einigen Tacten ist es
immer aus, und meistens dreht sich Alles um die herge-
brachte Formel der Schlußcadenz. Spaßhaft ist besonders
im Finale der Versuch einer thematischen Verarbeitung,
der ganz so klingt, als habe der Componist dergleichen gehört, und versuche nun offenbar mit großer Genugthuung,
es mit einigen Redensarten nachzumachen, und die unendlich in die Länge gezogene, angeblich humoristisch spannende
Rückführung des Thema. Am merkwürdigsten ist offenbar
dabei die Kunst, dieses ziemlich lang ausgeführte Stück —
alle 4 Nummern desselben (Allegro 88 Tacte, Menuet
und Trio 94 Tacte, Adagio 80 Tacte und Presto 458
Tacte) enthalten zusammen 720 Tacte — in einem solchen
Helldunkel zu halten, daß das prätendirte Ungeschick nicht
langweilig wird, sondern der Zuhörer wirklich so in der
Schwebe erhalten bleibt, daß er sich immer wieder über-
rascht fühlt. Zum Theile beruht diese Wirkung auf dem
treffenden Blick für das, was in solcher Unbehilflichkeit
wirklich komisch ist — denn nirgends ist die Ironie gefähr-
licher, als in der Musik, weil der Eindruck des Uebelklin-
genden schwer zu beherrschen ist — zum Theile in der siche-
ren Meisterschaft, welche man immer wieder durchfühlt,
und die den Zuhörer stets wieder festhält; allein es war
eigene humoristische Laune erforderlich, um auch hier ein
leicht fließendes Ganzes hervorzubringen, das durch die
einzelnen Späße nicht gestört und zerrissen, sondern nur

gewürzt wird". Außer diesem von O. Jahn so trefflich charakterisirten „musikalischen Spaß" hat man noch ein anderes, auch komisch sein sollendes Quartett Mozart aufbürden wollen, das in der Geschmacklosigkeit des In- halts mit der Geschmacklosigkeit des Titels: „Neugebornes musikalisches Gleichheitskind" wetteifert und als: „Quartett für Leute, die Noten kennen und ohne die Finger zu bewegen, mit dem Bogen nur auf und ab die leeren Sai- ten zu streichen haben" näher bezeichnet wird. Von diesem Machwerk gehört auch nicht eine Note unserm Mozart. — Ein im Jahre 1788 componirter „Contratanz" (von Köchel, Nr. 534) ist unter dem Namen „das Don- nerwetter" bekannt, ob von einer in der Composition die Naturerscheinung imitirenden Tonfigur, oder aus einer andern Ursache, ist nicht bekannt. Mit den vorange- führten Tonstücken erschöpft sich fast ganz die Reihe jener, deren vulgäre Bezeichnungen den schulgerechten oder in den Mu- sikkatalogen vorkommenden Titel verdrängt haben. Freilich gilt dies nur von den kleineren Tonwerken, denn für Mo- zart's große Werke „Don Juan", „Hochzeit des Figaro", „Zauberflöte", wie sehr sie auch im Volke leben, gibt es keine besonderen Bezeichnungen, denn jede Note in den- selben klingt nicht nur im Herzen des einen oder andern Musikliebhabers, sondern eines Jeden auf dem Erdballe nach, der je den Zauber der Töne an sich empfunden, und je denselben auf Andere hat einwirken lassen.

XX.

Einzelheiten.

Mozart's Arbeitskraft. Sie war erstaunlich groß. Nach Köchel's Kataloge hinterließ Mozart 627 ganz vollendete Werke, dazu gegen 200 unvollendete, wobei außerdem 59 Compositionen vorliegen, von denen es ungewiß ist, ob sie ihm zugeschrieben werden sollen. Beethoven, der über zwanzig Jahre älter geworden, als Mozart, hinterließ 137 Werke, Mendelssohn 100 und Schumann, dessen fieberhafte Arbeitsthätigkeit bekannt ist, 143 Werke.

Mozart's Armuth. Otto Jahn spricht in seiner Biographie Mozart's wohl von dem armseligen Nachlasse des großen Meisters, bringt aber nicht das darüber aufgenommene gerichtliche Document. Dieses Actenstück liefert in seinem ganzen Wortlaute und namentlich in dem demselben angehängten Inventar einen wehmüthig rührenden Beleg von dem bescheidenen Hausstande und der noch bescheideneren Bibliothek des k. k. Capellmeisters und Kammer-Componisten Mozart, „der am 5. December 1791 in seiner Wohnung Nr. 934 Rauhensteingasse verstorben, und eine Witwe, Constanze, mit zwei Kindern: Carl, alt 7 Jahre, und Wolfgang, alt 5 Monate, ohne Testament, aber mit einem Heiraths-Contracte hinterlassen". Das Inventar und dessen Schätzung besagt unter Anderem folgendes: Baares Geld, womit die Beerdigungskosten bestritten wurden, 60 fl., Rückstände von dem sich auf 800 fl. belaufenden Jahreshonorar 133 fl. 20 kr.; für verloren angesehene Ausstände 800 fl.; Silberzeug: drei gewöhnliche Eßlöffel 7 fl.; Kleidungsstücke und Leinenzeug zusammen 49 fl., Tischleinen 17 fl.; Möbeln im ersten Zimmer zusammen 21 fl.; im zweiten 82 fl. 30 kr.

worunter zwei Divans mit sechs Lehnstühlen; im dritten 64 fl., namentlich ein Billard für 60 fl.; im vierten 189 fl., worunter ein Fortepiano mit Pedal für 80 fl. Die Bibliothek Mozart's ist im Ganzen auf etwa 70 fl. taxirt. Darunter befinden sich Cramer's „Magazin der Musik", 7 vol., eine Anekdotensammlung, eine Kinderbibliothek, mehrere Bände von Metastasio's Werken für 30 kr., mehrere Operntexte worunter auch „die Entführung aus dem Serail", l'Endimione, Serenade dal Sig. Mich. Gaydn (sic) 2 vol., Manuscript, Prologen von Haydn, Litania de venerabili sacramento di S. Haydn, Sei fughe, preludie per organo dal Albrechtsberger 15 kr.

Sarti über Mozart. Sarti, der Lehrer Cherubini's, sucht in einer Abhandlung nachzuweisen, daß Mozart das Componiren nicht verstehe (!), und als dessen erste sechs Streichquartette versendet waren, wurden dieselben aus Italien dem Verleger mit dem Bemerken zurückgeschickt, daß die Ausgabe zu viele Druckfehler enthalte, worunter eben alle jene harmonischen Combinationen zu verstehen sind, die jetzt allgemein bewundert werden.

Christoph Friedrich Bretzner contra Mozart. „Ein gewisser Mensch, Namens Mozart, in Wien hat sich erdreistet, mein Drama „Belmont und Constanze" zu einem Operntexte zu mißbrauchen. Ich protestirte hiermit feierlichst gegen diesen Eingriff in meine Rechte und behalte mir Weiteres vor. Christoph Friedrich Bretzner, Verfasser des „Räuschchen". Diese Notiz ließ Bretzner im Jahre 1782 in der Leipziger Zeitung abdrucken. Ob er weitere Schritte gethan, ist nicht bekannt; jedenfalls ist dieser erste schon ein Curiosum, das der Nachwelt zur Warnung für alle Diminutivcreaturen à la Bretzner erhalten zu werden verdient.

Mozart ist ein Italiener. Das Frankfurter Unterhaltungsblatt Didaskalia berichtet in Nr. 170 des Jahres 1858 unter den „Mannigfaltigkeiten" folgendes Curiosum: Lamartine in seinen „Entretiens familiers" meint: Mozart sei eigentlich eher ein Kind der italienischen Alpen, als ein Sohn Deutschlands, denn Salzburg gehört nach Lage, Physiognomie und Sprache mehr zu Südtirol, als zu Deutschland!!

Mozart ist ein Böhme. Die Pariser Zeitung Le Temps, vom 4. März 1834, bringt im Artikel Théâtre einen Aufsatz über

Mozart, in welchem folgende Stelle vorkommt: „Ein ausgezeichneter Cavalier suchte Mozart in Wien auf und lud ihn im Namen der Stadt Prag ein, dahin zu kommen und unter seinen Landsleuten eine Oper zu schreiben; denn Mozart in Salzburg geboren, war ein Böhme und als guter Böhme sagte er oft, daß man nur in Böhmen Musik verstehe." Salzburg in Böhmen, eine schöne Gegend das!

Mozart und Schaul. Herausgeber dieses Buches kann nicht umhin, den Namen des württembergischen Hofmusicus Schaul (nomen omen, wie klingt Schaul neben Mozart!) zu verewigen Dieser berühmte Musicus sagt von Mozart's Werken: „sie enthalten Gutes, Mittelmäßiges, Schlechtes und ganz Schlechtes, weßhalb sie keines solchen Aufhebens werth sind, als seine Verehrer davon machen". Mozart's Fruchtbarkeit findet Schaul einer Ueberschwemmung ähnlich, welche Alles verheert und Erde und Pflanzen, Steine, Holz und Wasser übereinanderwirft. Er findet auch, daß sich Mozart sehr oft gegen den gesunden Menschenverstand versündigte, in den Arien überhaupt sei er niemals glücklich gewesen, und die Arie: „Dieß Bildniß ist bezaubernd schön" nennt Meister Schaul — einen Gassenhauer!!!

Don Juan und Zauberflöte als Kirchenmusik. Ein Biograph Mozart's berichtet folgendes Curiosissimum: Don Juan und Zauberflöte habe ich als Mozart'sche Messen mit vieler Andacht gehört. Ich erinnere mich noch, daß man das große Quartett des ersten Actes von Don Juan („Fliehe des Schmeichlers glattes Wort") zum Kyrie eleison gemacht hatte; nur kam zum Beispiel auf die Stelle des Don Juan: „Wißt, dieses arme Mädchen ist nicht mehr recht bei Sinnen" — Christe, Christe eleison, und auf die Exclamation der Elvire: „Ha, du Lügner, du Verräther" — Christe, Christe, Christe, Christe. Neben mir kniete eben der Darsteller des Leporello mit seiner Gattin, die ich in der Partie der Elvire gesehen hatte. Wie müssen die Leute andächtig gewesen sein! Die Worte Credo waren der Stelle untergelegt, wo Don Juan der Hölle verfällt. Auch habe ich die sämmtlichen Arien der Zauberflöte und einige aus der Entführung mit geistlichem Text in Bamberg angetroffen. Das „Seht, Papageno ist schon da" war ein Osterlied geworden. Man sieht, nicht bloß Menschen und Bücher, auch Compositionen haben ihre Schicksale.

Mozart-Flügel. So heißen nicht bloß die beiden im Mozarteum zu Salzburg befindlichen Piano's, die einst Mozart's Eigenthum gewesen, sondern so nannte André in Frankfurt a. M. die vorzüglichsten, von ihm gefertigten Claviere, zur Verherrlichung des großen Meisters, dessen Name und Porträt nach Tischbein auf den Notenpulten angebracht ist.

Preis eines Mozart-Autographs. Laut einer Nachricht der Journale ist die Redaction der in Leipzig erscheinenden „Theater-Chronik" ermächtigt, einen Originalbrief Mozart's ddto. 2. April 1789 um den festen Preis von 150 Thalern zu veräußern. Dieser Preis für einen Brief desselben Mannes, der in einem anderen Briefe den Baron van Swieten um ein Darlehen von drei Thalern ansteht. O Ironie der Briefe!

Mozart und der Anfangsbuchstabe seines Namens. Der Buchstabe M. spielt in der Musik eine Hauptrolle. Unter den Sängerinen: Malibran, Mara, Milder-Hauptmann; unter den Virtuosen: Iván Müller, Gebrüder Müller, Moscheles, Molique, Maurer; unter den Componisten: Marschner, Méhul, Mercadante, Methfessel, Simon Mayr, Meyerbeer, Mendelssohn-Bartholdy, Wenzel Müller, und über Allen als Alleinherrscher und König der Töne und Melodien: Wolfgang Amadeus Mozart. —

Mozart's Ring
(Fragment, wenig bekannt).

In Wälschland hört er einst, daß leise
Bei seinem Spiel die Rede ging:
„Der Deutsche zwingt's geheimer Weise
Durch seinen möcht'gen Zauberring".
So raunten kunstbeflissne Jünger
Von Neid befangen, sich in's Ohr,
Er aber zog den Ring vom Finger
Und spielte schöner als zuvor. —

Eine Mozartstadt. Frankfurt a. M. ist eine wahre Mozartstadt und hat nach einer Seite hin des großen Tonheros Geburtsstadt überflügelt: denn in Frankfurt gibt es eine Mozartstiftung, einen Mozartverein, ein „Haus Mozart", die besten Mozart-Porträte, die größte Menge Autographe von Mozart'schen Compositionen, zahllose Verehrer von Mozart'scher Musik und C. A. André's Mozart-Flügel.

XXI.

Quellen

zu einer Mozart = Literatur, sowohl seines Lebens, wie seiner Werke.

In Sachen Mozart's (Wien 1851, I. P. Sollinger's Witwe, 27 S. 8°.) [die erste Abtheilung ist eine Apologie des Werkes von Oulibicheff über Mozart; die zweite eine Aufforderung an Alois Fuchs zur Herausgabe der Werke Mozart's in correctem des Meisters und seiner unsterblichen Schöpfungen würdigem Stiche; die dritte enthält Einiges über Mozart's Entwickelungsgeschichte. und Chronologie seiner Werke. Ein warm empfundenes Büchlein, welches zur rechten Zeit auf die in Oesterreich grassirende Apathie über Alles, was seine Ehre nach außen betrifft, mit etlichen Keulenschlägen zuhaut]. — Blätter für Musik, Theater und Kunst. Von L. A. Zellner (Wien, 4°.) I. Jahrg. (1855), Nr. 15: „Mozartiana". [Ferdinand Hiller in Cöln regt den Gedanken an, man möchte anläßlich der Mozartfeier in Oesterreich die Manuscripte Mozart's sammeln, in der Wiener Hofbibliothek hinterlegen, um sie vor Vernichtung zu bewahren. Ist frommer Wunsch geblieben!] — Gräffer (Franz), Wiener Dosenstücke (Wien 1852). Zweite Ausg. 1. Theil, S. 29: „Mozart-Sammlung des Herrn Fuchs" [detaillirte Nachricht über eine der reichsten, wo nicht gar reichste und vielleicht einzige Mozart-Sammlung]. — Hirsch (R. Dr.), Mozart's Schauspieldirector. Musikalische Reminiscenzen (Leipzig 1859, Heinrich Matthes, 96 S. 16°.) [S. 72—92 enthalten eine reiche Mozart-Literatur und dann ein gleichfalls reiches Verzeichniß von Bildnissen Mozart's und seiner Familie]. Jahn (Otto), W. A. Mozart. 4 Theile (Leipzig 1856, Breitkopf und Härtel, 8°.) [das an Prof. Gustav Hartenstein, Bd. I, S. VII bis XXXIV, gerichtete Vorwort ist zum Theile ein raisonnirender Bericht über jene Mozart-Literatur, welche Jahn in den Bereich seiner kritisirenden Arbeit gezogen. Voll treffender Bemerkungen]. — Köchel (Dr. Ludwig Ritter von), Chronologisch-thematisches Verzeichniß sämmtlicher Tonwerke Wolfgang Amad. Mozart's. Nebst Angabe der verloren gegangenen, unvollendeten, übertragenen, zweifelhaften und unterschobenen Compositionen desselben. Von — — (Leipzig 1862, Druck und Verlag von Breitkopf u. Härtel, Lex. 8°., XVIII S., 1 Bl. u. 551 S., S. 532 Namen- und Sachregister, S. 538 Register der Gesangs-terte). [Dieser Katalog v. Köchel und Jahn's Biographie sind zwei Musterbücher, wie sie in dieser Richtung kaum Eine Nation aufzuweisen haben dürfte; und Mozart ist hier nach zwei Seiten gewürdigt, wie bisher noch kein anderer Tonkünstler. — Kurz, aber am treffendsten und mit Wenigem Alles sagend, charakterisirt Dr. Franz Lorenz den „Mozart-Katalog" Köchel's: „Als würdiger Pendant zu Jahn's Biographie erschien Köchel's großer Mozart-Katalog, dessen nichts mehr zu wünschen übrig lassende Vollendung in jeder Hinsicht nur durch die aufopferndste Hingebung des Verfassers an die Sache und die unabhängige Stellung desselben ermöglicht ward, welche es ihm erlaubte, die nach allen Richtungen der Windrose in Europa zerstreuten, noch vorhandenen 440 Autographen des Meisters an Ort und Stelle aufzusuchen und behufs der genauesten Prüfung derselben längere Zeit daselbst zu verweilen. Wer etwa Lust hat, von dem Umfange und der Mühseligkeit dieser Arbeit, die nur ihrer Verdienstlichkeit gleich-kommt, sich einen annähernden Begriff zu machen, der möge das Werk zur Hand nehmen, beispielshalber nur summarisch die Hunderttausende von Tacten überschlagen, die Köchel in den Original-Manuscripten oder beglaubigtsten Abschriften auf's genaueste abzählen mußte, um den Besitzer des Kataloges in den Stand zu setzen, bei jeder Ausgabe eines Mozart'schen Tonstückes die Controle über dasselbe in Bezug auf Integrität oder Verstümmelung üben zu können. Jahn's und Köchel's Werke sind der Art, daß sie wohl durch einzelne Berichtigungen und Zusätze verbeffert, sonst aber für alle Zukunft nicht mehr überboten werden können."] — Systematischer Katalog über sämmtliche im Mozarteums-Archive zu Salzburg befindlichen Autographe und sonstige Reliquien W. A. Mozart's. Verfaßt von Karl Moyses (Salzburg 1862, Verlag der Duyle'schen Buchhandlung (May Glonner), kl. 8⁰., mit Umschlag noch 10 unpaginirte Blätter). [Der Katalog enthält: I. Autographe. A. Skizzirte und un- vollendete Compositionen von W. A. Mozart, a) für den Gesang (12 Stück), b) für Clavier (St. 13—37), c) für Streichinstrumente (St. 38—50), d) für Blasinstrumente mit und ohne Begleitung von Streichinstrumenten (St. 51—57), e) für Orchester (St. 58—64); B. Vollständig ausgeführte Compositionen von W. A. Mozart (3 St.); C. Studien von W. A. Mozart (2 St.); D. Briefe, 160 Stück eigenhändige Briefe von W. A. Mozart aus den Jahren 1777—1780 (überdieß 50 Stück eigenhändige Briefe von Mozart's Vater Leopold); II. Urkunden, welche W. A. Mozart ausgestellt wurden (Original-Decret seiner Anstellung zum „Kammermusicus" und Original-Diplom seiner Aufnahme unter die Mitglieder der Academia philarmonica in Bologna); III. Drei Exemplare von den ersten Druckwerken Mozart'scher Compositionen; IV. Verschiedene Effecten aus dem Nachlasse Mozart's (18 Stück, darunter Mozart's Flügel-Pianoforte und deffen kleines Clavichord; dann Oelgemälde, Lithographien, Kupfer- stiche, Medaillons, Mozart allein oder ihn mit den Seinigen darstellend. Seit 1852 dürfte wohl manches Neue hinzugekommen sein).] — Thematisches Verzeichniß derjenigen Original- Handschriften von W. A. Mozart, welche Hofrath André in Offenbach besitzt (Offenbach 1841, 8⁰.). — W. A. Mozart's the- matischer Catalog, so wie er solchen vom 9. Februar 1784 bis zum 15. November 1791 eigenhändig geschrieben hat, nebst einem erläuternden Bericht von A. André. Neue Ausgabe, J. André. — Es sind außerdem noch zwei handschriftliche Verzeichniffe vorhanden, u. z.: „Thematisches Verzeichniß W. A. Mozart'scher Manuscripte, chronologisch geordnet von 1764 bis 1784 von A. André" (1833) — und Alois Fuchs' „Handschriftliches Ver- zeichniß der Werke Mozart's". Eine von einem Dr. Hauer genommene Abschrift des Fuchs'schen Verzeichnisses hat Ritter v. Köchel bei seinem thematischen Kataloge benützt. — Im Jahre 1865 wurde in der Verlagshandlung Breitkopf und Härtel in Leipzig eine neue Partitur-Ausgabe sämmtlicher Mozart'schen Opern vorbereitet. Die Partituren sollten den Original-Manuscripten vollkommen entsprechend hergestellt und die Redaction von Capell-meister Julius Rietz in Dresden besorgt werden.

XXII.

Lebensskizzen von Mozart's Vater, Söhnen, Frau und Schwester.

Leopold Mozart,
geboren zu Augsburg am 14. November 1719,
gestorben zu Salzburg am 28. Mai 1787.

Leopold Mozart ist der Vater des berühmten Wolfgang Amadeus. Leopold's Vater, Franz Alois, war Buchbinder in Augsburg, welches Handwerk ebenda auch schon der Großvater Johann Georg Mozart getrieben hatte. Uebrigens mochten die Mozart nicht immer so untergeordnetes Handwerk ausgeübt haben, denn v. Stetten in seiner „Kunst-, Gewerks- und Handwerkgeschichte der Reichsstadt Augsburg", S. 283, berichtet von einem Anton Mozart, der gegen das Ende des 16. Jahrhunderts als Maler in Augsburg lebte und mit seinen Arbeiten Beifall erntete. Er malte Landschaften mit Figuren in Breughel's Manier. In den Gewändern nahm er sich Dürer zum Vorbilde. Die Färbung wird als stark und dauerhaft gerühmt. Allem Anscheine dürfte dieser Anton Mozart ein Ahnherr der Mozart's sein, die ja auch in Augsburg ansässig, und da die Kunst eben nicht immer einen goldenen Boden hat, arm geblieben und sonach genöthigt waren, in

ihrer Beschäftigung tiefer zu greifen, weil das schlichte Hand=
werk oft leichter und besser nährt, als die Kunst. Leopold
— dessen ganzer Name Johann Georg Leopold lautet —
trachtete durch tüchtige geistige Bildung aus den beschränkten
Verhältnissen seines väterlichen Hauses sich emporzuarbeiten,
zu welchem Vorhaben ihm das musikalische Talent, mit dem
er begabt war, nicht unwesentlich zu Statten kam. Die Nach=
richten über seine Jugend sind im Ganzen spärlich, nur so
viel ist bekannt, daß er sich viel und frühzeitig mit Musik
beschäftigte, so sang er als Discantist in den Klöstern von
St. Ulrich und zum heiligen Kreuz in seiner Vaterstadt und
spielte die Orgel im Kloster Wessobrun. Im Uebrigen
machte er die harte Schule der Entbehrungen durch, die eben
seinen Charakter stählten und seinen Lebensansichten eine be=
stimmte Richtung gaben. Um die Jurisprudenz zu studiren,
begab er sich nach Salzburg, wo es ihm aber nicht gelingen
wollte, eine Anstellung zu erhalten. So sah er sich denn ge=
nöthigt, eine Stelle als Kammerdiener im Dienste des Grafen
Thurn, Domherrn in Salzburg, anzunehmen, welche er
jedoch nur kurze Zeit versah, da ihn schon im Jahre 1743
Erzbischof Sigismund, aus dem Hause der Grafen
Schrattenbach, als Hofmusicus in seine Dienste nahm,
ihn später zum Hofcomponisten und Anführer des Orchesters,
und im Jahre 1763 zum Vice-Capellmeister ernannte. Mit
diesem letzten Posten schließt Mozart's amtliche Laufbahn in
den erzbischöflichen Diensten ab.

Von dem Jahre 1761 bis 1781 ist sein Leben mit jenem
seines Sohnes Wolfgang Amadeus und seiner Tochter
Maria Anna, die beide ein ungewöhnliches musikalisches
Talent besaßen, dessen Ausbildung nun die Aufgabe des Vaters
war, ziemlich enge verschlungen. Leopold Mozart hatte sich

am 21. November 1747 mit Anna Maria Pertlin (Bertlin), einer Pflegetochter des Stiftes St. Gilgen, vermält, die ihm sieben Kinder gebar, von denen drei Töchter und zwei Söhne in der Kindheit starben und nur eine Tochter Maria Anna, die viertgeborne, und Wolfgang Amadeus, der jüngst- und letztgeborne, am Leben blieben. Diese beiden Kinder zeigten frühzeitig ein ungewöhnliches, besonders aber Wolfgang ein an's Wunderbare grenzendes Musiktalent. Die Ausbildung und Leitung desselben bestimmten den Vater, jede weitere Nebenbeschäftigung mit Componiren und Unterrichtertheilen in Musik aufzugeben, um sich somit ausschließlich dem Unterrichte seiner Kinder widmen zu können. Es war dies kein kleines Opfer, da bei dem knapp bemessenen Gehalte die Familie dadurch, wenn eben nicht Entbehrungen ausgesetzt, so doch auf einen höchst sparsamen Haushalt, und bei den späteren Reisen auf die Dienste der Freundschaft angewiesen war. Aber der Vater unterzog sich um so williger denselben, als die ungewöhnliche Begabung des Sohnes für die Zukunft eine reiche Ernte in Aussicht stellte. So unternahm denn Leopold, nachdem er vorher im Jahre 1762 einen kleinen Ausflug über München nach Wien mit seinen beiden Kindern gemacht, und sie dort bei Hof hatte auftreten lassen, im Sommer 1763 mit ihnen die erste größere Kunstreise. Diese dauerte drei Jahre, und dehnte sich von den kleineren Residenzen des westlichen Deutschland nach Paris und London aus, worauf er über Holland, Frankreich, die Schweiz nach Salzburg zurückkehrte. Zur Vermeidung von Wiederholungen wird auf die Lebensskizze seines Sohnes Amadeus Wolfgang gewiesen. (S. 7 bis 25.)

Nach zweijährigem Aufenthalte in Salzburg reiste Leopold im Herbste 1768 wieder mit seiner ganzen Familie nach Wien, wo er die Freude erlebte, daß sein damals zwölfjähriger Sohn im Auftrage des Kaisers eine Messe componirte, welche er dann auch bei der ersten Aufführung persönlich dirigirte. Das Jahr 1769 blieb Mozart mit seiner Familie in Salzburg, die musikalische Ausbildung seiner Kinder fleißig fortsetzend. Nun aber begannen gegen Ende des Jahres 1769 die Reisen nach Italien, deren erste sich über ein Jahr ausdehnte, worauf die zweite noch im Sommer 1771 erfolgte. Bisher waren seine dienstlichen Verhältnisse ungetrübt geblieben. Erzbischof Sigismund war ihm ein wohlgewogener billigdenkender Fürst und Vorgesetzter gewesen; aber Alles wurde anders, als der am 14. März 1772 gewählte neue Erzbischof Hieronymus Graf Colloredo am 29. April 1772 seinen feierlichen Einzug hielt, worauf nun eine schwere Prüfungszeit über Vater und Sohn hereinbrach. Der neue Fürst, wenn er gleich einem altadeligen berühmten Geschlechte, das bis auf die Gegenwart Helden und Staatsmänner von seltener Begabung und Größe aufweist, entsprossen, war bei äußeren glatten Formen ein Mensch ohne Herz und Gemüth; nur sklavische Unterwürfigkeit und knechtischen Sinn heischend, haßte und neidete er jedes höhere Streben eines ihm Untergeordneten und Dienenden, war dabei roh in Worten und Manieren, ließ seiner herrschenden üblen Laune jeden Augenblick die Zügel schießen, und verbitterte so das Dasein eines Mannes, der aus innerster Ueberzeugung religiös, an Unterwürfigkeit gewöhnt, mit Freuden den ihm zugewiesenen Dienst erfüllte, welcher ihm aber jetzt durch die Laune maßloser Willkür und Gemeinheit schwer verleidet wurde, den aufzugeben er aber leider außer Stande war, weil er, wie spärlich auch, doch immerhin den Mann und seine Familie nährte.

Vater Mozart trug dieses Los mit Ergebung und tiefer innerer Verbitterung, die noch mehr zunahm, als sich wenig Aussichten für die lucrative Laufbahn seines genialen Sohnes zeigten, auf die er mit Zuversicht gehofft und deren Vereitelung er zumeist der Herzensneigung seines Sohnes, die mit seinen Plänen nun ganz und gar nicht überein= stimmte, zur Last legte. Nachdem sein Sohn sich von der unwürdigen Tyrannei seines Gebieters, der ihn in schmählichster, des Menschen, Cavaliers und Kirchenfürsten unwürdiger Weise beschimpft hatte, frei gemacht, wurde be= greiflicherweise des an seinen Dienst gefesselten Vaters Lage nur noch mißlicher, was den alternden Mann sehr verbit= terte, sich aber bei den gegebenen Verhältnissen nun einmal nicht ändern ließ. Wohl hatte er den sich täglich steigern= den Ruhm seines Sohnes noch erlebt und Gelegenheit ge= habt, bei einem im Jahre 1785 unternommenen Besuche Wiens sich persönlich in maßgebenden Kreisen, wie z. B, bei Haydn, zu überzeugen, wie sein Sohn hochgestellt ward, aber eine seit Jahren gehoffte Verbesserung seiner und seines Sohnes Lage war nicht erfolgt, und so starb er denn, in seiner wahren Frömmigkeit den letzten Halt gegen fehlgeschlagene Hoffnungen findend, die letzten Jahre ganz zurückgezogen von der Welt in Salzburg, im Alter von 68 Jahren.

Ein Bild seines Charakters in scharfen und mei= sterhaften Zügen entwirft der Biograph seines Sohnes, Otto Jahn, auf den in den Quellen hingewiesen wird; und eine nähere Erörterung des Verhältnisses zwi=

18

schen Vater und Sohn hat sich ein anderer Schriftsteller in der „Neuen Münchener Zeitung" zur Aufgabe gestellt, auf welche Darstellung gleichfalls in den Quellen hinge= wiesen wird. Hier bleibt nun noch Einiges über Leopold Mozart als Compositeur zu sagen übrig. Von Leo= pold ist eine nicht geringe Anzahl Compositionen bekannt. im Stiche aber ist nur Einiges erschienen. Sechs Sonaten hat er selbst in Kupfer radirt, aber hauptsächlich um Uebung in der Radirkunst zu erlangen; von seinen Kir= chensachen sind im Dome zu Salzburg ein „Offertorium de Sacramento" (A-dur), eine „Missa brevis" (A-dur) und drei „Litaniae breves" (G-, B-, Es-dur) vorhanden; sie sind für 4 Singstimmen mit Begleitung von 2 Violi= nen, Baß, 2 Hörner und Orgel, die letzte Litanei auch mit obligaten Posaunen, gesetzt, und werden noch von Zeit zu Zeit aufgeführt. Von seinen zahlreichen Symphonien sind deren achtzehn thematisch verzeichnet im Catologo delle Sinfonie che si trovano in manuscritto nell' officina musica di G. G. J. Breitkopf in Lipsia P. I (1762), pag. 22; Suppl. I (1766), pag. 44; Suppl. X (1775), pag. 3. Die dort zuletzt angeführte Symphonie in G-dur ist in Partitur gestochen, und durch ein Versehen als die zwölfte der bei Breitkopf und Härtel herausgegebenen Sym= phonien W. A. Mozart's (des Sohnes) angeführt; fer= ner ebenda im Suppl. II (1767), pag. 11, ein Diverti- mento a 4 instr. conc. a Viol., Violonc., 2 Co-, B., in D-dur. Außerdem hat er componirt viele Concerte für die Flötraverse, Oboe, das Fagott, Waldhorn und die Trom= pete, zahlreiche Trio's und Divertissements; dann zwölf Oratorien, eine Menge theatralischer Sachen, unter denen Gerber anführt: eine „Semiramis", „die verstellte Gärt=

nerin", „Baſtien und Baſtienne", welche aber ſämmtlich
Compoſitionen ſeines Sohnes Wolfgang Amadeus
ſind, ferner „La Cantatrice ed il Poeta, intermezzo a
due persone", dann noch Pantomimen und mehrere Gele=
genheitsmuſiken, als: eine Soldatenmuſik mit Trompeten,
Pauken, Trommeln, Pfeifen nebſt den gewöhnlichen Inſtru=
menten; eine türkiſche Muſik; eine Muſik mit einem ſtäh=
lernen Clavier; eine Schlittenfahrtmuſik mit 12 Nummern,
die noch im Jahre 1811 in Berlin im Reimer'ſchen
Garten zu wiederholten Malen aufgeführt wurde, Märſche,
ſogenannte Notturni (Nachtmuſiken, Serenaden); viele hun=
dert Menuetten, Operntänze u. dgl. m. Auch iſt von Leo=
pold eine Folge von Stücken bekannt, die von einem
Orgelwerke auf der Feſte Hohenſalzburg Früh und Abends
nach dem Avelänten abgeſpielt wurden. Von den
zwölf Stücken, die dasſelbe ſpielte, waren 7 von Mozart,
5 von Eberlin componirt, und ſind dieſe Compoſitionen im
Jahre 1759 in Augsburg für's Clavier herausgegeben
worden. Das Mozarteum in Salzburg bewahrt auch noch
das Originalmanuſcript einer großen „Litania de venerabili" aus dem Jahre 1762. Sein verdienſtlichſtes Werk
iſt aber der im Jahre 1756 erſchienene „Verſuch einer
gründlichen Violinſchule", welcher ſpäter in vielen Auflagen
(Fétis zählt dieſelben auf) und Ueberſetzungen verbreitet
ward. In ſpäteren Jahren, u. z. zumeiſt von der Zeit an,
als er ſich mit der künſtleriſchen Ausbildung ſeiner Kinder
beſchäftigte, und auch dann, nachdem ſein Sohn ſich be=
reits eine ſelbſtſtändige Stellung begründet, hat er nicht
mehr componirt.

Was den muſikaliſchen Charakter und Werth ſeiner
Arbeiten betrifft, ſo ſind ſie im Style ſeiner Zeit

gehalten, gründlich, streng contrapunctisch, aber alt-
väterisch; immerhin tragen sie ein Gepräge an sich, das
die vollkommene Eignung zu einem gründlichen Unterrichte,
den seine Kinder zu so großem Nutzen genossen haben, erkennen läßt. Seine Frau schickte er als ihn seine dienst-
liche Stellung hinderte, den Sohn auf seiner zweiten Reise
nach Paris persönlich zu begleiten, mit ihm, da ihm sein
damals zwanzigjähriger Sohn noch der mütterlichen Auf-
sicht — wenn die väterliche nicht möglich war — zu be-
dürfen schien. Die Mutter unterzog sich auch der etwas
schwierigen Aufgabe; mochte sich aber auf der Reise schon
verdorben haben, denn in Paris, immer nicht ganz wohl
sich fühlend, erlag sie nach wenigen Monaten (3. Juli 1778)
einem plötzlichen Anfalle.

Jahn (Otto), W. A. Mozart (Leipzig 1856, Breitkopf und
Härtel, 8⁰.) I. Theil, S. 3—26 [vergleiche übrigens das raison-
nirende Register im IV. Theile dieses Werkes, S. 805 und 806],
— Nohl (Ludwig), Mozart's Briefe. Nach den Originalen herausgegeben (Salzburg 1865. Mayr'sche Buchhandlung, 8⁰.) S. 1
u. f., 8, 29 u. f., 124, 132, 170 u. f., 260, 346 u. f., 368 u f.
403, 404, 412, 428 u. f. — Pillwein (Benedict), Biografische
Schilderungen oder Lexikon Salzburgischer, theils verstorbener,
theils lebender Künstler u. s. w. (Salzburg 1821, Mayr,
kl. 8⁰.) S. 150. — Gerber (Ernst Ludwig), Historisch-biographisches Lexikon der Tonkünstler (Leipzig 1790, J. G. J. Breitkopf,
gr. 8⁰.) Bd. I, Sp. 976. — Derselbe, Neues historisch-biographisches Lexikon der Tonkünstler (Leipzig 1813, A. Kühnel,
gr. 8⁰.) Bd. III, Sp. 474. — Abendblatt zur Neuen Münchener Zeitung 1857, Nr. 151, 152 u. 153: „Leopold und Wolfgang Mozart". Von Dr. Julius Hamberger. — Hamburger
Nachrichten (großes polit. Journal) 1856, Nr. 214. — Theater-
Zeitung, herausg. von Adolph Bäuerle (Wien 4⁰.) Jahrg.
1858. Nr. 169. — Oesterreichische National-Encyklopädie von Gräffer und Czikann (Wien 1835 8⁰.) Bd. III,

S. 713. — Neues Universal=Lexikon der Tonkunst. Ange-
fangen von Dr. Julius Schladebach, fortgesetzt von Eduard
Bernsdorf (Dresden 1856, R Schäfer, gr. 8⁰. Bd. II. S. 1037.
— Gaßner (F. S. Dr.), Universal=Lexikon der Tonkunst. Neue
Handausgabe in einem Bande (Stuttgart 1849, Franz Köhler.
Lex. 8⁰.) S. 625. — Meyer (J.), Das große Conversations-
Lexikon für die gebildeten Stände (Hildburghausen, Bibliogr.
Institut, gr. 8⁰.) Bd. XXII., S. 279, Nr. 4. — Slovník naucný
Red. Dr. Fr. Lad. Rieger, d. i. Conversations=Lexikon.
Redigirt von Dr. Franz Lad. Rieger (Prag 1859, J. L. Kober,
Lex. 8⁰.) Bd. V. S. 513.

Portraite. Leopold Mozart's Bildniß befindet sich öfter
auf den Gruppenbildern, die die ganze Familie darstellen.
Dieser Gruppenbilder geschieht auf S. 182, Nr. 8 — 16 Erwähnung. Als einzelne Bildnisse Leopold Mozart's sind nur
die zwei folgenden bekannt: 1. G. Richter p., J. A. Fridr
1756. sc. Hüftbild 4⁰., 2, und das nach dem Familienbilde im
Mozarteum in Salzburg gezeichnete, von M. Lämmel gestochene,
das sich vor dem II. Theile der ersten Auflage von Otto Jahn's
„Mozart" befindet.

Wolfgang Amadeus und Karl Mozart
(Söhne Mozart's).

Wolfgang Amadeus,
geb. zu Wien 26. Juli 1791,
gest. zu Karlsbad 29. Juli 1844.

Karl,
geb. zu Wien 1783,
gest. zu Mailand 31. October 1858.

Der jüngste Sohn des großen Mozart, der die Taufnamen des Vaters Wolfgang Amadeus trug, das Talent

desselben besaß, welches ihn aber bei dem kolossalen Ruhme des letzteren eher hemmend als fördernd durch das Leben geleitete. Der Sohn war erst fünf Monate alt, als der erst 35jährige Vater auf dem St. Marxer-Friedhofe in ein allgemeines Grab eingescharrt wurde, welches, trotzdem viel darüber geschrieben ward, den Nachkommen wieder aufzufinden nicht gelang. Aus der Biographie des Vaters erfährt man, daß dieser seiner Familie nichts hinterließ als einen Ruhm, der von Jahr zu Jahr sich steigerte, von dem jedoch dieselbe ihr Dasein nicht fristen konnte. Frühzeitig entwickelten sich in dem Knaben Anlagen und Liebe zur Musik, und als dieser 7 Jahre alt war, spielte er schon die leichteren Claviersonaten und Variationen seines Vaters in Gesellschaften, in die er geladen wurde. Im Jahre 1796 reiste die Mutter mit ihm nach Prag, wo er in einem Concerte das erste Papageno-Lied aus der „Zauberflöte", dem ein passender Gelegenheitstext unterlegt worden war, öffentlich sang, zu welchem Behufe das Kind auf einen Tisch gestellt wurde. Von Prag unternahm die Mutter eine größere Reise und ließ den Knaben bei dem Künstlerpaare Franz und Josepha Duschek, die mit dem verewigten Vater innig befreundet gewesen. Bei ihnen blieb der Knabe ein halbes Jahr; als sie dann Prag verließen, kam er in das Haus des ehemaligen Professors der Philosophie und kaiserlichen Rathes Franz Niemtschek, der auch zu des Vaters Bewunderern und Verehrern zählte und dessen Biographie geschrieben hatte, die, bis jene Otto Jahn's erschien, noch immer die beste und wahrste von den vielen war, die bekannt sind. Bei Niemtschek hatte schon Mozart's ältester Sohn Karl bereits drei Jahre zugebracht, und unter dessen Leitung seine Studien begonnen. Wolfgang Amadeus kam dann, als seine Mutter von ihrer Reise zurückgekehrt war, mit ihr wieder nach Wien zurück, wo Sigmund von Neukomm ihm gründlichen Unterricht im Clavierspiel ertheilte, später aber Andreas Streicher, bei dem er auch in Kost und Wohnung gegeben wurde. Im Alter von eilf Jahren versuchte er sich bereits in bald kleineren, bald größeren Compositionen; eine derselben, ein Clavier = Concert in G-moll mit Streich= Instrumenten, wurde auch gestochen. Nun ertheilten ihm Hummel im Clavier, Abt Vogler und Albrechts= berger Unterricht in der Composition, den Gesang studirte er einige Zeit bei Salieri. Im Jahre 1704 gab er, damals 13 Jahre alt, sein erstes Concert im Theater an der Wien, in welchem eine Cantate „Zum Lobe seines Vaters", ein Clavier=Concert in C — als Op. 14 gestochen — und Variationen für Clavier über die Menuet aus „Don Juan", sämmtliche drei Nummern von seiner Composition, zur Aufführung kamen. Der Erfolg dieses Concerts war nach zwei Seiten hin ein glänzender; denn der Beifall, den der junge Mozart erntete, steigerte sich zum Enthusiasmus und der Ertrag des Concerts belief sich auf die für jene Zeit unerhörte Summe von 1700 Gulden. Mit diesem Gelde konnten nun doch die Lehrer und Meister, welche auf dieses erste Concert vertröstet worden waren, bezahlt werden, denn mit der Pension von 260 Gulden, welche die Witwe durch kaiserliche Gnade bezog, konnte sie den Unterricht des Sohnes nicht bestreiten, und ein Mäcen, der diese eben nicht zu drückende Aufgabe übernommen hätte, fand sich nun einmal nicht. Von seinem 13. Jahre erhielt Mozart keinen Unterricht in der Musik mehr, sondern nahm selbst das schwere Joch des Unterrichtertheilens auf sich, um sich nun selbst fortzubringen; jetzt betrieb er noch das Studium der

Sprachen, vornehmlich der französischen, italienischen und englischen, deren Kenntniß ihm bei seiner Stellung als Musiklehrer nur förderlich sein konnte. So erreichte er das 17. Lebensjahr, als er den Antrag erhielt, in die Familie des galizischen Grafen Baworowski als Musiklehrer einzutreten, den er auch annahm und in dieser Stellung drei Jahre verweilte. Die Comtesse Henriette wurde seine Schülerin.

In dieser Zeit fallen mehrere seiner Clavier-Compositionen. Alsdann begab er sich zuvörderst nach Lemberg, wo er im Sommer 1811 ein glänzendes Concert gab. Nun trat er als Clavierlehrer in das Haus des k. k. Kämmerers von Janiszewski, in welchem er zwei Jahre Unterricht ertheilte. Von dort begab er sich, 1813, neuerdings nach Lemberg, und lebte dort sechs Jahre als Clavierlehrer, in den Muße-stunden mit Compositionen sich beschäftigend. In Lemberg lernte er auch die Familie Baroni-Cavalcabó kennen, deren Tochter Julie von ihm den Clavierunterricht erhielt. Mit dieser Familie blieb er bis an sein Lebensende in den freundschaftlichsten Beziehungen, und dieselbe gelangte durch ihn in den Besitz mehrerer Autographe seines großen Vaters, welche dort als wahre Reliquien angesehen und in Ehren gehalten wurden. Ein anderer Schüler aus jener Periode ist auch Ernst Pauer, der sich später als Concert-geber einen bedeutenden Namen erworben hat. Im Herbste 1816 unternahm Mozart über Anregung mehrerer Kunst-freunde eine größere Kunstreise. Sein erster Ausflug sollte Rußland sein und bereits hatte er in Zytomierz und Kiew in zwei Concerten mit großem Erfolge gespielt, als eine eben angesagte Hoftrauer — Kaiser Alexander I. war gestorben — auf vier Monate alle öffentlichen Belustigungen, Theater und Concerte untersagte. Mozart verließ nun

Rußland und begab sich über Warschau nach Königsberg, Berlin, Danzig, Prag, Leipzig. Dresden, wo er überall Concerte gab und an letzterem Orte auch bei Hofe spielte. Aus Deutschland begab er sich nach Kopenhagen, um seine Mutter, die dort sich befand, zu besuchen, und lehnte aus diesem Grunde einen ihm während seines Aufenthaltes in Stuttgart gestellten Antrag, als Concertmeister in königliche Dienste zu treten, ab. Sein nächstes Reiseziel war Italien, und zwar Mailand, wo sein Bruder Karl lebte, dann kehrte er nach Oesterreich zurück, und concertirte in Prag und Wien. In Wien, wo er zunächst eine seinen Kenntnissen entsprechende Anstellung zu erlangen hoffte, blieb er bis zum Herbste 1822, und gab Unterricht in der Musik; endlich, als sich gar keine Aussichten zur Erfüllung seiner berechtigten Hoffnungen zeigten, kehrte er nach Lemberg zurück, wo er vom Oktober 1822 bis Juni 1838 in der bescheidenen Stellung eines Musiklehrers lebte. Auch gründete er daselbst im Jahre 1826 unter dem Namen „Cäcilien-Chor" einen Gesangverein, der die Förderung höheren Gesanges und die Verbreitung classischer Musikwerke sich zur Aufgabe gestellt hatte. Leider löste sich der Verein nach nur dreijährigem Bestande selbst wieder auf, denn viele der jungen Mädchen, die zu ihm gehörten, hatten geheirathet, und von den männlichen Mitgliedern, die meist Beamte waren, wurden mehrere in andere Provinzen versetzt. Mozart beschäftigte sich nun mit dem Unterrichtertheilen und mit dem Studium des doppelten Contrapunctes, das letztere unter Anleitung des als Musicus seiner Zeit viel bekannten Johann Mederitsch, auch Gallus genannt, der damals in der drückendsten Noth — bereits im hohen Alter — in Lemberg privatisirte und die letzten sechs Jahre fast ausschließlich

von der Unterstützung Mozart's lebte, der schließ=
lich auch die Kosten seiner anständigen Beerdigung
aus eigenen Mitteln bestritt. Im Jahre 1838 verließ nun
Mozart für immer Galizien und übersiedelte nach Wien.

Immer der eitlen Hoffnung sich hingebend, im Vaterlande
eine entsprechende Stellung zu erlangen, schlug er einen
zweiten von Weimar ihm gestellten Antrag als Concertmeister
aus, und gab, wie vordem in Galizien, seine Unterrichts=
stunden. Zur Enthüllungsfeier der Statue seines Vaters in
Salzburg erging auch an ihn die Einladung, und zu dieser
Gelegenheit stellte er aus den Werken seines Vaters —
von der Idee ausgehend, der Gefeierte könne nur mit seinen
eigenen Schöpfungen am entsprechendsten begrüßt werden —
einen Fest=Chor zusammen. Der Dom=Musikverein und das
Mozarteum ernannten ihn bei dieser Gelegenheit zum Ehren=
Kapellmeister. Während der letzten fünf Jahre war sein
Haus in Wien der Versammlungsort der ausgezeichnetesten
Künstler und Schriftsteller; das seiner Zeit berühmte Streich=
quartett Jansa, Durst, Zäch und Borzaga führte die
classischen Werke seines Vaters, Haydn's, Beethoven's
Spohr's, Onslow's u. A. in musterhafter Weise auf,
während einheimische und fremde Künstler nicht selten sich
in den trefflichsten Solostücken hören ließen. Den Winter
1843/44 kränkelnd, begab er sich, von seinem Schüler
Ernst Pauer begleitet, nach Karlsbad, dort Heilung oder
doch Linderung seines Uebels suchend; aber bald nach seiner
Ankunft im Bade erkrankte er ernstlich und starb auch nach
mehrwöchentlichem schweren Leiden im Alter von 53 Jahren.
Nach seinem ausdrücklichen Wunsche fielen seine werthvollsten
Kunstsachen dem Mozarteum als Eigenthum; — es befand
sich darunter eine große Sammlung praktischer Musikwerke

in größtentheils gestochenen oder schön geschriebenen Partituren der classischen Musiker aller Zeiten, als Händel,
Familie Bach, Graun, beide Haydn, Cherubini,
Beethoven und sein Vater, eine Partie theoretischer
Werke über Musik, dann fast alle musikalischen Zeitungen
von ihrem Entstehen bis auf sein letztes Lebensjahr, endlich
aber eine große Anzahl Reliquien seiner Familie, vornehmlich
aber seinen Vater und Großvater betreffend, unter denen
sich außer zahlreichen Autographen von Fragment-Compo-
sitionen, viele eigenhändige Briefe der beiden letzteren befanden.

Mozart Sohn hat im Zeitraume von 1804 bis 1827
Vieles für Clavier und Gesang geschrieben, was zu Wien,
Leipzig, Hamburg und Mailand im Stiche erschienen ist.
Ein großer Theil seiner Compositionen — denn nur einige
über 30 sind gedruckt — ist Manuscript geblieben. Summarisch zusammengestellt bestehen seine Compositionen in
Folgendem: 3 Rondo für Clavier allein — 14 Hefte Variationen für Clavier — 1 Clavier-Quartett in G-moll
mit Violine, Viola und Violoncell; — 12 Polonaisen für
Clavier; — 2 große Clavier-Concerte mit Orchesterbegleitung, in C-dur und Es; — 30 Lieder für eine Singstimme mit Clavierbegleitung; — 4 französische Romanzen;
— 1 italienische Canzonette, sämmtlich mit Clavierbegleitung; — 6 Vocal-Quartette; — 1 Vocal-Terzett, sämmtlich
für Männerstimmen; — mehrere Canon's; — 1 Harmonie-
Musik für Flöte und 2 Hörner, für den Fürsten Kourakim
geschrieben; — mehrere Hefte Tanzmusik und Märsche für
Orchester und Clavier; — 1 Symphonie für Orchester;
1 Baßbuffo-Arie mit Orchester, für seinen Stiefvater v.
Nissen im Jahre 1808 componirt, und mehrere Gelegen-
heits-Cantaten, darunter die Ihrer Majestät der Kaiserin

Karolina Augusta gewidmete: „der erste Frühlingstag" für Solo und Chorstimmen mit Orchester. Grillparzer hat ihm bei Gelegenheit seines Todes mehrere oft nachgedruckte Strophen gewidmet, in welchen das Unglück, der Sohn eines großen Vaters zu sein, in sinniger Weise beklagt wird.

Mozart's älterer Bruder Carl widmete sich anfänglich dem Kaufmannsstande, betrat aber schließlich die Beamten=Carrière, in welcher er eine kleine Stelle im Rechnungsfache bekleidete, in den späteren Jahren in Pension trat, und diese in Mailand im Hause des Obersten Casella verlebte. Italien war seine zweite Heimat geworden, so daß er nur sehr gebrochen Deutsch sprach und alle italienischen Gewohnheiten und Gebräuche im Leben angenommen hatte. Auch er spielte Clavier mit großer Geschicklichkeit, jedoch ohne seinen Vater oder jüngeren Bruder darin erreicht zu haben. Kurz vor seinem Tode noch wurde ihm von Frankreich aus die Ueberraschung, von Paris für die Aufführungen der „Hochzeit des Figaro" die Tantième zugeschickt zu erhalten, während die Theater in Oesterreich und Deutschland, die zum Theile von den großen Werken seines unsterblichen Vaters die größten Vortheile genießen, sich um die Existenz des nicht eben in glänzenden Verhältnissen lebenden Sohnes gar nicht kümmerten. Schon seit längerer Zeit kränkelnd, erfreute er sich bis zu seinem Tode — der am 31. October 1858 erfolgte — der zärtlichsten Pflege und Sorgfalt der Sängerin Carlotta Maironi=Zawertal. Mit ihm erlosch der letzte Träger des gefeierten Namens. Bei Gelegenheit des 100jährigen Geburtsfestes seines Vaters zu Salzburg hatte er das Mozarteum zum Universalerben eingesetzt, das durch diesen Nachlaß in den Besitz von vielen interessanten Familienstücken gelangte.

Fuchs (Alois), Biographische Skizze von Wolfgang Amadeus Mozart (dem Sohne) (Wien, 4⁰., 4 S.) — Allgemeine Wiener Musik-Zeitung. Herausg. von August Schmidt (Wien, 4⁰. IV. Jahrg. (1844), Nr. 111: „Biographische Skizze von Wolfg. Mozart (Sohn)", von Alois Fuchs; — V. Jahrg. (1845), Nr. 60 und 61: „W. A. Mozart's (des Sohnes) Vermächtniß an das Mozarteum in Salzburg". — Didaskalia (Frankfurter Unterhaltungsblatt) 1858, in einer der ersten Nummern des November: über Mozart's Sohn „Wolfgang Amadeus". — Nissen (Georg Nikolaus von), Biographie W. A. Mozart's (Leipzig 1828, Breitkopf u. Härtel, 8⁰.) S. 585 bis 612: „W. A. Mozart's des Sohnes Biographie und Briefe". — Neue Zeitschrift für Musik, Bd. XXI, S. 169 u. f. — Schmidt (August Dr.), Denksteine Biographien von Ignaz Ritter v. Seyfried u. s. w. (Wien 1848, Mechitaristen, 4⁰.) S. 75—93, — In dem von Friedrich Kayser herausgegebenen „Mozart-Album" (Hamburg 1856, gr. 8⁰.) befinden sich „Erinnerungen an Mozart's Sohn Wolfgang Amadeus". — Neues Universal-Lexikon der Tonkunst. Angefangen von Dr. Julius Schladebach, fortgesetzt von Eduard Bernsdorf (Dresden 1857. R. Schäfer, gr. 8⁰.) Bd. II, S. 1051. — Faust. Polygraphisches Blatt. Von M. Auer (Wien, 4⁰.) 1855, Nr. 1, S. 4: „Eine Mozartfeier in Laibach". Von Dr. Heinrich Costa [insofern sehr interessant, als über Mozart's (Sohn) Aufenthalt in Laibach authentische Mittheilungen darin enthalten sind]. — Schilling (G. Dr.), Das musikalische Europa (Speyer 1842 F. C. Neidhard, gr. 8⁰.) S. 244 — Gaßner's Zeitschrift für Deutschlands Musikvereine und Dilettanten (Carlsruhe, 8⁰.) IV. Bd. S. 364: „Des Sohnes Mozart's Vermächtniß an das Mozarteum in Salzburg" — Monatschrift für Theater und Musik. Redigirt von dem Verfasser der „Recensionen". Herausgegeben von Jos. Klemm (Wien, 4⁰.) II. Jahrg. (1856): „Am Grabe Mozart des Sohnes", von Grillparzer.

Ueber seinen Bruder Karl. Blätter für Musik, Theater und Kunst, von Zellner (Wien, schm. 4⁰.) 1856, Nr. 78. — Oesterreichisches Bürgerblatt (Linz, 4⁰.) 1856, Nr. 83, S. 331. — Wiener Modespiegel 1856, Beilage Lesehalle, Nr. 5. —

Theater-Zeitung, von Adolph Bäuerle (Wien, gr. 4º.) 1858, Nr. 166.

Porträt Karl Mozart's: 1) Holzschnitt ohne Angabe des Zeichners und Xylographen, in der Leipziger „Illustrirten Zeitung" 1856, Nr. 693 (11. Oct.), S. 241; — Porträt Wolfgang M's. 2) Unterschrift. Facsimilie des Namenszuges: Wolfgang Mozart. Stadler 1846 (lith.). Gedr. bei J. Höfelich (4º., Wien); — 3) Unterschrift: Mozart's Söhne. Karl und Wolfgang Amadeus als Kinder, sich umschlungen haltend. Lithogr. o. A. d. Z. u. Lith., im Anhange zu Nissen's „Biographie Mozart's".

Constanze Mozart
(Mozart's Gattin),

geb. zu Mannheim. Geburtsjahr unbekannt.
gest. zu Salzburg am 6. März 1842.

Constanzen's Vater Fridolin Weber lebte in untergeordneten Verhältnissen — als Copist und Souffleur des Theaters — in Mannheim. Weber hatte mehrere Töchter, von denen die Zweite Aloisia — nachmals als Sängerin und Gattin des Hofschauspielers Lange bekannt — schon bei Mozart's erster Anwesenheit in Mannheim dessen Herz gefesselt hatte. Mozart war nämlich, als er unter der Obhut seiner Mutter im Jahre 1777 nach Deutschland und dann nach Paris reiste, um eine seinen musikalischen Kenntnissen entsprechende Stellung zu erlangen, längere Zeit in Mannheim geblieben. Dort hatte er die Familie Weber [siehe S. 234: XVI. Mozart's Verwandtschaft und Schwägerschafts-Verhältnisse] kennen gelernt, und bald für Aloisia,

die überdieß damals in ihrem fünfzehnten Jahre eine auf=
blühende Schönheit war und eine ungemein schöne Stimme
besaß, eine so tiefe Neigung gefaßt, daß er, dessen Liebe
von Aloisia erwidert war, ganz eigene Pläne baute, und
dieselben in den Briefen an seinen Vater mittheilte. Dieser,
mit nüchternem Sinne das Project ansehend, riß unbarm=
herzig das Luftgebäude nieder, drang auf schleuniges Ver=
lassen Mannheims und Weiterreisen nach Paris, wo im
Wirbel der Großstadt auch diese primitiven Gefühle ihren
Untergang finden sollten. So war es auch geschehen. Die
nicht zu gewissenhafte Aloisia hatte alsbald ihren Tröster
gefunden und als Mozart im folgenden Jahre bei seiner
Rückkehr aus Paris nach Salzburg Aloisia wieder sah,
und ihr mit den alten Empfindungen sich näherte, war sie
fremd und kalt gegen ihn. Diese Liebesepisode war für
Mozart vorüber, wenn auch, wie es ein Brief M's an
seinen Vater ddo. 16. Mai 1781 offen ausspricht, diese
Flamme später immer wieder aufflackerte. Aber das Ver=
hängniß wollte es nun einmal, daß Mozart zur Weber'schen
Familie in nähere Beziehung treten sollte. Als er, nachdem
er den Dienst des ungeschlachten Kirchenfürsten von Salzburg,
Hieronymus, nach der entwürdigendsten Behandlung ver=
lassen, fremd und vereinsamt dastand, fand er eine Zuflucht bei
der Weber'schen Familie, die damals in Wien lebte. Der
alte Souffleur Weber war gestorben, Aloisia an den
Hofschauspieler Lange in Wien verheirathet, und so war
denn Witwe Weber mit ihren übrigen drei Töchtern
Josepha, Constanze und Sophie auch nach Wien
gezogen, wo sie in ziemlich beschränkten Verhältnissen lebte.
Bei Witwe Weber hatte Mozart, als er des erzbischöflichen
Dienstes ledig, eine Unterkunft suchte, ein Zimmer gemiethet.

Die tägliche Gelegenheit, Constanzen zu sehen, die in der Weber'schen Familie die Rolle Aschenbrödels spielte, die Herzensgüte des Mädchens, das sich dem genialen Musicus vertrauensvoll zuwendete, vielleicht auch der Umstand, durch diese Ehe in nähere Beziehungen zur Familie seiner einstigen Geliebten Aloisia zu treten, nährten in dem Herzen Mozart's eine Neigung, welche durch Hindernisse und Kümmernisse aller Art nur um so eher gezeitigt wurde. Die Behandlung, welche Constanze von Seite ihrer bösartigen Mutter erfuhr, war eine solche, daß Mozart sie aus dem Hause der Mutter nehmen mußte, worauf sie bei einer mütterlichen Freundin Mozart's, bei der Baronin von Waldstetten, für einige Zeit Zuflucht fand.

Auch gegen diese Heirath erhob der Vater die warnende Stimme, aber Mozart war flügge geworden, hatte dem Mädchen die Ehe versprochen und hielt sein Wort. Am 4. August 1782 führte er Constanze als seine Gattin heim und lebte mit ihr bis an seinen vorschnellen Tod in einer, was Liebe, herzliches Einverständniß, gegenseitige Achtung und Nachsicht betrifft, ungetrübten Ehe. Otto Jahn in seiner herrlichen Biographie Mozart's gibt im dritten Bande (erste Auflage), S. 138 bis 170, eine ebenso interessante als urkundlich beglaubigte Darstellung dieses Herzensbundes, auf welche als auf eine der lieblichsten Partien dieses Werkes hingewiesen wird. Constanze war als Frau ziemlich kränklich, mehrere Wochenbetten hatten die schwächliche Frau stark hergenommen, und da eben zeigt sich Mozart's liebreiche Sorgfalt für seine leidende Gattin. Von den mit ihr erzeugten Kindern waren, als Mozart, 35 Jahre alt, starb, nur noch zwei, Karl, schon einige Jahre, Wolfgang Amadeus, erst fünf Monate alt, am Leben geblieben.

Constanze erhielt als Witwe eines k. k. Hofcapellmeisters, aus Gnade eine Jahrespension von 260 Gulden. Mit dieser Summe wäre ihr freilich nicht geholfen gewesen, wenn nicht Freunde sich der armen Witwe in liebevollster Weise angenommen hätten. Einige Zeit nach dem Tode ihres Gatten unternahm sie nach Wien, Prag und anderen Orten Kunstreisen, auf denen sie namentlich in Berlin großmüthige Unterstützung fand, welche ihr freilich nicht auf die Dauer eine sorgenfreie Existenz bereiten konnte. Die Werke ihres Mannes, die bei geregelten Zuständen des geistigen Eigenthums ihr eine mehr als hinreichende Versorgung hätten bieten müssen, waren Gemeingut des Publicums, und als im Jahre 1799 André aus Offenbach den gesammten handschriftlichen Nachlaß um den Kaufpreis von Tausend Ducaten von ihr erwarb, mußte sie dieß noch als eine besondere Gunst, als einen förmlichen Glücksfall anerkennen.

Später fand sie in einer zweiten Ehe mit G. N. Nissen eine gesicherte, ruhige Existenz. Nissen lernte im Jahre 1797 in Wien, wo er damals die Geschäfte der dänischen Diplomatie führte, die Witwe Mozart kennen, leistete ihr bei der Ordnung ihrer Angelegenheiten und Vermögensverhältnisse treuen Beistand und ehelichte sie im Jahre 1809. Nachdem er den Staatsdienst verlassen, lebte er seit 1820 mit ihr in Salzburg, wo auch Mozart's Schwester Maria Anna, vermälte Freiin Berchtold von Sonnenburg, wohnte. Als Nissen im Jahre 1826 gestorben, lebte nun Constanze mit ihrer gleichfalls verwitweten Schwester Sophie Haibl zusammen und starb am 6. März 1842, wenige Stunden, nachdem das Modell der Mozartstatue in Salzburg eingetroffen war. Constanze spielte Clavier, und sang auch). So z. B. auf der Kunstreife über Prag, Dresden, Leipzig, Berlin und Hamburg, an welchen Orten sie ihres Mannes Requiem und Clemenza di Tito, nach Umständen ganz oder nur stückweise aufführte, übernahm sie darin eine Singrolle; jedoch kam sie im Gesange ihrer Schwester Aloisia nicht gleich. Die von Rochlitz in der „Allgemeinen musikalischen Zeitung" 1799 mitgetheilten, Mozart betreffenden Anekdoten beruhen zu nicht geringem Theile auf Mittheilungen der Witwe Mozart's. Auch hat sie nicht geringen Antheil an der Biographie Mozart's durch ihren Gemal Nissen, dem sie alle in ihrem Besitze befindlichen Papiere anhändigte und dadurch ermöglichte, daß aus den, wenngleich vielfach verstümmelten, so doch authentischen Briefen Mozart's die ersten und so wichtigen Nachrichten über das Leben des großen Meisters in's Publicum gelangten

Gerber (Ernst Ludwig), Neues historisch-biographisches Lexikon der Tonkünstler (Leipzig 1813, Kühnel, gr. 8°.) Bd. III, Sp. 498. — Schindel (Carl Wilhelm Otto August v.). Die deutschen Schriftstellerinen des neunzehnten Jahrhunderts (Leipzig 1823, Brockhaus 8°.) Bd. II, S. 25. — Westermann's Monatshefte. Neue Folge (1867), Nr. 33: „Constanze Mozart. Biographisches Bild". Von Ludwig Nohl. — J. M. Quérard in seinem Werke: „La France littéraire ou dictionnaire bibliographique des savants historiens etc. etc., qui ont écrit en français etc. etc." (Paris 183., 8°., schreibt im VI. Bande, S. 354, über Mozart's Witwe: „Un grand seigneur russe, enthousiaste de Mozárt, a épousé sa veuve". Nissen, der Witwe Mozart zweiter Gemal, war aber kein Russe, sondern dänischer Geschäftsträger in Wien.

Porträt. Unterschrift: Constanze Mozart, geb. von Weber (ganz facsimilirt), ohne Angabe des Zeichners und Lithogr., im Anhange zu Nissen's „Biographie Mozart's". Es ist nach einem Oelbilde ihres Schwagers, des Hofschauspielers Lange, lithographirt.

Maria Anna Mozart,

später vermälte **Baronin Berchthold von Sonnenburg**
(Mozart's Schwester),

geb. zu Salzburg 30. Juli 1751,
gest. ebenda 29. Oktober 1826.

Diese in Mozart's Briefen und in den über ihn
erschienenen Biographien unter dem Namen Nannerl öfter
erwähnte Schwester war fünf Jahre älter als ihr berühm=
ter Bruder und hat ihn um fast vier Jahrzehende überlebt.
Ihre Jugend und Bildungsgeschichte fällt mit jener ihres
Bruders zusammen. Gleich ihm zeigte sie ein hervorra=
des musikalisches Talent, welches ihr Vater durch sorgfäl=
tigen Unterricht ausbildete. Mit dem Vater und dem
Bruder machte Maria Anna mehrere Kunstreisen in
den Jahren 1762, 1763—1766 und 1757, über welche
in der Lebensskizze ihres Bruders, S. 7—16 ausführlicher
berichtet worden. Als später ihr Bruder mit seinem Vater
die längeren und wiederholten Kunstreisen nach Italien
unternahm, blieb Maria Anna daheim bei ihrer Mut=
ter und fuhr fort durch eigenen Fleiß sich im Clavier=
spiele zu vervollkommnen, in welchem sie bald allgemein
als Virtuosin galt, und diese ihre Meisterschaft auch später
vollkommen bewährte. Als nach beendeten Kunstreisen und
dann nach der Rückkehr aus Frankreich Wolfgang sei=
nem Vater zu Liebe in Salzburg erzbischöfliche Dienste ge=
nommen und mehrere Jahre das unwürdige Joch eines ge=

19*

wöhnlichen Dieners mit stiller Ergebenheit und jeder nur denkbaren Selbstbeherrschung trug, spielte Nannerl oft mit ihrem Bruder zusammen, und bildete sich an seinem sie überstrahlenden Genius im Geschmack und in der Technik des Spiels. Sie gestand es auch selbst gerne ein, wenn sie Bewunderern ihres Talentes und ihrer virtuosen Fertigkeit zu sagen pflegte: „Ich bin nur die Schülerin meines Bruders." Mozart selbst räumte seiner Schwester keine geringe Stelle als Künstlerin ein, und einen Beweis dafür liefert seine Gewohnheit ihr, wenn er abwesend war, seine Com= positionen zuzusenden, indem er auf ihr Urtheil Werth legte. Mehrere Stellen in seinen Briefen weisen deutlich auf diese Thatsache hin. Daß Maria Anna bei einem so aus= gesprochenen musikalischen Talente nicht mit der bloßen technischen Fertigkeit im Spiele sich begnügen konnte, be= greift sich leicht; sie übte sich auch im Generalbaß und von ihrem Compositionstalent ist auch, leider nur eine Probe vorhanden, ein Lied, welches sie ihrem Bruder nach Rom schickte und das dieser in der Nachschrift eines Briefes, ddo. Rom, 7. Juli 1770 als „sehr schön" bezeichnete. Mit ihrem Bruder lebte Nannerl in der zärtlichsten Ein= tracht, und der innige Verkehr, der zwischen beiden bestand, spricht sich auch aus den freilich im Ganzen nur wenigen Briefen Mozart's an seine Schwester, welche überdieß in die Kinderjahre, nämlich in die Zeit von 1770 bis 1775 fallen; aber auch später noch gedenkt er immer in liebevoller Weise seines Nannerl. Maria Anna widmete sich frühzeitig dem Unterrichte im Clavierspiel, nebstbei führte sie — und zwar seit die Mutter mit Mo= zart nach Paris gereist war, den Haushalt und besorgte denselben auch dann, nachdem die Mutter in Paris gestorben.

So floß ihr Leben in einer Stadt, wie Salzburg, welche wenig Gelegenheit zu Zerstreuungen und Belusti= gungen bietet, in einförmiger Einsamkeit dahin. Ein trau= riges Intermezzo in dieser ihrer Abgeschiedenheit bildete eine Krankheit, welche sie im Jahre 1784 befiel, und wor= an sie längere Zeit litt. Jahn bringt damit, und nicht ohne Grund, eine „nicht glückliche" Herzensneigung — Maria Anna zählte damals bereits 29 Jahre — in Verbindung. Im Jahre 1784 heiratete sie — einen Witwer, den salzburgischen Hofrath und Pfleger zu St. Gilgen, Johann Baptist Reichsfreiherrn v. Berchthold zu Sonnenburg, der ihr mehrere Stiefkinder zubrachte. Wie weit sie durch Neigung oder Ueberlegung zu dieser Ehe bestimmt worden ist, schreibt unser Gewährsmann, O. Jahn, ist nicht zu sagen, es wird versichert, daß sie in dieser Verbindung mit einem Gatten, der sie zwar hoch= geschätzt, aber nicht eigentlich verstanden haben soll, nicht unzufrieden gelebt habe. Der Verkehr mit ihrem Bruder, der mittlerweile sich in Wien seßhaft gemacht und dort seine Constanze geheiratet, war nur auf wenige Briefe beschränkt, worüber sich Nannerl auch in einem Schrei= ben an ihren Bruder beklagt und dieser in einer Antwort darauf (ddo. 13. Februar 1752) sich standhaft rechtfertigt.

Erst mit dem Tode des Vaters Leopold, als es sich um die Erbschafts=Auseinandersetzung handelte, wechselten die Geschwister wiederum ein Paar Briefe. Und als Mo= zart gestorben, gab es gar keinen Verkehr zwischen bei= den Frauen, der Schwester und Witwe Mozart's. Aus einem Briefe Maria Anna's an den Regierungs= rath Sonleithner (ddo. 2. Juli 1819) geht hervor, daß sie seit 1801 keinen Brief von ihrer

Schwägerin erhalten hatte, von deren Kindern gar nichts wußte und ihre Wiederverheirathung mit dem Etatsrath v. Nissen nur durch Freunde erfahren hatte.

Im Jahr 1801 wurde Mozart's Schwester Witwe; der Baron Berchthold von Sonnenburg war in St. Gilgen gestorben und Maria Anna übersiedelte mit ihren Kindern Salzburg nach. Dort kehrte sie zu ihrer alten Beschäftigung zurück, zum Ertheilen des Unterrichts in Musik — aber nicht aus Noth, denn sie hatte, wenn eben kein reich= liches, so doch bequemes Auskommen — vielmehr als zu einer aus ihrer Jugendzeit ihr liebgewordenen, ihren Mu= sikfinn zunächst befriedigenden Gewohnheit. So lebte sie noch viele Jahre in Salzburg wo sie angesehen und be= liebt war. Im Jahre 1820 hatte sie das Unglück zu er= blinden, ertrug es aber mit Kraft und Fassung. Im Jahre 1829, am 29. October, starb sie, 78 Jahre alt, zu Salzburg. Ob sie selbst mit ihrem Gatten, dem Baron Berchthold Kinder gehabt oder die Kinder nur aus seiner ersten Ehe herrührten, konnte ich nicht in Erfahrung bringen. Träger des Namens Berchthold von Son= nenburg sind noch vorhanden. Von einem ihrer Söhne oder Stiefsöhne stammt Henriette von Berchthold, welche mit einem Herrn Franz Forster (hie und da auch Forschter geschrieben), k. k. Verpflegsverwalter in Graz, vermält ist. In Salzburg aber sollen noch Berchthold's von Sonnenburg in dürftigen Verhältnissen leben.

Jahn (Otto), W. A. Mozart. 4 Theile (Leipzig, 1856 Breit= kopf und Härtel 8⁰.) I. Theil, 1. Beil. S. 130—145: „Lebens= skizze" — 5. Beilage S. 623—650: Brief und Briefauszüge von Mozart an seine Schwester, aus dem Jahre 1770 (32), 1771 (12), 17772 (5), 1773 (3), 1774 (2) u. 1775 (2). — Schlichtegroll's

Nekrolog, Jahrg. 1791, II. Theil S. 86. — Neuer Nekrolog der Deutschen (Jlmenau 1831 u. 1832). VII. Jahrg., 2. Bd. S. 735 Nr. 349, und VIII. Jahrg., 1. Bd. S. 22 Nr. 8. — Rochlitz (Friedrich). Allgemeine musikalische Zeitung 1800, Nr. 17 [theilt sie Anecdoten aus dem Leben ihres Bruders Mozart mit]. — Schindel (K. W. D. Aug. v.), die deutschen Schrift- stellerinen des 19. Jahrhunderts, 3 Bde. (Leipzig, 1825. 8º.) Bd. III, S. 14. — Oesterreichische National-Encyklo- pädie (von Gräffer und Czikam), (Wien, 1835. 8º.) I. Bd. S. 263. — Meyer (J.) das große Conversations-Lexikon für die gebildeten Stände (Hildburghausen 1845 (erste Aufl.) Bibl.-Jnstitut gr. 8º.) Bd. IV, 4. Abthlg. S. 430). — Neues Universal- Lexikon der Tonkunst. Angefangen von Dr. Julius Schlade- bach, fortgesetzt von Eduard Bernsdorf (Dresden 1857, Rob. Schäfer, gr. 8º.) Bd. II, S. 1038. — Jahn (Otto), Mozart (Leipzig 1856, gr. 8º.) Bd. I, S. 25, und Beilage I, S. 133—145.

Auch ihr Porträt erscheint auf den Mozart'schen Familien- bildern welche de Carmontelle in Paris, de la Croce in Salzburg gemalt, und wonach Leybold, Blasius Höfel, de la Fosse, Schieferdecker u. A. mehr oder minder gelungene Blätter in Stich und Lithographie ausgeführt haben.

Namen- und Sach-Register.

Die eingeklammerten Zahlen beziehen sich auf die Nummern der Bildnisse.

*